非物 文化遗产
THE INTANGIBLE GULTURAL
HERITAGE IN CHINA

金聲玉振

浙江省非物质文化遗产
保护的热点评说

王淼 · 著

浙江大学出版社
ZHEJIANG UNIVERSITY PRESS

# 序言一

## 为时代激扬才思

浙江省文化厅厅长　金兴盛

　　王淼同志的非遗评话结集《金声玉振》将出版，他邀我作序，我欣然答应。当我阅读着这本记录浙江非遗热点的文集，心头不由得感慨良多。

　　我国的非物质文化遗产，是古老也是鲜活的传统文化，积淀着中华民族最深层的精神追求，是中华民族独特的精神标识，是我们社会主义核心价值的根基，是我们每一个炎黄子孙立身处世的道德规范，是我们中华民族的精神家园。

　　我国的非物质文化遗产保护工作，在新世纪形成热潮，特别是党的十八大以来，进入了一个新的历史时期。习近平总书记强调要"记得住乡愁"；要"像爱惜自己的生命一样保护好文化遗产"；"要系统梳理传统文化资源，让收藏在博物馆里的文物、书写在古籍里的文字、陈列在广阔大地上的遗产，都活起来"。传承优秀传统文化，由此被提升到空前的高度。

　　浙江作为全国非遗保护综合试点省，在省委省政府的高度重视下，先行先试，不断探索，注重顶层设计，强化问题导向，坚持创新驱动，促进社会共享，大力推进非遗事业发展繁荣。非遗普查浙江模式，非遗名录浙江现象，非遗保护浙江经验，美丽非遗浙江绽放，浙江非遗不断写下精彩，为全国瞩目和热切关注。

　　十多年来，浙江非遗保护工作一直走在全国前列，事业蓬勃，因何取得如此之成绩，它的秘诀在哪里？

　　一份事业的成功需要具备天时、地利、人和。一是中央和省委省政府高度重视优秀传统文化传承，推动非遗事业迈上新台阶。二是浙江现代化程度高，更加注重地域文化特色，呼唤乡愁。三是社会共识，老百姓拥护支持，踊跃参与，形成群众性非遗保护运动。

　　一份事业的成功需要踏踏实实的行动。非遗保护是一个凝聚人心的事业，需要好的带头人带领着干。在浙江非遗工作砥砺向前的队伍里,王淼是领军和开拓者。

王淼同志和全省非遗工作者不负时代,不辱使命,认真执着,恪尽职守,以"咬定青山不放松"的韧劲,持续的坚实闯劲,务实干劲,不断将非遗保护工作推向前进、引向深入。

王淼和他的团队开拓奋进求发展,锐意进取创一流,打破常规、突破现状,于无出路中找出路、于无形处建大功。为历史留住文脉,巩固文化根基,塑造精神之魂。

因连续超负荷工作,这位同事口中"与时间赛跑的工作超人"昏倒在岗位。他从医院回归岗位,身残志坚,继续做着为非遗添砖加瓦的事。

王淼在推进非遗事业发展的同时,激扬文字,热点评说,撰写了大量文章。近期,他将这些文稿进行系统整理,并热切关注非遗保护生动实践,撰写了系列新的评话。这本《金声玉振》是个成果。

这本书,以一种独特的方式,展示了浙江作为非遗保护前沿十多年来先行先试的勇气,记录了非遗保护进程,记录了浙江非遗不断新出现的事物、观念和状况,集中体现、反映了这些年的非遗热点和重要事件,体现和反映了各类非遗争奇斗艳的景象。

这本书,以浙江非遗保护新闻事件为切入点,对非遗事业进程的前前后后、方方面面、上上下下,进行全方位的立体报道。锁定浙江非遗,关注前沿动态,聚焦热点焦点,着眼事业发展,记叙决策部署,注重小事细节,记录感人故事,评点气象风生。佳作不断,亮点纷呈,雅俗共赏。

这本书,有理念有方法有智慧有观点。王淼以独到的视角对非遗发展进行了深入刻画,挖掘出其本质意义和内在价值,与大家分享其中的发现和兴奋。王淼的许多观点都是新颖的,对读者有不少参考价值。

一个个热点,仍能再现恢宏的历史画卷!一篇篇评说,亦能激起胸中的英雄气!

新世纪以来的十多年,对于历史长河来说,只是一瞬间;对非遗保护来说,却是至关重要的阶段。全球化趋势的增强,经济社会急剧变迁,非遗的生存保护面临严峻形势。如果不抓紧非遗抢救保护,历史文脉就可能断了,就不能延续。将这一特殊阶段的非遗保护历史,或宏大或细节,或热点或焦点,或主流或非主流,记录下来,有着历史和现实意义。

十多年来,王淼持续做着这件事,"积跬步以至千里,积小流以成江海"。他用自己的行动证明着这样一份坚守。这是一种人生态度,也是一种难得的境界。

王淼是我省文化系统的先进典型,他的信念和对理想的追求,他的精神,值得大家学习。王淼爱岗敬业,对工作兢兢业业。他和我们做着一样的工作,却用自己的满腔挚爱与责任谱写了美丽的乐章。我们对先进典型的感动,往往不只是因为事迹本身感人,更有先进典型身上流露出来的坚持和坚强。

这是一个中华民族崛起的时代,是一个文化复兴的时代,我们躬逢其盛,理应"因天之时、就地之势、依人之利",珍惜发展机遇、珍惜做事的机会,不畏艰辛、不辱使命!

习近平总书记在哲学社会科学工作座谈会上强调,应当"积极为党和人民述学立论、建言献策,担负起历史赋予的光荣使命"。思想是行动的先导,文化事业的发展需要理论指导实践、推动工作。在此,也期待有更多的同志怀着时代赋予的工作激情,深入到火热的工作实践中,才思迸发,孜孜不倦,继续辛勤耕耘,收获硕果。

2016 年 7 月 7 日

# 序言二

## 王淼：有情怀有思想的拼命三郎

中国文化报社副总编辑　徐　涟

作为一位在中国文化报社工作了 20 多年的记者，我有机会采访、报道并见证了中国非物质文化遗产保护工作的发展进程。从上个世纪的十大文艺集成，到本世纪初的民族民间文化保护工程；从 2003 年 5 月 18 日昆曲首次被列入联合国教科文组织"人类口头与非物质遗产代表作"名录，到中国成为拥有最多代表名录的国家；从中国建立遗产保护四级名录、加入联合国教科文组织《保护非物质文化遗产公约》、颁布《非物质文化遗产法》、确立文化遗产日，到全面唤起社会大众的保护共识、大踏步地进入世界非物质文化遗产保护先进行列，并创造世所公认的非遗保护"中国经验"，这其中，不仅有党和政府的高度重视和大力支持，有全社会的广泛参与，更有着全国文化系统全体同志的努力与奋进，凝聚着无数"非遗人"的心血和汗水。

王淼，就是这其中杰出的代表，优秀的典范，可以毫不夸张地说，他把自己的全部生命都投入到非物质文化遗产保护的工作当中，带领着一大批浙江非遗人"白加黑""五加二"地奋战在非遗保护工作一线，创造性地开展浙江省的非遗保护工作，摸索出一整套行之有效的工作思路与工作方法，不仅使浙江的非遗保护工作始终走在全国前列，并在不断理论总结的基础上，使非遗保护"浙江现象"上升为"浙江经验"，为全国的非遗保护工作提供了有益借鉴与可资效仿的榜样。

在这么多年的工作中，我每每为王淼的工作热情、激情、豪情所感动。我不知道，他那羸弱的身体里如何能够蕴藏着如此巨大的能量，让他马不停蹄地奔波在非遗保护一线？随着我们从"君子之交"，到工作上的合作交集，例如由浙江省文化厅与中国文化报社共同举办数个非遗论坛，我目睹了他和他的"非遗兄弟连"如何开创性地展开工作，并不断调动浙江各地县市乡政府以及社会"五老"、企业、高校等一切力量投入到非遗保护工作当中,我不断加深着对王淼的认识,我对他越来越充满敬佩!

在关注浙江非遗保护实践的同时,我也关注着王淼对非遗保护的思考与总结。他的许多观点,通过文章在《中国文化报》上发表,引起了非遗保护同行的密切关注。此次出版的《金声玉振》,是王淼多年来对浙江省非物质文化遗产保护的热点评说,"对于涉及浙江非遗的任何话题,觉得有必要说两句的,我都会随感而发有感而发,写上一篇评话,希望煽风点火、推波助澜,让非遗之火烧得更旺,让事业更蓬勃。"相比于他的理论文章,这些评话因为新闻性、时效性和随机性,并不见得系统阐发了他的想法,却是他多年来对于非遗实践的点滴感悟,从一个侧面记录着他前行的脚印,真实崭露着他的情感、情绪和情怀。有时候,可以明显看出文章乃是一挥而就,甚至不太讲究字句,但却让人感受到作者那一颗猛烈燃烧着的真心和一腔爱国爱家的热情。

细读着这些文章,我试图梳理王淼乃至浙江非遗保护工作的实践与探索。

最深刻的感受,也是王淼在每一次荣誉中最质朴而真实的感受——功归组织、功归大家。在十多年的非遗保护工作进程中,浙江省上至省委书记、文化厅长,下至地方政府官员、基层文化站普通文化工作者,他们上下团结,齐心协力,才使得浙江的非遗保护工作始终走在全国前列。王淼每每将领导的重视及时传达给非遗工作者,也将来自基层文化工作者的心声流露分享给大家。这股无形的精神力量化作有形的工作动力,不断推动着浙江非遗保护事业再上层楼。在改革开放的大潮中,浙江的经济发展有目共睹,但并非有钱就愿意投入文化、更不一定善于投入文化!浙江人对待文化遗产的眼光,来自于这片土地上积淀深厚、历史悠久的文化传统,也来自这片土地上既敢于创新又认真严谨的行事风格,才能好事好办,好事办好。王淼身处这样一个文化大省、经济大省,具有了做事的平台、干事的基础,也才有可能成就今天浙江非遗保护事业的格局与成就。

永不枯竭的创新活力,是浙江省非遗保护工作的制胜法宝。浙江在全国率先启动非遗保护工程,出台省级非遗保护地方法规和发展规划,设立省级非遗专项资金,率先启动全省非遗大普查,率先公布省级非遗名录,建立省、市、县三级名录体系,率先对非遗代表性传承人实施政府补贴制度⋯⋯这些率先,不是偶然的突发奇想,而是因为王淼将非遗保护工作的出发点与立足点,纳入浙江乃至中国文化发展的系统当中,从国家的政策方针入手,深入思考文化发展在五位一体的社会总体发展进步过程中的地位和作用、深入思考文化遗产保护在文化总体工作中的价值与目标,深入思考体制机制建设的必要性与重要性,才能够在夯实基础的过程中不断创新,并由此摸索出非遗保护的可贵经验。也正因如此,仿佛有一个魔术袋子,王淼总有花不完的"金点子":公布省级重点扶持的非遗节庆活动,推动浙江各地建立自己的非遗节庆品牌。如西湖花朝节、云和开犁节、衢江喝山节、开化保苗节;为了尽最大力量集中媒体的力量,举办"好专栏、好专题、好文章"的"三好"评选,让新闻媒体更加积极主动地参与到非遗保护的宣传中来;善于运用新媒体,不仅开通非遗网、推动浙江非遗保护信息化建设,也运用新媒体建立工作 QQ 群,把全省非遗保护力量凝聚在一起;开展"服务传承人月"活动,要求各地深入基层,"进行一次走访慰问,发放一笔政府补贴,开一次座谈会,安排一次体检,举办一次展示活动,组织一批宣传报道,建立一批传承基地,研究出台一项扶持政策"的"八个一"活动,将对传承人的关心呵护落到实处,而且也为基层工作者开展保护提供抓手——每一次的新点子,从大处着眼,小处着力,将浙江的非遗保护工作提纲挈领,使得浙江非遗保护工作内容虽然繁多、工作步骤却可以有条不紊,一步一步向前推动。

情怀与品格,是从王淼这些文章中随处可以读到的,也是我从王淼生活、学习、工作中随时可以感受到的。作为浙江省级机关优秀共产党员、省道德模范,王淼也当之无愧地成为大家心目中非遗战线的一面旗帜。也许只有从情怀与品格这样的角度,才能更好地理解,为什么王淼可以超越个人体力极限、甚至超越生命的重重磨难,一年、两年、十年、十五年超负荷地投入!王淼对祖国的热爱,具体化为对中华传统文化与非物质文化遗产深入骨髓的热爱,这才是王淼能够全情投入的根本原因。他自己堪称楷模,却总是寻找着像钱梅洁老师那样纯粹的人作为学习榜样,"钱老师的高尚行为,也许作为凡人,我们只能仰望,但是,在这个时代,这个浮躁的世界,需要有如星空般的情操引领。"这就是王淼的情怀与品格!我以为,世人对金钱的追求,固然可以产生极大的动力,但与金钱的诱惑相比,人的精神追求才能迸发出更为强大的力量。在王淼经历生死的考验之际,能够给予他精神力量的只有工作,唯有工作!工作就是他的生命,离开工作,对于他而言,生命也将失去所有意义。正因为如此,他长期在身体虚弱的状态下超负荷工作,在体力不支终于倒下的时候又顽强地挺过来,克服一切困难进行康复训练,终于创造奇迹,重返工作岗位!而今,王淼再一次躺在了医院急救,我坚定地对他说:非遗保护事业需要他,大量的实践与思考还有待进一步的理论总结,并不断推广与深入,他决不能就此休息!正如浙江省文化厅非遗处的公共邮箱名字为"奇迹",浙江非遗保护不断创造着奇迹,我坚信,拥有巨大精神力量的王淼还将不断创造新的奇迹!

一个人的力量总是有限的，但一个人以人格魅力，唤起了一群人，拧成了一股绳，带动着、影响着更多的人不断加入，其力量则不可限量！王淼从来都重视非遗队伍的建设，总是通过各种方法，把所有有志于非遗保护的力量汇聚到一起。因为王淼对工作的投入、对事业的无私、以及清晰的工作思路、开阔的思想视野、创新的点子创意、紧随时代的意识、开拓求变的勇气，使得他赢得了年轻人发自内心的尊重，大家随同王淼一起，建立起了"非遗兄弟连"，通过即时联络工具 QQ 群，汇聚着上百人、几百人的非遗保护队伍，即时发布非遗保护的重要信息，交流各自的心得体会，商量着新问题新焦点的解决办法。在浙江省非遗保护办公室的招聘启示中，王淼这样写道："在这个机构，5＋2，白＋黑，礼拜六肯定不休息，礼拜天也不一定休息，加班加点是常态，上山下海调研指导工作是职责，也许你要起得比鸡早，睡得比狗晚，干得比牛累。""但在这个机构，你将有人生出彩的机会，和梦想成真的机会。你可以充分发挥聪明才智和主观能动性，奉献事业，建功立业。"要知道，梦想也是可以感染的，只有梦想，才能让年轻人热血沸腾！于是，在浙江非遗保护的队伍中，有了李虹、吴健、季海波等等一大群同样不知疲倦、开拓创新的年轻身影！

一个文化干部的影响力，不在于职务、职权，而在于人格魅力。王淼获得了荣誉、尊敬、爱护、支持，对他而言，这就是工作和事业对他的最好回报。在《金声玉振》最后一个篇章《我的"非遗"我的梦》里，王淼记录下了浙江省文化厅厅长金兴盛的一条短信，充满着人情与温馨，让人温暖，让人振奋，也为这篇小文写下了一个最好的注脚："王淼，在春节期间，你一直是我的牵挂！你以你的精神创造了浙江非遗保护的奇迹，厅党组乃至全省人民都应当感谢你！"

2016 年 7 月 25 日

# 前　言

在这个大变革时代,有一些热词、新词不断进入并影响我们的生活,它们折射出这个国家政治、经济和社会生活的进步和变化。非物质文化遗产保护,引起社会的广泛关注。无论是政府还是民间,充满激情地从不同角度介入其间,都希望能有所作为。"非遗",已从过去的一个陌生词汇变成了当下炙手可热的社会"热词"。

新世纪以来蓬勃兴起的中国非遗保护工作取得了世界公认的"中国经验",而浙江的非遗保护工作一直走在全国前列。在浙江省委省政府的高度重视下,依照省文化厅党组"三以六区"战略部署,浙江非遗事业一直大踏步推进,呈现出一派火热的喜人景象,在全社会引起热烈反响。

火热的非遗实践,为"热点评说"提供了丰富的素材,热点不断,亮点纷呈,重点叠加,焦点频现,各种话题如雨后春笋,层出不穷。对于涉及浙江非遗的任何话题,觉得有必要说两句的,我都会随感而发有感而发,写上一篇评话,希望煽风点火、推波助澜,让非遗之火烧得更旺,让事业更蓬勃。

写的内容,有些是政策解读;有些是如何贯彻落实法规政策的建议;有些是工作指导性质干什么怎么干;有些是推介基层好的工作方法,希望大家举一反三触类旁通;有些是宣传已经做的工作,进一步渲染和营造气氛;凡是社会关注度高的问题,就是《热点评说》关注的内容;也有一些事情很小,可能是一个事端的萌芽,对于这些新生事物,往往给予特别的关注;还有是对典型评点,褒扬和宣传先进,希望大家比学赶帮;还有一种是打抱不平,或者批评一些现象一些问题。热点评说,体现的是非遗工作部门的立场和观点。

这些评话,大概相当于新闻评论,不仅在于传播新闻事实,更是传播对新闻事件的思考,表达自己对这些事件的看法和思想观点,希望起到画龙点睛或者别开生面的效果。这样的评话,写不尽写,一年陆陆续续也有 20 篇左右,随着时日的递增数年累积下来也就有百多篇了。为了集中系统反映和表达浙江非遗的火热景象,为此辑文成册。

**第一辑"畅想曲与奋斗歌"。**"善战者,求之于势"。各地各部门在新年都会做出新的部署,进行顶层设计,我们要抢抓机遇,顺势而为,借题发挥。"机遇之鸟站在肩膀上了,不要发呆。"

《浙江省非遗保护工作简报》,每年卷首都会发表一篇新年评话,如"历史突破与美中不足"、"风生水起著华章"、"多迈一步就是领先"、"多快好省创一流"等,表达对新一年新征程的思考。2012年简报停刊后,延续习惯,我每年新年给全省非遗同仁递上"新春的期盼"。提醒各位要把握大势,趁势而上、迎难而上、大干快上,推进人财物基础建设上台阶,推进非遗事业发展大跃进。即使2015羊年、2016猴年新春我还在康复治疗期间,照样写上一封信,提醒提示大家。

无论简报"卷首的评话",还是"新春的期盼",都重在呼唤解放思想的勇气,激发大胆探索的豪情。没有思想的先导,就不会有行动的跟进。历史交汇点立定脚跟,蓝图开卷处落笔华章。

**第二辑"为传承人办好小事就是政绩"。**非遗保护,传承人是主体,一切工作要落实到传承人身上才算落到实处。

这些年,我们每年元旦至元宵期间在全省开展以"八个一"为内容的服务传承人月活动,切实解决传承人的困难和问题,让风雪中的冬天依然温暖。

泰顺药发木偶传承人周尔禄事件发生后,我们通过工作渠道紧急向有关部门反映情况,促进问题的妥善解决。同时,我还连续写了3篇文章《为泰顺药发木偶传承人壮胆》、《请把药发木偶传承人被拘7天写进历史》、《我关心周尔禄是否还在制作黑火药》,表达对这一事件的持续关注。温州市委书记在《为泰顺药发木偶传承人壮胆》一文上作出批示,对市公安、文化、安全监管部门和泰顺县政府提出明确要求。泰顺县委县政府对于周尔禄的际遇和药发木偶的传承高度重视,落实措施。

前车可鉴,省文化厅在全省建立传承人"三必报五必访"制度,其中遇有严重阻碍传承人传习活动的行为各地必报。非遗传承从关爱传承人开始,关爱更应在平时,为传承人办好小事就是政绩。

**第三辑"礼赞精神家园的当代守护"。**先说说明朝遂昌县官汤显祖守护精神家园的事。汤公当年在遂昌着意的不在GDP不在政绩,而是创造、传播文化,"班春劝农"的官俗,"除夕遣囚"和"纵囚观灯"这两件惊动政坛的事,传播昆曲妙音等,留下了佳话。汤公离开江湖400年了,但江湖至今流传着他的传说。重视文化的领导才能青史留名。

在新的时代,当官要做文化事,已形成共识。浙江省委领导站在传承弘扬中华优秀传统文化的高度,深刻理解非遗的当代价值,明白无误强调非遗保护工作的重要,指明我省非遗保护事业走在前列的方向。浙江,一条留住乡愁、守护精神家园之路不断开拓。喜见各级领导文化保护情怀洋溢,大力推进非遗保护,留下了一篇篇佳话。

有位名人说:"人文关怀是一棵长满可能性的树,只要我们精心呵护,定能结出丰硕的果实。"上下同欲者胜,众人拾柴火焰高。非遗保护从把根留住到硕果累累,在于文化部门的勇气担当,更在于众人培育众手浇灌。鲜花和掌声献给这些精神家园守护者。

**第四辑"寻找最浙江的元素"。**文化是多样的,非遗是多色彩的,最浙江的元素也应该是多色调的。

这几年浙江非遗保护很大的成就之一,就是促进传统节日的全面恢复和活跃。花朝节、开犁节、喝山节、保苗节等各种农耕节庆,开渔节、谢洋节、网船会、蚕花水会等各类水上盛会,立春祭、立夏节、尝新节、祭冬等各节气习俗,曾经销声匿迹,现在重新遍地开花红火起来。

浙江非遗保护另外一个重要贡献就是传统戏剧抢救保护,我们做传统戏剧保护的行动派,切切实实采取了有效措施,来推进来加强。戏没了就真的没戏了,濒危剧种守护需要行动,激情唱响"浙江好腔调",56个传统戏剧共筑"好戏浙江"。

浙江是传统工艺美术大省,传统手工艺抢救、保护、传承,和传统经典产业发展,美化了人民群众的精神文化生活,成为地方经济发展一个新的增长极。西湖绸伞为何绝迹于西湖边?洲泉的丝绸靠什么搏位?翻簧何时真的能翻身?张小泉剪刀是怎样炼成的?天下事当从大处着眼,小处着手,实处着力,通过形式多样的措施促进传统手工艺繁荣发展。

旅游深处是文化,非遗和旅游密不可分,非遗是魂,旅游是体,两厢不结合就是魂不附体。两厢结合得好,实现深度融合,那就相得益彰,共同繁荣。

**第五辑"一个也许非常艰难的决定"。**非遗保护推进中,有许多疑难杂症,自然不止一个问题的解决和突破颇费踌躇,实际上是一个个也许非常艰难的决定,化不可能为可能,创造奇迹。

省市县三级非遗工作机构全覆盖,这样从上而下的非遗保护机构的建立,为非遗保护工作提供了体制保障。市县两级非遗馆雨后春笋蓬勃兴起,或者高大全或者小而美,基本实现省域全覆盖,浙江率先进入文化"四馆时代"。各地城市文化主题日益鲜明,县域非遗保护重要性凸显,在美丽乡村建设中非遗保护不断得到彰显和加强,"三级着力"拓展了非遗事业新空间。根据非遗丰富多样的特点,区别对待、分类保护,非遗作坊、非遗学校、非遗景区、非遗展馆、非遗节庆、非遗生产基地、非遗生态区、非遗研究基地八大基地,"八基联动"布局非遗事业发展大盘。浙江非遗信息化"六六工程"(六大数据库、六大平台)不断推进,让非遗事业插上信息化翅膀腾飞。

这几年浙江非遗事业大踏步推进,令人骄傲的举措不胜枚举。发展中的问题在发展中解决,在解决一个个问题中不断赢得事业的发展。

第六辑"回望一路坚实的足迹"。每一个坚定踏实的足迹,都闪亮着真情、信念和梦想之光。这一段经历令人难忘。这许多年来,在工作中不断形成的"办法总比困难多","好方法往往最简单","万事从小事做起","一个都不能少","督查就是抓落实","在不断总结经验中前行"等工作理念和工作方法,卓有成效地落实到工作中去。"政策是生命,方式方法也是生命"。我们不仅需要统揽全局的顶层设计,也需要具体而微的基层实践,踏石留印,抓铁有痕,让脚印在时光深处闪光。

第七辑"祖国,我能为你做些什么?"亲爱的祖国,在我们心灵深处最柔软的地方。为了亲爱的祖国,我们为文化长城添砖加瓦,守望民族记忆的背影;我们推进非遗与文化礼堂互动共生,推进小微非遗的抢救保护,留住乡愁;我们讲述精彩的中国故事,把"美丽非遗"品牌打得更响;我们呼吁美丽中国需要美丽非遗,建设文化强国要做好"海文章"。

祖国在我心中。集合在中华民族伟大复兴的旗帜下,我们迎来的不仅是物质之变,更是精神之变、气质之变,更是社会的真进步、国家的大发展。在这个令人激动的时代,赤子的心已经滚烫,我们愿继续不停探寻不断向前奔跑……

评说的浙江非遗保护热点,也许是非遗保护历史的重要一幕,也许是历史进程中的花絮,但或许一些细节和花絮,就是波澜壮阔的最生动反映。这些评话,也许读者会产生共鸣,也许会有不同意见,这都不重要,重要的是激发读者的思维,读后还能引发一些思考,激发参与非遗保护的热情。

套一句时兴的话,我愿做一个有思想有态度的非遗工作者,做一个有情怀有热度的非遗工作者。

2016 年 6 月 7 日

目录
|Contents|

第一辑
畅想曲与奋斗歌

第二辑
**为传承人办好小事就是政绩**

第(三)辑

## 礼赞精神家园的当代守护

第(四)辑
## 寻找最浙江的元素

第（五）辑
## 一个也许非常艰难的决定

第（六）辑

**回望一路坚实的足迹**

第(七)辑

## 祖国，我能为你做些什么

第一辑

畅想曲与奋斗歌

# 猴年新春的期盼

金猴方启岁，绿柳又催春。2016 年是"十三五"起步之年，是全面建成小康社会决胜阶段的开局之年，这一年注定了高调开年。为此，将一些想法与大家交流，以提醒提示。

## 一、向"关键少数"宣传非遗

俗话说得好，火车跑得快，全靠车头带。做好一项事业，领导重视是前提、是根本、是关键。老大难，老大难，老大重视就不难，领导重视了，一切迎刃而解。

习总书记对治国理政提出了一系列新思想、新理念、新战略，强调全面依法治国必须抓住领导干部这个"关键少数"。非遗保护、优秀传统文化传承，同样需要"关键少数"的重视。我们要积极主动向党政领导传递和宣传习总书记关于优秀传统文化传承的一系列新观点、新论断，统一思想认识，以加强领导、强化措施，推进非遗事业发展和优秀传统文化传承体系建设。

## 二、要重视"纸上谈兵"

各地、各部门都在编制"十三五"发展规划，要积极争取将非遗重大项目、重要行动、重点工作纳入地方经济社会发展"十三五"规划，纳入精神文明建设系列规划。这很重要！各地文化事业发展规划，非遗事业发展当然是重要组成部分；有条件的地方，应当编制非遗事业发展专项规划。

编制非遗事业发展"十三五"规划，要以"创新、协调、绿色、开放、共享"五大发展理念为引领，以法治非遗、智慧非遗、美丽非遗、活力非遗、设施非遗、生态非遗、志愿非遗、共享非遗"八个非遗"为主抓手，以非遗系列行动为实施途径，构建现代非遗传承传播体系，打造非遗事业发展升级版。

平常争取一个大项目不容易，可能颇费周折，费了老大的劲，也不一定有结果。纳入规划，按部就班，顺理成章，瓜熟蒂落。规划是纸上谈兵，往往容易通过，白纸黑字,成为事业发展的重要依据;规划不是纸上谈兵,规划落地成就事业未来!

### 三、试点地区要大胆往前走,率先突破,典型示范

中央及中央有关部门确定了我省一批战略性试点:譬如嘉善为全国唯一的科学发展观示范点,象山为全国海洋渔文化生态保护实验区,松阳为全国首个传统村落保护发展示范县,长兴为国家知识产权强县工程试点,等等。另外,还有省里的战略性试点:譬如,浦江为浙江省协调推进"四个全面"战略布局首个试点县。据初步了解,我省有近三分之一市县列入了国家级和省级各种战略布局试点。

这些战略布局试点地区,面临着重大发展机遇,要先行先试、善谋善为,以"更进一步、更快一步,继续发挥先行和示范作用"。同时,试点地区非遗事业发展同样面临着历史性发展机遇,我们要在大局中找准定位,找准切入点,做足功课,做大文章,探索和创造可推广可复制的经验,争取在实践上政策上都有突破,以率先作为树立形象,以典型示范推动全局。

### 四、大力推进市县非遗馆建设

早在 2013 年上半年,我省市县两级已实现了非遗保护中心全覆盖。但非遗保护中心只是工作机构,我们还需要面向公众的非遗展示和活动场所。各地应当借"十三五"开局之年对经济社会发展全新布局的机遇,争取将非遗馆建设纳入城市建设规划体系和基本公共服务体系。

不少地方在积极推进非遗馆建设,但总体上看,往往规划和建设面积过于局促,影响了非遗馆功能和效益的发挥。非遗馆要体现传统文化表现形式、传统生产生活方式,需要相当的空间展陈和渲染。譬如酿酒技艺,不是展览几瓶酒,而是要有酿造过程,等等皆然。设施是事业的主架,非物质需要物质支撑,更要体现非物质的特点。

非遗馆,是非遗传承基地,是旅游景区,是传统文化展示窗口,是中小学生校外课堂,也是城乡居民寄托乡愁的精神家园。非遗馆,是非遗事业发展新的重要的增长点和增长极。

### 五、非遗+,让非遗做得更大

某某+,是个时兴概念。但我们非遗工作推进过程中,一直注重"服务中心、围绕大局",一直注重与各行业各系统工作的结合,一直注重融入社会、融入群众、融入生活。譬如,推进美丽乡村建设中非遗保护,非遗传承教学基地、非遗旅游景区、非遗电视春晚、非遗信息化等,都体现了非遗+的实践。

非遗覆盖面广,涉及社会生活的方方面面。非遗＋,可以是非遗保护的突破口和着力点,也是非遗事业发展的必然要求。要加速"非遗＋"业务布局,以"非遗＋"引领非遗事业融合发展,同时也促进各行各业发展。

## 六、互联网＋,让非遗事业飞起来

互联网＋是什么意思?通俗来说,"互联网＋"就是"互联网＋各个传统行业",但这并不是简单的两者相加,而是利用信息通信技术以及互联网平台,让互联网与传统行业进行深度融合,创造新的发展生态。

全民进入互联网＋时代,大幕刚刚开启。互联网＋非遗,或者说非遗＋互联网,都是必然。2016 新春,阿里巴巴年货节发起"非遗"众筹,使传统工艺借互联网火上一把;传统戏剧,也可以通过互联网启动送戏下乡众筹,激发生机活力,等等。互联网＋时代,是一个脑洞大开的时代,智慧非遗的行动,也需要脑洞大开。智慧传播、智慧传承、智慧服务、智慧管理,"非遗＋互联网"的新招数不断赓续,让非遗之火烧得更热更旺,让非遗事业借助互联网＋腾飞。

## 七、着力打造和打响非遗品牌

这些年,非遗工作不断深入深化、延伸拓展,形成了一批富有特色、可持续和有影响力的活动平台或工作载体。譬如:已举办十届的浙江省非物质文化遗产节,浙江省非遗代表作丛书,国遗省遗项目"八个一"保护措施,服务传承人月"八个一"服务措施,非遗进礼堂、非遗赶大集、非遗电视春晚等,以及五花八门的省级非遗基地,等等。但很遗憾,这些好像都没有形成为形象而响亮的品牌。

作为品牌,要有一个形象生动凝练的名称,要有独特性、有可持续性、有感召力影响力,且品牌是生动的故事。譬如:"五水共治"、"三改一拆"行动,就是一个品牌;省委宣传部主抓的文化礼堂是一个很有内涵和外延性的品牌。

美丽非遗、浙江好腔调、非遗学校、非遗景区,已形成品牌,要继续彰显和发挥。各地重点亮点和有特点的非遗工作和活动平台,要注重品牌化改造,譬如"进赶上"行动(非遗进礼堂、赶大集、上舞台);前面提到的两个"八个一",概括为非遗保护"双八措施"。打造特色文化品牌,彰显文化引领魅力,彰显出蓬勃活力。

## 八、以国际眼光讲好中国故事

我国频繁开展大国外交,既走出去,又请进来。去年 11 月,世界互联网大会在乌镇举行,而且乌镇将作为这一大会的永久性会址。G20 峰会,将于今年 9 月在杭州举行,中方把 2016 年峰会的主题确定为"构建创新、活力、联动、包容的世界经济"。议题是经济,但非遗也要扛大旗。外国领导人来了,各国各界嘉宾来了,要通过乡土风俗了解一个国家的人民。

去年金华有一件事做得很漂亮! 省委党刊《今日浙江》报道:金华创意举行"海外名校学子走进古村落"活动,从 195 个古村落中遴选了琐园、寺平 2 个村,制作了宣传视频,在全球著名视频网站发布,引起了热切关注。哈佛大学、南加州大学著名教授主动帮助推介;南非一市政府用比赛方式选拔 3 名学子,并提供机票;老挝领事馆总领事亲自打招呼要名额……一条消息引起了千层浪。海外名校 79 名师生来到金华古村,在村民家里吃住三周,体验东方婚俗、酿酒,考察传统建筑、婺州窑,观赏民间小戏等,乐不思"洋"。两个小村半年前还藏在深山人未知,现在变身为国际化旅游研学胜地,最多的时候一天有 1.2 万多游客。金华古村落整个板块也因此声名鹊起、声名远播。

今年宁波有一件事情将大做文章。宁波成功当选为 2016 年"东亚文化之都"城市,将在 2016 年一年内,以"东亚文化之都"名义开展丰富多彩的文化活动,将因此大力带动城市文化建设,激发城市活力,扩大城市的国际知名度、美誉度。

我们以前搞活动,往往立足于当地,最多也就考虑全国性。在世界进入地球村时代,我们要有全球视野、国际眼光、世界瞩目的追求,要大胆地异想天开,解放思想,黄金万两!

非遗保护,乡村是基点,非遗特色小镇是亮点,县域是重点,城市的非遗保护是焦点,浙江省非遗保护保持持续热点,成为全国非遗保护的高点,甚至成为世界非遗保护的示范点。

2016 年 2 月 1 日

# 羊年新春的期盼

各位亲爱的非遗同仁：

我住院已80多天，在我患病康复治疗期间，得到了金厅长和各位厅领导深切关怀，各地同仁真挚关切，让我感受到组织的温暖和战友的诚挚情意。

在厅党组的深切关怀下，在省委宣传部的重视下，我成为文化系统的先进典型，成为新闻人物。全省宣传思想工作会议期间，省级各有关媒体集中时段采访报道我，我感慨万端。

这里有一些话想跟大家交流。

一、功归组织、功归大家。党委政府高度重视，文化部门奋发有为，非遗传人自觉担当，专家学者倾心指导，有关部门鼎力相助，社会各界大力支持，新闻媒体推波助澜，人民群众真切拥护，非遗事业才有今天的局面。我只是按照厅党组的正确决策，抓好执行抓好实施。我只是全省非遗人的一个代表，一滴水只有融入事业的洪流，才有生命，才有活力。我会保持清醒的头脑。

二、这是对我的表扬，也是对非遗工作系统的高度评价。非遗工作系统涌现了一批满腔情怀、充满激情、吃苦耐劳、追求卓越的先进典型和工作群体，我们要把争创"最美浙江人"作为非遗工作系统共同的追求，塑造最美群体，争创最美行业，要让盆景变风景，让风景变风尚。

三、希望大家一起来讨论提炼非遗系统的核心价值观。在非遗十来年，非遗工作系统逐渐形成了"爱岗敬业、无私奉献的职业操守"，"敢于担当，争创一流的进取精神"等文化价值观念，这是我们的宝贵财富，也是非遗事业健康可持续发展的精神动力。希望大家一起来探讨和提炼，并传承弘扬。

四、这是扩大非遗影响力的大好机会，也是一种机遇。非遗十来年来，从一个新的名词，成为社会热词，今天对非遗处长的宣传，使非遗进一步引起社会各界关注，要抓住时机，推进非遗事业发展，形成社会热潮。

五、这两天，正在召开省两会，谋划 2015 年大政方针和工作重点，前几天召开了全省宣传思想工作会议，对宣传文化系统的工作作了部署。我厅即将召开全省文化局长会议，进一步明确工作任务和要求。希望各地非遗系统，认真按照上级部署，计划和开展 2015 年非遗工作。

六、做好"十三五"规划。今年是全面完成"十二五"规划目标任务的年头，也是"十三五"规划编制年。规划是个纲，纲举目张，规划是个大口袋，什么都可以往里装。要谋定而动，科学规划，通体构思，整体设计，系统思考，长计划短安排，有计划有步骤推进事业发展。

七、中央和省委对非遗保护高度重视，在金兴盛厅长和厅党组的领导下，省文化厅和全省文化系统风清气正，我们躬逢其盛，要努力干事创业、建功立业，为文化发展繁荣，为两美浙江做出贡献。

这里也向大家报告一下我的近况：现在我可以坐轮椅了，也可以在人搀扶下走上几步。每天康复训练的功课安排得满满的，我会争取尽早康复回到温暖的集体，尽早回归到火热的事业中来。

大家来探望，一方面我深为感谢，另一方面也不希望牵扯大家太多的精力，康复训练也需要安静的环境。我希望大家让我暂时远离江湖，淡出同志们的视线，请大家把宝贵的精力投入到文化大发展、大繁荣中。

2015 年 1 月 21 日

# 马年新春的期盼

各位非遗同仁：

新春好！

新的一年来临,孕育着新的气象,昭示着新的希望。在马年的第一个月,浙江非遗工作大幕已经拉开：

一是省文化厅、浙江广电集团联合举办 2014 浙江省非遗电视春晚。这台晚会,以"中国梦想、美丽浙江"为主题,宣传省委、省政府的"五水共治"战略,彰显"留住乡愁"情怀,以"源、寻、传、融"四个篇章,大力宣传浙江的生态之美和人文之美,彰显"看得见山,望得见水,记得住乡愁"的美丽愿景。非遗勾起了乡愁,牵出了一串回忆,观看非遗春晚现场录制的省政协海外委员心潮澎湃,流下了激动的泪水。

这台非遗春晚,将于马年大年初一晚 7 点 40 分,通过浙江电视台七套(公共·新农村频道)的电视荧屏向全省观众展播。也请各位帮助向当地的相关的方方面面人士传递这一信息,让更多的观众欣赏这台春晚。

二是省文化厅、浙江日报社共同举办的第九届浙江省非物质文化遗产节暨"浙江好腔调"传统戏剧展演系列活动,已经于 1 月 21 日下午在临安市花戏村文化礼堂拉开序幕。文化过年,好戏连台。本届省非遗节,一改往年,提前到年初部署启动,因为新春佳节老百姓就要看戏。

"浙江好腔调"系列活动,我省将在全年分若干板块部署和安排。万场大戏唱响浙江好腔调,新闻媒体对此反响热烈,启动仪式的第二天,凤凰网上头条、腾讯网上头条;百度一下"浙江好腔调"或"万场大戏送乡亲",都有三个网页了。特别是浙江省新生代企业家联谊会会长宗馥莉出席致辞,成为关注的焦点。

美丽非遗进礼堂、魅力戏剧响浙江。想唱就唱,要唱就唱得响亮。今年的浙江好腔调,需要各地上下呼应左右联动,形成合力、形成声势。

三是我省今年将重点推进"智慧非遗"建设,打造非遗升级版。所谓智慧非遗,就是运用现代信息技术手段和信息化水平的提升，促进非遗的转型升级，让非遗插上科技的翅膀腾飞。这是非遗领域与现代科技发展相适应的必然途径，也是加强和推进非遗管理能力现代化的必然要求。

作为智慧非遗宣传端口的浙江非遗网，已于1月18日改版上线。浙江非遗网开通已6年了，其间也曾改版，一直反响不错，但还得不断改进完善，为此新年又推出新版本。新版非遗网，设计美观大方，板块层次分明，栏目有序鲜明，内容充实丰富，检索方便快捷。您可检阅下。

省非遗办推出的浙江非遗微信、微博等微平台，可以随时随地分享浙江非遗的新鲜事儿。粉丝已经有2万多，这数字不多也不少，发展的空间还很大。马年新春"最美中国年·美丽非遗随手拍"活动，发布到网上之后，引起网民广泛关注，仅在19楼的阅读量就达4万多。浙江非遗信息化平台，已经建立了六大数据库，将构建六大平台。世界已经进入融媒体时代，非遗的传承传播应当与现代科技的发展保持同步，要更多依托物联网优势，利用社交媒体通讯，扩大传播效果。

我省非遗工作马年开门三件事，传递出的理念和信息，请大家关注：

一是要树立服务中心、围绕大局的意识。所谓不谋全局者，不足谋一域。要将非遗工作与党委政府的总体战略部署紧密相连，把握大势去思考，着眼大事去谋划，使我们的工作有一个更加开阔的思路和更加有为的空间。

二是要突出重点。非遗工作千头万绪，抓牛鼻子是正确之道；事情轻重缓急，抓重中之重才能纲举目张；非遗事业庞杂繁复，抓突破口方能取胜；抓重点，就是走好一步让全局活起来的妙棋。

三是要注重品牌建设。2013年，我们打造和打响了"美丽非遗"品牌；在新的一年，我们还将在品牌营造上做系列文章，继续推进和深化美丽非遗品牌，并重点培育和打造"智慧非遗"的品牌。希望大家全省一盘棋，着力打造具有鲜明地方形象的响亮的非遗品牌，合力共推品牌。

马年被视为进取之年。甲午之春，马蹄声脆。愿非遗人传承龙马精神，跃马扬鞭，造就万马奔腾的竞合发展新气象。

2014年1月28日

# 2013，非遗保护着力何处

2013年序幕拉开了。

让我们先回溯刚过去的一年，这一年非遗一直很热。

非遗活动热点频现。"人文浙江·传承非遗"网络寻访硕果累累，全省非物质文化遗产进校园活动季蓬勃开展，"传统的青春、青春的传统"的文化遗产日主题活动，还有各地主打非遗的节会和博览会盛况依然。

非遗事业发展热度递增。全省县级区域非遗保护工作争先恐后、争优创先，美丽乡村建设中非遗保护工作全面启动，第四批省级非物质文化遗产名录、第二批省级非遗旅游景区、第二批省级非遗传承教学基地相继揭晓，非遗数字化保护平台建设迈出扎实步伐。

省委省政府热切关怀。省政府专门为我省申报人类和国家级非物质文化遗产项目的有功之臣进行表彰。这是浙江非遗群体的光荣，更是激励我们更加奋发有为。

浙江非遗进入了取得突破性进展的新阶段，进入了事业发展的快车道。我们憧憬非遗的明天，更需要有清晰的思路和扎实的步伐。2013的非遗保护，又该着力何处？

优秀传统文化传承体系建设，是开拓非遗发展境界的主旨。党的十八大报告提出了"建设优秀传统文化传承体系，弘扬中华优秀传统文化"的重大任务。我们要有思想高度，要有大视野。要有系统的构思，要有扎实的举措，更要有坚定的信心，为之做出具有战略性的部署和战术上的具体布置。

美丽非遗建设，要奏响一篇精彩乐章。美丽中国离不开美丽非遗，美丽浙江需要美丽非遗。美丽非遗是美丽中国的表情和符号，非遗让美丽中国更加美丽。我们将举办"美丽中国与美丽非遗"为主题的第二届中国非遗保护论坛、以"共享美丽非遗 梦圆美丽浙江"为主题的第八届浙江省非物质文化遗产节，将有系列安排，有系统部署。当然,各地要纵向呼应,横向联动,共同形成态势,营造声势。

夯实基层非遗保护的基石,始终是我们的工作重点。传统村落的存亡从来没有像今天这样成为一个严峻问题。传统村落保护和农村文化礼堂建设正式进入政府工作报告。我们将召开第二届美丽乡村建设中非遗保护现场会,共襄村落保护。各地建设美丽乡村的热情空前高涨,我们要借势推动、乘势而上。着力村落的非遗保护是基础,加强乡镇非遗保护是重要环节,推进县域非遗保护是关键,县乡村三级联动,层层促进,共同营造非遗保护的生态环境。

非遗的国际化交流,是一个重要命题。2013世界文化大会将在杭州举行,论坛的主题为"文化:可持续发展的关键"。这个国际会议由联合国教科文组织和我国有关机构共同举行。今年我省还将承办亚太非遗博览会,以纪念联合国教科文组织《保护非物质文化遗产公约》颁布10周年。我们要以先进的理念提升非遗保护工作实践,以开阔的眼界提升非遗保护发展的境界。

2013年,不仅是《保护非物质文化遗产公约》颁布10周年,也是我省列为中国非遗保护综合试点省10周年,是我省非遗保护全面部署和启动的10周年。十年春秋,我们砥砺前行,共同见证一个个坚实的足迹,有喜有忧也有期待,但守望精神麦田、守护精神家园一直是我们的追求。非遗十年,我们用虔诚履行责任和使命,用激情成就光荣与梦想。

我们期待在新的一年,全省的非遗同仁依然豪情满怀,依旧雄心万丈,共同演绎浙江非遗的生动画卷,众手抒写浙江非遗的锦绣华章!

2013 年 1 月 28 日

# 龙年新春的期盼

尊敬的各位局长：

大家好！

新春上班第一天，有位局长打来电话说：非遗的文件雪片一样，把局长们的头皮都抓烂了。的确，2012年刚来到，仅仅在春节前的20天里，我厅已下发了15个非遗方面的文件（10个文件用厅里文号，5个文件用抄告单）。春节，人家送年货，我们送文件大礼包。

我总觉得，当下文化发展的大机遇，也就半年。大家都说，十七届六中全会是春风，是东风，是掀起新热潮。我认为六中全会是机遇，机遇之鸟站在肩膀上，你还在发呆，那就错失机遇。待十八大召开，东西南北中，党政军民学，工农商学兵，农林牧副渔，科教文卫体，老少工青妇，老少边远贫，各项工作铺天盖地，党委政府的工作中心又转移了，工作重心也转移了，那个时候文化不可能摆到最重要的位置。机不可失，时不再来，那就抢抓机遇吧。我恳切地期盼各位局长都有这般认识，有这样的共识，有这么一种紧迫感。在这也许不到半年的时间里，做好几件事：

一是编制出台当地"十二五"文化发展规划。应当包括公共文化服务体系、文化遗产保护体系、文化产业发展体系等。我厅编制出台了《浙江省非物质文化遗产保护发展"十二五"规划》，提出了具体实施非遗抢救保护等八大行动计划（请见浙江非遗网）。盼望各地在编制"十二五"规划时脑子里要有根弦：非遗很重要。规划是个纲，纲举目张。规划是个大口袋，什么都可以往里边装。通过出台规划，通体构思、整体设计，长计划短安排，有计划、有步骤、有重点、有序地推进事业的发展。

二是推进非遗保护工作机构建设。目前，在当地编制部门的支持下，全省11个设区市，均已建立了非遗保护中心。90个县（市、区）已经有76个建立了非遗保护中心。这些机构的建立，对于促进非遗事业的可持续发展起到了重要的保障作用。非遗法的贯彻落实，一项事业的推进，必须有机构办差，有人办事。已经建立非遗保护中心的市县,应当争取有正式的编制,有三五个人的编制。目前,开化县核定了5个编制,泰顺县确定了6个编制,桐庐县确定了10个编制(4个非遗编制,6个叶浅予纪念馆编制,打通了使用)。还没有建立正式非遗保护工作机构的县(市、区),务请抓紧向地方政府和编制部门申请支持。

三是设立非遗保护专项资金。浙江非遗保护条例明确要求县级以上政府建立非遗保护专项资金。既要设立非遗保护专项资金,还要争取把"蛋糕"做大,争取有一定的额度和幅度。海宁市在每年土地出让金中提取1%用于文化遗产保护,开化确定人均1.5元为非遗保护资金额度。各地应当科学测算,以确保非遗事业发展所需。

四是积极推进非遗馆建设。不管东西南北风,抓好设施不放松。以不变应万变。既要抓好文化遗产日、传统节日、文化节庆等各种展演展示活动,更要注重经常性的、日常性的非遗展示阵地建设。可以是综合性的,也可以是专题性的;可以是官办的,也可以是民办的;可以是静态为主的,也可以是动静结合的;可以是有围墙的,也可以是没围墙的。各级各类非遗馆建设,是阵地、是平台、是窗口,也是守护人民的精神家园。

五是推进各类非遗保护传承载体建设。如我厅公布的非遗传承基地、非遗传承教学基地、传统节日保护基地、非遗生产性保护基地、非遗旅游景区、非遗宣传展示基地、非遗生态区建设、高校非遗研究基地等。各地可以参照。四面点火,四处开花,星罗棋布,五花八门,推进非遗融入社会、融入生活、融入群众。发挥非遗的资源优势,发挥非遗的功能作用。

在此,敬请各位局长以高度的使命感、责任感和紧迫感,抢抓机遇,乘势而上,一鼓作气,再接再厉,不断从胜利走向胜利!

于2012年新春上班第一天

# 畅想曲与奋斗歌

即将迎来改革开放 30 年。改革开放 30 年,也是解放思想 30 年。也许正是基于这一点,2008 新年伊始,关于解放思想的声音格外响亮。

名人说,思想有多远,我们就能走多远。世上的事情就是这样,不怕做不到,就怕想不到。解放思想就其本质而言,是为了社会发展和变革所进行的深层次思考。当初小平同志带领全党和全国人民解放思想,使得解放的思想得以充分表达,使得改革的激情得以迸发,使得因循守旧者的思想开始冰融雪化。30 年来的发展,用波澜壮阔来形容毫不为过。30 年的解放思想,中国走上了快车道。30 年改革开放,使历经沧桑的伟大祖国发生了翻天覆地的巨变。

精英人士说,经历了改革开放 30 年,前几次思想解放的能量已经被运用到了一个接近饱和的程度。现在,必须向思想解放领域注入新的内容。改革开放再次处于关键时刻,需要非常高的政治智慧,解决国家发展中的难题。解放思想无法做到一劳永逸。一个国家、一个民族要想跟上时代,有所作为,就必须不断解放思想,勇于、善于创新。社会实践是不断发展的,人的认识是不断深化的,创新活动是永无止境的。

联想到我省非遗保护实践。作为全国非遗保护的综合试点省,我省先于全国启动这项工作,没有经验可以借鉴,没有模式可以参照,没有样板可以遵循,一路走来,就是解放思想的过程,就是逐步探索的过程,就是创新开拓的过程。当前,非遗的普查和抢救保护进入攻坚破难阶段,如何解决瓶颈,如何深入深化,如何继续领跑全国,需要多一点远见卓识,需要凝聚各方面的真知灼见,需要社会各界贡献思想力。

解放思想,是活力之源,是观念更新,是发现事物发展规律与走势的"务虚",是高屋建瓴的宏观把握,是决策前对决策的可行性与具体操作的分析研究。解放思想,要立足于促进科学决策,促进解决问题,促进事业发展。解放思想,是一种胸怀,一种精神状态,也是一种能力。

实干兴邦,空谈误国,是历史上许多经验教训昭示的真理。马克思有一句名言:"一步实际行动比一打纲领更重要。"一切工作要靠奋斗来落实,一切问题要靠奋斗来解决,一切成果要靠奋斗来实现,美好的明天要靠奋斗来创造。我们要以澎湃的热情,奋发有为的精神状态,责无旁贷的使命感,时不我待的紧迫感,只争朝夕,有所作为,建功立业。

我们的工作,要向更高层次发展,要憧憬,要畅想,用解放思想指导实践,用心血和智慧去谱曲;我们的工作要向更深层次发掘,需要一步一个脚印地去填词,抒写时代新篇。

新时期,不仅需要畅想曲,更加需要奋斗歌。

2008 年 1 月 15 日

# 风生水起著华章

2009 年的度过，不仅是一年的过去，而且是 21 世纪头十年的逝去。

星移斗转，时光如梭。十年，弹指一挥间，天增岁月人增寿。新世纪伊始的非遗保护事业从无到有，从小到大。从一开始的数十人，发展到数千人，再到 23 万人参与大普查。从一个外来词，到广为全社会知晓，成为社会热词。浙江从全国非遗保护综合试点省，到成为全国非遗保护的重要地区。浙江非遗保护工作精彩纷呈，新意迭现，风起云涌，如火如荼。

浙江非遗事业得到社会的广泛认同，究其原因：一是因为各级党委、政府的高度重视，各级人大、政协的大力推动。各级领导对非遗事业的重视和推动，体现了高超的战略眼光。

二是因为浙江非遗发展战略的科学定位。浙江的前列思考和生动实践，真正体现了引领作用。

三是因为全省上下文化部门的主动作为。全省非遗工作者以强烈的使命感、饱满的热情、全身心的投入，赢来非遗工作的创新，活动的出彩。

四是因为相关部门的通力协作。发展规划、财政、教育、旅游等部门的大力支持，使非遗工作有了强大的后盾支撑。一个事业的推进，一个民心工程的打造，需要各界来支撑。

五是因为广大传承人的积极自觉。社会各界尊重传承人，尊重劳动，尊重创造，广大传承人焕发精神，焕发热情，焕发活力，保护、传承、发展，成为广大传承人自觉的责任担当。

六是因为非遗工作得到人民群众的真切拥护。非遗工作者、传承者、研究者、志愿者形成合力，非遗保护的人气越来越旺。

非遗保护的深入人心，还在于新闻媒体重彩浓墨、大张旗鼓地宣传，不断推波助澜，形成了良好的社会氛围。

风生水起的非物质文化遗产保护历程中，发生了多少大事小事。翻检这不一般的十年，增量确实非常；每一年至少都做了几件颇有成就感的事，觉得这十年过得充实而有意义。翻检一件件往事，我们又怎么会不怦然心动，不感慨万千。

飘然而至的 2010 年，你可以将它看得无比普通，也可以看得意义非凡。在这全面完成"十一五"任务、谋划规划"十二五"目标之年，在这承上启下继往开来的年份，我们明了，有许多事情需要跨年度抓好落实，有许多愿景需要长期坚持不懈追求。我们相信，在这之前与之后的每一天里，你我他的理想追求和百味人生，都丰富着这个国家历史的细节和厚度。

我们通过回顾寻找力量，通过盘点寻找更好的起点，通过怀想希冀理想成为现实；我们祈愿未来的成就基于现实而高于现实，祈愿所有的美好都能落地成真。

风生水起著华章，风流激荡再著华章。

2010 年 1 月 1 日

# 多快好省创一流

"多快好省"有个出处,当年毛泽东《在扩大的中央工作会议上的讲话》提出了:"鼓足干劲,力争上游,多快好省地建设社会主义的总路线。"

多快好省的含义为:数量多,速度快,质量好,成本省。

对于既往的浙江非遗工作,也可以用"多、快、好、省"四个字来概括。

"多",我们的非遗普查线索多、项目多;我们申报国遗、世遗,上榜的项目多;我们推出的保护载体多,多种类型、多方位实施保护。

"快",我们是快节奏、高效率,不少工作走在全国前面。我们率先实施非遗普查,率先公布省级非遗名录,率先出台保护规划,率先出台地方法规……因为快和高效,浙江非遗保护的实践,具有探索和示范的意义。

"好",好字当头,健康发展,整个工作态势很好,成效很好,社会反响很好。

"省",我们少花钱、多办事、办实事、办好事、办大事。

"十二五"已经掀开新的篇章,2011年的钟声已敲响。新年伊始,别有一番激情和感慨在涌动,别有一番干劲和追求在提升。我们对新的一年充满期待和希望。我们的期待,同样可以用"多快好省"这四个字来概括。

所谓"多",就是开发更多的文化资源,提供更多的成果,给百姓更多的文化享受;就是调动更多的力量参与非遗保护,非遗事业得到社会各界更多的关注和支持;就是多种途径去探索经验,探寻规律,涌现更多的非遗保护先进典型。我们已经做了大量的工作,但还有更多的工作等待着我们去做。

所谓"快",就是继续快人一步,快马加鞭,加快步伐,加快进程,加快速度,非遗事业驶上快车道。

所谓"好",就是继续保持最好的状态,争取更好的成绩。就是创新和运用好的方法、好的机制、好的政策,营造好的氛围。工作的"好"字,归根到底要由老百姓说了算。希望经过我们的不懈努力,非遗工作赢得人民群众更高的评价。

所谓"省",就是省心、省时、省力、省钱。让传承人省心,主动服务,超前服务;省时,五加二,白加黑,星期六肯定不休息,星期天不一定休息,一年当做两年用;省力,苦干实干,还要加巧干;省钱,一分钱掰做两分花,四两拨千斤,让社会力量共同参与。

"多快好省",就是以事业凝聚人心,以成绩鼓舞斗志,以形象赢得支持,以实干推进发展。

鼓足干劲,力争上游,"多快好省"地发展非遗事业,继续在全国发挥"排头兵、领头雁"的作用,这是我们对"十二五"初始的 2011 年浙江非遗工作的共同期待。

2011 年元旦

# 多迈一步就是领先

2008 年 1 月 15 日，省委书记赵洪祝在省政协《如何使我省非遗保护工作继续走在全国前列——关于我省非遗保护工作的建议》上作出重要批示：要继续把我省非遗保护事业向前推进一步。

毋庸置疑，浙江的非遗工作一直以来走在全国前列，有许多探索，有许多创新实践。特别是 2008 年，遵照赵书记的批示精神，依照浙江省非遗保护工作的既定目标，各相关工作继续取得突破性进展。

浙江自 2003 年启动民族民间艺术保护工作和 2005 年转换到非遗保护工作以来，概括起来，创造了诸多的"率先"：在全国率先启动非遗保护工程，出台省级非遗保护规划，设立省级非遗专项资金；率先启动全省非遗大普查，完成非遗普查任务；率先公布省级非遗名录，建立省、市、县三级名录体系，在先后两批的国家级非遗名录项目中位居全国榜首；率先对代表性传承人实施政府补贴制度，创设服务传承人月活动制度，建立代表性传承人"三必访、五必报"制度；率先在高等院校建立非遗研究基地，公布省级非遗传承基地，公布省级民族传统节日保护基地，公布省级文化生态保护区试点；率先举办全省性非物质文化遗产节，全国性非遗博览会，公布省级重点扶持的非遗节庆活动；率先评选非遗保护年度十件大事，评选非遗保护十大新闻人物；率先编纂出版《浙江省非遗代表作丛书》，全省部署开展县级非遗集成志书编撰工作。

浙江非遗保护实践，每一步都带有强烈的率先意识，每一步的探索都充满了挑战。浙江作为全国非遗保护综合试点省，没有经验可循，没有"教科书"。有的时候，第一步意味着面临风险的考验；普查的第一步，有着巨大的技术风险；保护方式上的诸多第一步，也会面临各种挑战。对这种种考验，我们用决心、细心和信心不断迈出新的一步。这五年非遗保护的历程，正是通过这样一个又一个的"第一步"来实现和见证，通过一个又一个的"率先"来体现，这成为浙江非遗保护工程探索创新的标志。

一番伟大的开创和许多奇迹的诞生，往往是由一些极其平凡的一步开始的。改革开放 30 年来，"第一步"成为中国人自我变革和超越的标志，也成为民族勇气和智慧的象征。2008 年 9 月 27 日，翟志刚迈出了中国人在外太空的第一步，他的一小步，是人类一大步。翟志刚的太空第一步，无疑将载入史册。而对非遗保护事业的探索，同样需要有航天探索的精神和勇气。

只要沿着向上的信念，迈出稳健的第一步，就有可能成为最精彩的第一步。只要你走一步，接着再走一步，然后一步接一步，不懈地坚持下去，随着时间的推移和工作的积累，就一定能够产生叠加效应，创造更多成绩，达到更高的境界，继续赢来走在前列的荣耀。

2009 年 1 月 13 日

# 让创新成为一种风尚

创新是时代的主题。浙江省第十二次党代会提出创业富民、创新强省的要求，强调站在实现浙江新一轮发展的战略高度，坚定不移地走创新之路。

创新是一个广泛的概念，包罗万象；创新是一池流动的活水，可以保持竞争优势；创新是一种发展的动力，能够促使我们的事业充满生机。无数的经验已经证明，没有创新就不可能取得大的发展。

浙江省文化厅 2007 年 8 月 13 日召开浙江省非物质文化遗产普查宁波试点模式推广会，总结和推广宁波创造的宝贵经验。宁波会议的精髓，宁波经验的灵魂，是创新。非物质文化遗产保护，是古老的话题，又是全新的概念，既要有沸腾的热情，又需要冷静的思考，除了埋头苦干，更要创新巧干。

创新，重在观念创新。上级的政策文件是把握全局总体情况而制定的，是对事物普遍性的概括反映，对工作具有普遍性的指导意义。由于各地的情况差异，应该把上级精神和本地实际结合起来，具体情况具体分析，把握事物的特殊性。要善于独立思考，创造性执行政策文件，既不离上级的谱，又走好自己的路。"不唯上，不唯书，只唯实"，应铭置座右。

创新，必须以求实为基础。不注重创新，一味地求实，就没有进步与发展的源泉；不建立在求实基础上的创新，就会走向主观臆想、不切实际的境地。两者互相依存，融合共进。唯求实，创新关口必须前移；唯求实，创新要从具体事项入手。有位哲人说："行之有效的创新在一开始可能并不起眼。"果若其然，宁波非遗普查"村报普查线索、乡查重点项目、县做规范文本"这一化繁就简的创意，却能解决非遗普查包罗万象、大而无当、无从下手的大难题，意义何其大也！创新是开拓性、探索性的实践，一旦成功，其影响兴许不限于一时一事，将带动一个领域、一个方面的突破性进展。

创新，最终要落实到创造性地开展工作。与一些基层同志讨论非遗普查工作，言谈之中，大家流露出一种渴盼有人拿出新鲜经验的心情，以为那样可以少走一些弯路，少担一些风险，依样画画葫芦。别人的经验是应该重视的，特别是一些带有普遍性意义的经验更值得学习。但事业的拓展固然需要学习别人的新经验，更需要自己大胆地试，大胆地闯，搞出自己的经验来。只想着"摘桃子"，只能永远后进！

追求创新，既要发挥文化保护工作者的积极性，需要文化界不懈努力，更需要全社会一起参与。非遗干部个人的努力是创造性开展工作的重要前提条件，创造性的工作没有个人的思考和努力是很难完成的。但是仅靠我们自我努力是远远不够的，只有深入到第一线、深入到群众中，虚心向群众学习，总结群众首创的经验，才能真正做到有所发现，有所发明，有所创造，有所前进。

宁波会议上，听了从村、乡镇、县到市四级的介绍，感受至深的是宁波各方面同志身上体现出的那种强烈的责任感和由此激发的自主创新精神。宁波的创新之举，不仅仅体现着宁波文化人的智慧、识见和勇气，在一定程度上也反映着宁波文化保护工作者的思想境界。有了这种境界，宁波文化人赢得了全省同仁的尊敬。

宁波模式掀开了全省非遗普查工作的新篇章，我们深深为宁波的成功探索而鼓舞，而感到振奋。向宁波学习，不仅是学习宁波的做法，更在于提倡一种探索创新的精神。

2007 年 8 月 14 日

# 历史突破与美中不足

时光荏苒,满载收获的 2006 年迈着坚实的步伐离去,充满希望的 2007 年满怀豪情地向我们走来。让我们一起盘点令人感动的过往,共同期待非遗事业的美好愿景。

2006 年注定是非物质文化遗产保护的升温年。在 2005 年末,国务院下发《关于加强文化遗产保护的通知》,并决定自 2006 年起,每年 6 月份的第二个星期六为我国"文化遗产日"。从国家层面、政府层面,到社会参与、群众参与,保护热潮一浪高过一浪。

2006 年,是令人高兴的一年。年初,全国非物质文化遗产保护成果展在京举行,这次展览是新中国成立以来第一次全国性的非物质文化遗产保护成果的大型展览,浙江选送的保护工作展板得到关注,选送的民间手工艺作品受到热捧。6 月,国务院公布第一批国家级非物质文化遗产名录,518 项入围,浙江 39 项(44 个子项)上榜,居全国各省份首位,并遥遥领先。这是历史性的突破,也是我省"十一五"开局之年文化遗产保护的大喜讯。首个"文化遗产日"期间,我省会同国家非遗保护中心、中国文化报举办中国非物质文化遗产保护余杭论坛,文化部、省政府领导出席,专家学者云集,这一高峰论坛成果丰硕。7 月,全国非物质文化遗产保护工作会议在京召开,浙江省文化厅在大会作典型经验介绍,浙江此项工作发挥明显的领头作用,走在前列。

2006 年,也是我省非物质文化遗产保护投入力度继续加大,各项抢救保护工作大步推进的一年。浙江省政府下发了《关于进一步加强文化遗产保护的通知》;省政府常务会议通过了《浙江省非物质文化遗产保护条例》(送审稿),报送省人大常委会审议;省级财政继"十五"每年投入非物质文化遗产保护 500 万元之后,"十一五"的投入有较大增幅,递增为每年 1500 万元。各地积极响应,吹响非物质文化遗产保护的号角。杭州市、海宁市等当地政府下发《关于加强非物质文化遗产保护的意见》。临海、临安等 10 个县(市、区)经当地编委批准,建立非物质文化遗产保护中心。非物质文化遗产保护得到各级政府的空前重视,政府主导、社会参与的方针在各级政府的工作部署中得到鲜明体现。浙江省非物质文化遗产保护的步伐果决而坚实。

2006 年,更是我省非物质文化遗产大放光华的一年。我省首个"文化遗产日"活动丰富多彩,举办"守望家园"大型电视主题晚会、首届浙江省非物质文化遗产节开幕式暨民间艺术大会串,专题系列讲座,文化遗产知识竞赛等活动,取得广泛影响。各地"文化遗产日"活动星罗棋布,争奇斗艳,烘托气氛,凝聚共识。全国广场民间舞蹈邀请赛、全国民间鼓乐邀请赛、全国渔歌邀请赛、中华民间剪纸艺术节等多项全国性活动在我省举行,此起彼伏。大型民族风情歌舞《畲家谣》代表浙江省参加第三届全国少数民族文化会演,获创作金奖。

2006 年,当然是我省非物质文化遗产保护工作者辛勤耕耘的一年。根据省里的统一部署,全省深入开展民族民间艺术资源普查,按照"不漏线索、不漏项目、不漏艺人"的要求,横向到边,纵向到底,战胜各种困难,破解诸多疑惑,创新思路,摸索经验,基本摸清民间艺术资源家底,各地普查工作硕果累累。我省保护试点工作不断深化,理论科研与编纂工作有效启动,高校非遗研究基地建设机制取得突破。

回首 2006 年,的确是不平凡的一年。作为"十一五"开局之年和实施浙江省文化建设"八项工程"的起始年,能否保证各地工作扎实推进,非遗保护工作实现开门红?结果令人欣然。

当然,2006 年,也有些美中不足的事。部分市、县(市、区)没有抓紧公布非遗名录;不少地方普查工作不够扎实;省、市两级非遗保护工作机构没有突破性进展。还有,有些地方在推进新农村建设中,大刀阔斧推倒古村落,移地造新村,一个地方的历史文化风貌荡然无存。非物质文化遗产是农耕文化的产物,古村落是非遗保护最后的根据地,皮之不存,毛将焉附?这些都是非遗保护社会热潮中的不和谐音符。

从当前形势看,在国办、国务院连续出台两个文件之后,全国各地更为重视非遗保护工作,我省起步早的优势已弱化。同时,随着非遗保护工作的推进,深化非遗保护,难度增大,有许多疑难杂症,突破进入了瓶颈,能否继续破难攻坚?保护管理工作机构的建设和专业队伍的培养迫在眉睫,培养一支干部队伍,培养一种踏实、务实、抓落实的作风,至关重要。另一方面,我省城市化、城乡一体化进程的加快,对文化遗产保护的冲击不容忽视,这也折射出更深层次的社会问题,这也是非物质文化遗产保护面临的严峻挑战之一。

展望 2007 年,将是非遗抢救保护形势持续看好的一年。当前,我们欣喜看到,2006 年底的中央经济工作会议提出将"又快又好"改为"又好又快发展",虽然这只是两个字次序置换,但体现的是指导思想的转换。2007 年,《浙江省非物质文化遗产保护条例》将经省人大常委会审定、正式颁布施行;由省委办公厅、省政府办公厅印发的《浙江省文化保护工程实施方案》将得到进一步贯彻实施;各级非遗保护中心应当抓紧建立和健全。无疑,随着形势的发展,工作的推进,全民意识的强化,各地将把非遗工作放在文化工作全局的突出位置、经济社会发展全局的特殊位置,加以重视。我们必须也完全有条件推进非遗事业的"又好又快"发展,继续走在前列。

天遂人愿,我们对 2007 年充满期待。

2007 年 1 月 15 日

# 八年了，别提它了

八年前，2003年8月，浙江省文化厅在诸暨市召开浙江省民族民间艺术保护工程工作会议，厅长杨建新作主题讲话，阐述了民族民间艺术保护工作的重要意义，对这项工作的开展提出了基本思路，以及实施工程的具体要求。那次会议，标志着此项工程的正式启动。

之后，浙江的民间艺术保护工作，以及2005年转换到非物质文化遗产保护工作，浙江始终先行一步，大胆探索，勇于实践，蹚出了一条符合国情也符合省情的非遗保护工作路子。浙江全省掀起了声势浩大的非遗大普查，成果丰硕；在先后三批国家级非遗名录项目申报中，蝉联三连冠；在非遗保护传承和合理利用上，有许多新举措，取得了令人瞩目的成绩。

回顾这八年，往事并不如烟。这八年，是浙江非遗工作者抢抓机遇、开拓创新的八年，是观念形态转化为实践过程的八年，是付出艰苦卓绝努力的八年，是自加压力奋发有为勇于担当的八年，是在没有任何现成经验可以借鉴的情况下摸着石头过河的八年，是摸索和积累了丰富的保护经验并在全国树立举足轻重地位的八年，是书写历史的八年。过去的八年，对我们每个非遗人来说，也是生命历程中最值得纪念的八年，我们每个人都尽了最大的努力，都无愧于这八年。

八年后的今天，2011年5月18日，浙江省文化厅又在诸暨市召开了浙江省非遗重点工作推进会。这次会议，是在"十二五"开局之年，是在国家《非物质文化遗产法》正式施行前夕，是在浙江蝉联国家级非遗名录项目三连冠的背景下召开的。这次会议再度在诸暨召开，具有象征意义，也具有重要的意义，这是新时期浙江非遗工作的再动员和再部署。

在这次会议上，厅长杨建新深入阐述了新时期非遗工作要把握好的八大关系；副厅长陈瑶对2011年度以及今年一个阶段的非遗重点工作作了布置，提出要着力十个推进。各地与会的同志对推进非遗工作的深入深化和延伸拓展，对推进文化复兴和振兴,充满了信心,鼓足了干劲。

　　八年艰苦不寻常。既往的八年的成绩,只能说明过去,是"完成时",我们更要着力"进行时"或者是"未来进行时"。"八年了,别提它了。"历史已经翻开了新的一页,而今迈步从头越。神圣的职责激励着我们,壮美的明天呼唤着我们。要继往开来,要向前看,要不断超越自我,不断迈向新的目标,不断创造新的业绩。

2011 年 5 月 19 日

# 金牌不再是我们的追求

2011 年 5 月 23 日,国务院公布了第三批国家级非物质文化遗产名录,浙江入选数再次高居榜首,蝉联三连冠。第一批国遗浙江入围 44 项,第二批入围 85 项,第三批入围 58 项,合计有 187 项上榜。三连冠的荣誉,有些炫目耀眼。浙江非遗工作,不经意间又书写了历史。

每一块国遗的牌子都来之不易,每一次申报的背后都有一段动人的故事。蝉联三连冠,是传承人、非遗工作者、专家学者以及当地政府共同努力的结果。在新世纪中国非遗保护的宏大叙事中,浙江非遗人书写了重要篇章;在新时代文化复兴和昌盛的历史镜像中,浙江非遗呈现出兴旺景象和万千气象。

获得三连冠,不简单不容易。三连冠,说明了浙江的非遗资源很丰富,说明了我们的抢救保护工作卓有成效。三连冠,是浙江非遗人奋发有为精神状态的写真,是求真务实工作作风的体现,是履职尽责职业追求的结晶,是扎实严谨实际行动的见证,是浙江非遗工作生动实践的缩影。

如果说,第一批国遗名录的公布和浙江名列榜首,是一个被赋予了太多象征意义的事情,那么,三连冠,意味着浙江的非遗工作走到了一个花自然开、果自然熟的稳健阶段,更意味着浙江非遗工作进入了一个新的起点和新的开端。

我们在浙江省入选第三批国遗名录项目暨第六个"文化遗产日"系列活动新闻发布会上特意提醒媒体的朋友,不要过于关注三连冠,不要把上榜数第一看得太重了。因为就非遗保护本身而言,金牌不是一切,不该为金牌第一赋予过多的意义。金牌不过是浮云,不能在成绩的光环下懈怠。从冠军的领奖台下来,一切都从零开始。

金牌固然重要,但是保护比金牌更重要。金牌不是主要的,重要的是提高非遗项目的含金量。非遗的保护应该回归本体,应该更多地把目光转向保护工作上来,切实解决好重当前轻长远、重数量轻质量、重申报轻保护、重显绩轻潜绩的问题。

保护和传承好非遗资源,让历史文脉薪火相传,让人民群众共享保护成果,才是我们的主旨和主题,才是我们的出发点和落脚点。

激励我们的,永远是下一个愿景。我们要有更高的目标,抬起头来,前面是一片更广阔的空间。让我们重新出发,继续前进。

2011 年 6 月 8 日

# 十一五，浙江非遗保护很给力

2010年已近年末，"十一五"即将收官。暮然回首，盘点五年来浙江非遗工作的成绩，可圈可点，可感可叹。

"十一五"，浙江非遗普查收获多多。全省动员了23.3万普查员投入工作，投入普查经费6451.2万元，普查覆盖面达到全省乡镇和村落的两个百分之百。全省各地共上报非遗普查线索271.9万条，实地调查非遗项目15.63万项，其中新发现项目5.3万余项，登记传承人16.5万人，调查文字记录12662.6万字，录音记录52450小时，摄像记录7090小时，照片261万张，汇编普查成果3951册，并收集相关实物资料2.3万余件。这是对祖先留下的宝贵精神财富的一次大盘点。文化部在浙江召开全国非遗普查工作现场经验交流会，浙江的普查模式向全国推广。

"十一五"，浙江非遗申报好事连连。我省已有6个项目入选联合国教科文组织公布的"人类非物质文化遗产代表作名录"；有2个项目入选联合国教科文组织"急需保护的非物质文化遗产名录"。累计有8个项目入选世界级非物质文化遗产名录，上榜数与江苏省并列第一。在国务院公布的第一批、第二批国家级非物质文化遗产名录中，浙江上榜数均为第一；在文化部公示的第三批国家级非物质文化遗产名录推荐项目名单中，我省入围数再次高居全国第一。象山海洋渔文化生态区成功入围国家级文化生态保护实验区。

"十一五"，浙江非遗活动亮点频频。绍兴春节祝福、海宁硖石元宵灯会、缙云轩辕氏清明祭典、嘉兴端午节、武义七夕接仙女、杭州西湖中秋赏月、永康方岩重阳庙会等民族传统节日，得以全面恢复和弘扬。2006年开始每年举办一届浙江省非物质文化遗产节，已举办5届；2009年开始每年举办一届中国（浙江）非遗博览会，已举办2届。龙泉青瓷宝剑文化节、泰顺廊桥文化节、遂昌劝农节、德清游子文化节和景宁畲族民歌节等文化节庆活动，打造和打响品牌。省文化厅重点培育100个传统表演艺术精品项目，推陈出新，服务社会。

"十一五"，浙江非遗事业成果累累。我省先后命名了33个省级非遗项目传承基地，62个省级非遗传承教学基地，20个省级民族传统节日保护基地，18个重大文化节庆活动，9个省级非遗生态保护区试点，22个省级非遗旅游经典景区（景点）；开展省级非遗生产性保护基地申报命名工作。推进全省非遗展示馆建设，目前全省建有不同类型的非遗馆140多座。确认了731名省级非遗代表性传承人。全省初步形成了星罗棋布、遍地开花的非遗保护格局。

成绩的背后是"神马"？我也俗一把，或者说潮一把，借用网络热词来解读。

检阅"十一五"工作，关键在于有一个好的愿景。愿景，它是一种意愿的表达，是一种发展的设想与空间，是人们为之奋斗且希望达到的图景。五年前，中共浙江省委作出《关于加快文化大省建设的决定》，实施文化建设八项工程。其中的"浙江省文化保护工程"，为"十一五"期间浙江非遗保护工作勾画了蓝图，构建浙江非遗保护的"五大体系"：资源保护体系、展示展演体系、宣传推广体系、产业运作体系和法规制度体系。航道已开通，方向已明确，蓝图已绘就，这就是愿景的力量。

检查"十一五"工作，主要在于"一张图纸干到底"。想要达到某种目的，取得想要的结果，光有好的发展愿景是远远不够的，必须要有可行的方案和用行动把它落到实处。伟人说，"一打纲领抵不上一次行动。""世界上的事都是干出来的，不干，半点马列主义都没有。"一切美好愿景的实现，都需要行动，没有果敢的行动，最美好的梦想都只能成为泡影，都只能是水中花、镜中月。所谓三分决策七分执行，行动决定结果，干与不干，大干与小干，因循守旧、左顾右盼地干，与开拓创新、勇往直前地干，效果大不一样。

检点"十一五"工作，核心在于"不走寻常路"。非遗保护是个新话题，也是一项新的工作，缺少经验借鉴，缺少模式参照，每一步的前进，都需要探索，都需要创新，都要不走寻常路。没有创新，就不能有效解决影响和制约非遗事业发展的问题，就没有突破、提升和发展，就没有品牌，就没有竞争力。不走寻常路，就意味着另辟蹊径，柳暗花明。

检验"十一五"工作，可贵的在于培养了一支特别能战斗的"牛人"。2010年年末网络上评选出了年度四大牛人，黄牛马化腾、野牛陈天桥、水牛曹国伟、犀牛李开复。浙江非遗工作者也许更牛。浙江非遗人"很特别"，特别能吃苦，特别能攻关，特别能奉献。浙江非遗人"三不怕"：不怕困难重重，不怕品头论足，不怕承担风险。浙江非遗人"迎三难"：知难不言难、迎难不畏难、攻坚勇克难。浙江非遗人立足"三个干"：早干、快干、多干，而且要干好，以不达目的不罢休的劲头，干出一番轰轰烈烈的事业。

检索"十一五"工作，重要的在于社会共建的力量"很好，很强大"。23万人投身非遗大普查，文化部门热情高涨，有关部门通力协作，专家学者献计献策，新闻媒体推波助澜，人民群众真切拥护，守护精神家园，成为社会各界的共识。

神马都是浮云！忆往昔，峥嵘岁月稠。"十一五"的浙江非遗工作，发展态势强劲，令人振奋。然过去的光荣，已成为光荣的过去，回顾是为了更好地面向未来！

"十二五"，我们要把目光放得更远些，向更高的目标迈进，继续争做排头兵，争当领头羊，这是战略思维的升级，也是站在更高境界上的谋篇布局。我们有着美好的期许，也充满着期待。

大家给力啊！

2010 年 12 月 20 日

# 看浙江非遗活力奔涌

浙江非遗网从 2013 年度网络非遗新闻报道中,评选出浙江非遗保护十大新闻和浙江非遗保护十大新闻人物。"双十"评选,历来是非遗领域关注度较高的事件。每个行业的勃然兴起,都有特定的社会依据,每个人物的卓然推出,都有时代精神的聚焦。从 2013 浙江非遗保护"双十"评选,你可以读懂浙江非遗事业发展的脚印,你能聆听到浙江非遗保护工作者的足音。

看浙江非遗保护十大新闻,感受到浙江领非遗风气之先的生动景象。浙江率先启动优秀传统文化传承体系建设、率先打造打响"美丽非遗"品牌、率先实现省市县三级非遗保护机构全覆盖。"三个率先"令人振奋,体现出了浙江先行先试、率先作为。

十大新闻中,第八届浙江省非遗节共享非遗保护成果,政企联手推进浙江省濒危剧种守护行动,浙江非遗电视春晚拍客的作品火了,中国非遗保护论坛纵论"美丽中国与美丽非遗",浙江杭州国际非遗会展群贤毕至。五项活动,体现了浙江不断激活非遗事业创新动力、开拓非遗事业发展的新境界。

十大新闻中,"光荣与梦想"浙江非遗十年座谈会展望未来,央媒省媒重彩浓墨解读浙江非遗现象。两条信息,蕴含着新世纪以来非遗保护的不凡历程,反映了浙江非遗保护的非凡成就。十年的时间,可以把小树苗种植成一棵大树;十年的光阴,浙江非遗的百花园已然繁花似锦。

看浙江非遗保护十大新闻人物,有心人会注意到浙江众手共护传统戏剧保护的别样景致。新生代企业家的领军人物宗馥莉,重点民营企业的掌门人、绿城老总宋卫平,宁海平调耍牙绝活的传人薛巧萍,浙江婺剧团团长王晓平,永康小东陈村村委会主任俞朝忠,这五位人物,虽然身份各异,但都与传统戏剧的抢救保护息息相关。浙江是戏剧大省,有传统戏剧项目 56 个,之前能正常演出的却不足 1/3,2/3 岌岌可危,戏没了那就真没戏了。他们倾注满腔情怀,以组织者、参与者、促进者的姿态,亮相传统戏剧抢救保护的阵营。勇担社会责任的善举,备受社会赞誉。

十大新闻人物中,有三位是非遗传承人。杭州小热昏传承人周志华,70多岁了,宝刀不老、热情不减、激情满怀,是非遗传承的常青树。前面提到的宁海平调演员薛巧萍,这位獠牙判官美娇娘,成为耍牙这项传统绝技仅有的守护者。龙泉青瓷传统烧制技艺的国家级传人徐朝兴,带头率弟子向浙江非遗馆(筹)捐赠一批价值不菲的精品力作。守护传统文化的拳拳之心,令人激赏。

十大新闻人物中,还有扎根基层、造福一方百姓的文化局长夏雪松,致力非遗学科建设、理论指导实践卓有成效的高校教授陈华文,采编发表系列文章"影响最有影响的人"的省委党刊记者朱馨。非遗工作者自觉担当,专家学者倾心指导,新闻记者推波助澜,非遗才有今天这样的盛况和态势。

这一年,我们共同走过,这一年我们共同经历。2013年度"双十"评选,是浙江非遗事业发展的缩影,是浙江非遗事业活力奔涌的见证。浙江非遗人,每个人都有自己的年度故事和年度成绩单;浙江非遗人,以敢为人先的行动和对理想信念的执著,为非遗事业发展砥砺奋进,给这个社会传递了一股正能量。

习总书记说,"要让居民望得见山、看得见水、记得住乡愁","要像爱惜自己的生命一样保护好城市历史文化遗产","要让收藏在禁宫里的文物、陈列在广阔大地上的遗产、书写在古籍里的文字都活起来。"总书记充满人文情怀的谆谆教导,充满诗情画意的表达,反映的是中央高层对继承弘扬优秀传统文化的高度重视,更反映了人民群众的殷切期盼。

我们伟大的祖国,迎来了历史上最好的发展时期。中国的真正崛起,需要提升文化软实力,实现文化的崛起。留住乡愁,活态传承,爱护遗产,守护家园,是积非遗十年之功,谋千年文脉传承的功业,更是我们这一代人所肩负的沉甸甸的历史使命。

让美丽非遗,大地芬芳;让魅力非遗,活力奔涌!

让我们为之付出更多的努力和智慧!

2013 年 12 月 26 日

# 倍加珍惜来之不易的大好形势

2011 年 6 月 21 日,浙江省委赵洪祝书记在省文化厅《文化工作情况》的专题报道《第三批国家级非遗名录揭晓　我省蝉联"三连冠"》上作出重要批示:"浙江入选国遗项目'三连冠',可喜可贺。希望倍加珍惜,采取措施,切实把这些文化遗产保护好、传承好、利用好。"赵洪祝书记对非遗工作多次作出重要批示,对我省非遗工作勉励有加,也提出殷切的希望。

当前,非遗保护事业正面临一个前所未有的发展机遇。党的十七大强调要加强文物和非物质文化遗产保护工作,弘扬中华民族优秀传统文化,营造中华民族共有的精神家园。国家《非物质文化遗产法》于 2011 年 6 月 1 日正式施行,为非遗保护事业的发展指明了方向,使非遗工作有法可依。新世纪以来兴起的非遗保护运动,得到党委政府的高度重视,在全社会赢得广泛共识,为非遗事业发展营造了良好环境。我省从文化大省向文化强省跨越,为今后非遗事业的发展提供了更为广阔的空间。机遇宝贵,时不我待,我们要倍加珍惜。

浙江非遗工作始终走在全国前列,非遗普查浙江模式,非遗名录浙江现象,非遗保护浙江经验,引起全国瞩目。特别是国遗项目"三连冠",意味着新的起点新的责任新的考验。近十年的努力,夯实了工作基础,积累了丰厚的经验,这既是我们努力探索收获成功的深刻体会,也是继往开来再上台阶的宝贵财富。成绩来之不易,经验尤为珍贵,我们要倍加珍惜。

我们要有开放的意识,要有善于学习的意识。我们要保持清醒的头脑,不可盲目自大、闭目塞听,不可画地为牢、固步自封,不可因循守旧、墨守陈规。我们不仅要向兄弟省份学习,也要学习非遗保护先行国家和地区的长处和经验。"他山之石,可以攻玉",我们要倍加珍惜。

我们要有抢抓机遇的能力和意识,要继续有敢为人先的气魄和意识。尽管任务繁重,但我们拥有诸多有利条件,加快发展的机遇更多;尽管全国各地竞争激烈,但我们已经开创了良好的势头，加快发展的基础更牢；尽管前进过程中会有困难和压力，但我们人心思进、人心思干的自信心更强。争得先机，赢得主动的各种优势和条件，我们要倍加珍惜。

"而今迈步从头越。"站在新的历史起点上，我们坚信"真抓才能攻坚克难，实干才能梦想成真"；我们唯有持续努力，把智慧和力量凝聚到发展和落实上来，才能把非物质文化遗产保护好、传承好、利用好，谱写"十二五"非遗事业更加出彩的美好篇章。

2011 年 6 月 25 日

# 非遗的下一个十年

十年时间能够改变什么？

《浙江非遗这十年》一书出版了。这本书以 2005 年至 2014 年这十年为时间界标，以每年十件事、十年百件事的编年史方式编撰，图文并茂，汇集了全省非遗保护波澜壮阔的美丽景象。

十年树木。十年前，讲把根留住；这十年，非遗事业已经枝繁叶茂；再过十年，非遗事业这棵参天大树将真正根深叶茂，永葆生机。

十年生聚，浙江非遗抢救保护、传承传播，跑马圈地、开疆拓土、播山耕海，蓬勃发展。浙江非遗成为浙江文化事业发展繁荣的重要标志。

十年磨剑，浙江非遗从社会新词到社会热词，从探索到引领，从专注到拓展，从抢救保护到开发利用，从试点开路到全域推进，社会文化生态发生了转折性变化。

十年窗下，浙江非遗保护绘就了一幅壮丽的画卷。非遗事业的发展是一幅前后相继的长卷，描画新的风景，既需赓续传统，也要别开生面。

下一个十年，是全面建成小康社会关键的十年，也是中华民族复兴史上重要的十年。小康社会与非遗工作紧密相关。畅想下一个十年，浙江非遗将怎样前行？应当做到怎样的成果才能完成任务？非遗或将成为一个时代的变革力量。

一、唤起人民群众对民族文化的爱。人民群众像保护眼睛那样保护文化遗产，像对待生命那样对待文化遗产。珍惜文化、保护文化、将文化带给子孙后代，成为整个社会最大共识。

二、非遗传承人得到社会的普遍尊重。年轻人把从事非遗工作当成向往的职业和事业去追求，非遗薪火相传，后继人才蓬勃涌现。

三、县级行政区域都建有综合性非遗馆。全省各种类型的专题非遗馆遍布城乡，星罗棋布，为传承人传承和展示搭建广阔平台，成为百姓的精神家园。

四、非遗在大中小学普及。推进大中小学中华优秀传统文化教育一体化，职业院校非遗专业成为热点，重点高校普遍开设非遗本科或研究生班，培养中华优秀传统文化的继承者和弘扬者。

五、每个城市独特的传统和特色的文化都得到彰显。凡有特色的城市，都孕育着一种特殊的文化生命基因，成为城市发展的灵魂。非遗是一个城市文化特质最集中的体现，也是一座城市最根本的、最难以替代和模仿的、最持久的和最核心的竞争优势。注重传统戏剧、传统音乐、传统舞蹈、曲艺、传统竞技等非遗表演艺术元素的挖掘和弘扬，让更多的非遗项目焕发出强大生命力，让非遗浸润居民的生活，提升城市的文化势能，彰显城市的文化气质，展现市民昂扬的精神面貌，演绎时代最美的风采。

六、非遗成为最具潜力的发展行业，为无数传承创业者实现财富梦想。不单是大师的手工作品很贵，只要是手工都很珍贵，都可以卖大价钱。草鞋卖得比皮鞋贵，稻草牛价格堪比真牛。运用非遗元素、非遗题材、非遗项目，创意与设计智造，让更多非遗产品重新融入生活，惠及寻常百姓。非遗成为一个区域调整经济结构和经济增长方式转变的重要途径。

七、非遗游成为社会风尚。各地传统节日全面恢复和弘扬，让百姓群众充分领略和感受鲜活独特的乡风民俗和人文精神，引领全社会向上向善向前的价值追求。

八、美丽非遗花开城乡，人人共享非遗成为现实。各级政府将非遗传承发展纳入当地所有发展政策和计划中，不是将其当作政绩的摆设和装饰品，当作文化产业的增长点，而是尽心尽力培植适合非遗自由生长的土壤，促进非遗的竞相发展和可持续发展，呈现生机勃勃的景象。

九、浙江省本级非遗机构成龙配套，形成体系。建有省非遗保护中心、省非遗馆、省非遗图书馆、省非遗研究院、非遗对外交流公司；社会上，非遗旅行社、非遗影视、非遗 TV、非遗协会等非遗机构蓬勃兴起；非遗处将变成非遗局。

十、浙江非遗成批次、成规模走向世界。长兴百叶龙、永康十八蝴蝶、余杭滚灯、青田鱼灯全世界巡演，浙江非遗为世界各国带来异国风情。衢州邵永丰麻饼打败披萨饼、楼外楼叫花鸡进军洛杉矶、全世界人民都吃五芳斋粽子，浙江非遗为全球带来不同的芳香。浙江非遗为中国文化的国际影响力加了分，也成为尊重、维护、推进世界文化多样性的典型。

下一个十年，我们准备好了吗？

面对浩浩荡荡的时代潮流，面对人民群众过上更好生活的殷切期待，我们不能有丝毫自满，不能有丝毫懈怠，必须再接再厉、一往无前，迈出向梦想前进的步伐。

我们以科学的理念,只争朝夕的精神,扎实的行动奋发有为。我们有信心期待,继续用十年时间,绘就一幅壮丽的非遗保护画卷,书写中华文化的下一个美丽故事。

"有梦想有机会有奋斗,一切美好的东西都能创造出来。"习近平总书记的讲话,就是路径,就是答案。

2015 年 9 月 20 日

为传承人办好小事就是政绩

# 风雪中的春节依然温暖

几十年不遇的暴雪突然降临,缺乏雪灾经历的江南省份,在这场罕见的暴雪中经受了严峻的考验。

游子匆匆的脚步迷失而彷徨,候鸟漫漫的归途戛然而止。漫天雪花之中,总书记奔赴抗灾一线;冰天雪地之中,总理为民工们送上浓浓暖意。涓涓暖流温暖着人们的心房,点点关爱演绎着人间真情。罕见的雪灾并未吹散春节的喜气洋洋,一条条喜讯正踏雪而来。

今年的春节,因为国家施行法定传统节日放假制度而变得特别注目。在中国人看来,春节就是团圆,春节就是回家。传统中国,"家"不仅仅是"两亩地、一头牛、老婆孩子热炕头",也不仅仅包括相濡以沫的邻里、终身难忘的老宅。千百年来,以长幼有序、和睦孝慈为特征的伦理文化,以语言、饮食、山水、建筑为内容的区域文化,以生命归属、恋土恋根的乡情文化,构成了每一个中国人关于"家"和"回家"的全部内涵。对"家"的这种期盼,在富有中国特色的"年"里显得尤其迫切。

2008年春节前夕,浙江省文化厅在全国率先公布了一批省级传统节日保护基地。其中,绍兴县安昌镇的"绍兴祝福"、泰顺县三魁镇的"百家宴"、海宁市的"硖石灯会"、临海市"台州府城正月十四灯会"等被列入春节和元宵节的保护名单。今年的年味变得浓郁,民族民间文化得以弘扬。我们面临着一种责任,如何通过优秀传统文化的继承发展,为人民群众留下值得守望的精神家园。

春节前夕,浙江省文化厅还公布了一批省级非遗代表性传承人,省财政厅在非遗保护专项资金中安排经费对老艺人发放了政府津贴。此项津贴将形成制度,每年一度颁发。应该看到,在经济高速发展的今天,还有不少老艺人依然生活困难;在兴起文化建设高潮的今天,依然还有不少老艺人"寂寞无助"。这是我们不能不重视的问题。应该说,此项"特贴"具有极高的荣誉性,它的意义远不是金钱所能涵盖的,这一举措,是政府对传承人的关爱,是对做出突出贡献的传承人的肯定,是对传承人地位的承认。这一举措,体现了"尊重劳动、尊重知识、尊重人才、尊重创造"的方针,对于推进非遗的传承,理应起到积极的成效。

春节前夕,省文化厅在全省部署开展首个"服务传承人月"活动,要求各地深入基层,走近传承人,"进行一次走访慰问、发放一笔政府补贴、召开一次座谈会、安排一次体检、举办一次展示活动、组织一批宣传报道、建立一批传承基地、研究出台一项扶持政策"。这"八个一"活动,带着对传承人的感情,从小事做起,从具体事做起,想传承人所想,急传承人所急,解传承人所难,做好雪中送炭,确保服务工作落到实处。"服务传承人月"系列活动,对于增强全社会尊重传承人的意识,促进传承人开展传习活动,推进非遗保护,意义显见。

今年的春节,我们真切地感受到总书记、总理俯首民生察冷暖的崇高风范,看到了社会各界心系百姓送真情的良知责任。真正的爱,无需豪情壮语,无需刻意表达,只要把群众时刻放在心上,这浓浓的情感自然溢满胸怀。

今年的春节,虽然冰雪弥漫,却依然温暖!

2008 年 2 月 29 日

# 为泰顺药发木偶传承人壮胆

2008 年 7 月 14 日,《今日早报》刊发报道:"保护药发木偶与法律产生碰撞,非遗传承人制造火药惹官司。"读到这篇报道,我不由得心急如焚,不由得有点"义愤填膺",不由得要打抱不平。

6 月 14 日,在浙江省人民大会堂,作为国家级非遗项目药发木偶的唯一代表性传承人,周尔禄从省领导手中领取了国家级传承人的证书和勋章。6 月 15 日,泰顺县大安乡大洋村村口,锣鼓喧天,鞭炮齐鸣,周尔禄胸带勋章、手捧大红证书,受到村民们的夹道欢迎。

周尔禄享受的喜悦是短暂的。在这前后的许多天里,他的心里都是惴惴不安的,甚至是惊恐的。5 月 29 日,周尔禄因制造用于药发木偶表演的黑火药,被泰顺警方以涉嫌非法制造爆炸物的罪名刑拘;6 月 4 日,他才得以取保候审。6 月 17 日,周尔禄接到了泰顺检察院的传唤,接受公诉人讯问。7 月 9 日,泰顺县法院作出了一审判决,判处周尔禄"免予刑事处罚"。

周尔禄为传承独门绝技制作火药惹上官司,为无意中的失误而被刑拘,被当作危害社会的分子来处置。周尔禄因此付出身心和名誉的代价,为之沮丧。

当年,诺贝尔研制炸药,不但屡遭失败,为此,还失去了亲人。今天,国家级非遗泰顺药发木偶唯一的传承人制作火药,与法律产生碰撞。传承意味着冒险,意味着风险,意味着拘留,意味着坐牢!

当地的老百姓糊涂了,一边说要保护文化遗产,一边传承人却被警方抓了起来。孰是孰非?

泰顺药发木偶,是一种将烟花与木偶相结合的木偶戏,起源于宋代的一项烟花杂技,药发木偶曾一度被认为在国内早已失传,所幸在前几年的非遗普查中,重新被发现依然存在于泰顺民间。药发木偶唯一的传承人周尔禄,本着一种传承民族优秀文化的责任感,重操旧业,并积极支持泰顺文化部门向国家申报非遗。2006

年，国务院公布第一批国家级非遗名录，泰顺药发木偶榜上有名。周尔禄使濒临灭绝的药发木偶恢复和发扬，功劳何其大也！却因制作药发木偶存在的所谓"安全隐患"，周尔禄受到当地公安机关的"特别关注"。

由于对非遗的价值缺乏充分的认识，对非遗代表性传承人缺乏应有的尊重，导致一些地方的优秀非遗项目继续走向衰微。泰顺药发木偶事件，也折射出我国非遗传承和保护的窘境。

2007年5月，浙江省人大常委会颁布了《浙江省非物质文化遗产保护条例》。该《条例》明确指出："各级人民政府应当支持代表性传承人和代表性传承单位开展传承活动。"泰顺县政府有保障这项国家级非遗项目传承的义务和责任。

同时，该《条例》明确指出："任何单位和个人都有保护非物质文化遗产的义务。"自然，这"任何单位和个人"应该包括公检法及其干警。保护非遗，保护传承人的合法权益，对于各部门各单位和相关人员都是一种社会责任。

该《条例》明确表述了代表性传承人和代表性传承单位应当履行的义务和享有的权利。传承药发木偶，是法规赋予国家级代表性传承人周尔禄的一项权利。周尔禄传承药发木偶，是义务和责任，同时也应拥有鲜花。

药发木偶表演，需特定的黑火药，药发木偶既然要传承和表演，自然就要制作黑火药。不制作黑火药，将没有药发木偶；制作黑火药，又面临刑事处分。这让周尔禄左右为难、进退两难。

周尔禄为传承药发木偶而制作黑火药，就触犯了法律"高压线"？泰顺公安部门就简单地认同于一般的私制火药？并当作"私制爆炸物"来对待？公安机关就可以在维护社会稳定的名义下，不分青红皂白，将国宝级的传承人刑拘？泰顺的公安机关等将简单的事情复杂化了！强势部门不能因为强势，就自以为是！

周尔禄可不可以制作黑火药，如果就事论事，也许300年也扯不清。但如果从保护民族优秀文化上权衡利弊，就应当给传承人制黑火药以合法化。相关部门应该自觉和主动地通过正常的渠道和途径帮助传承人办好相关手续，给予出路。

传承人根据有关法规履行传承义务，以传承目的制造火药，是否算"制作爆炸物"？是否非法？请允许我提出质疑。周尔禄制黑火药是传承活动的一个步骤，是必需的一种程序和环节，是为了抢救、传承非遗的需要，他制造火药与一般意义上的制火药者在目的上有着天壤之别，与"私制火药"、"制造爆炸物"有本质的区别。加上周尔禄没有因之谋取私利，不以赢利为目的，也没有造成社会危害。周尔禄的行为结果应该属于规范管理范畴，不应该属于打击对象。周尔禄应予免责！

我不知"免予刑事处分"是一个什么概念,是不是鉴定为"有罪",但又事出有因,情况特殊,不予"刑事处罚"？ 到底是有罪,还是无罪？"免予刑事处分"的结果,无异于给传承人戴上了"紧箍咒",无形中造成巨大的压力。

周尔禄心灰意冷,他本来想把药发木偶这一绝技传承给儿子得以延续,现在他不想传承了,担心儿子也会不小心踩上地雷,同样遭到法律处罚。如果不能宽容地对待传承人的传承活动,就会因此束缚了传承人的手脚,就会使其如履薄冰,使之瞻前顾后,畏首畏尾,就会压抑其保护祖国优秀非遗的激情,扼杀当地的非遗保护事业。

这一事件,令人遗憾,国家级传承人的遭遇,令人叹息。这个特殊的刑事案件,不能不令人深思,也使人警醒。

周尔禄的名誉谁来为之恢复？ 一个国家级代表性传承人的尊严在哪里？ 曾被刑拘的经历,无疑将在一定时间、一定范围内免不了要受人误解,要承受很大的压力。名誉和尊严比生命更重要！

泰顺县大安乡大洋村群众以夹道欢迎、齐鸣的鞭炮迎接周尔禄回村,这是民意民声。

周尔禄依照法律的要求,履行传承的义务和责任,却以成为被告的方式被上了一堂有点"荒唐"的"法制课"。我殷切希望泰顺的公安机关等能站出来,向传承人周尔禄道个歉。

传承人需要领导的关心激励,法制的宽容,社会舆论的保护。希望当地政府给周尔禄"压惊",给予一声问候,一句鼓励,一把扶持,给以慰藉,给以力量。

周尔禄,你受委屈了！ 虽然,迟到的公正未必还是公正。

我吁请周尔禄同志抬起头来,挺起胸来,不要一蹶不振,要继续"大胆地向前走,向前走！"

2008 年 7 月 16 日

# 请把药发木偶传承人被拘 7 天写进历史

泰顺药发木偶为国务院公布的首批国家级非遗项目,周尔禄为文化部公布的泰顺药发木偶代表性传承人。但周尔禄因为制作药发木偶表演所需的黑火药,被刑拘了 7 天,后经开庭审判,被判为"免于刑事处罚"。注意,不是被判无罪,而是免于刑事处罚。

一个 60 多岁的国家级非遗项目传承人,仅仅因为制作传承国家级非遗项目所需的黑火药,虽然主观无犯罪故意,虽然没有造成社会危害,虽然不以营利为目的,虽然是为了抢救非遗的需要,却被突然刑拘。周尔禄制造黑火药是为传承珍贵的国家非遗,这怎么能和犯罪扯在一起? 在释放后,依然戴着一个有罪的帽子?

近期,中央电视台一套《今日说法》、十套《中国法制报道》分别对此事件作了采访报道。镜头中,周尔禄那无助的眼神,那有些可怜的身影,那何罪之有的迷惑,不时会浮现在我的脑海。我无法想象,这一事件对他渐近苍老的身心将带来多大的戕害? 我不知道他的传人,也即是他的儿子,是否还有胆量和勇气把药发木偶传下来? 我也不知道社会群众、邻里乡亲又会是如何看待这一事件? 如何看待周尔禄的祸事临头、官司缠身? 我也不知道,泰顺司法部门的官员们,是否以优越的心态,鄙视着这位为当地非遗传承作出突出贡献的国家级传承人?

周尔禄是无辜的,也许泰顺的公检法也是"无辜"的,因为法律禁止私制火药,周尔禄"违法"了,"罪"该刑拘,而且因为考虑到其事出有因,已经是"法下留情"。传承优秀文化遗产可算桩罪? 警方该以涉嫌何种罪名立案呢? 以涉嫌"非法制造爆炸物"? 周尔禄想炸了谁? 还是已经炸了谁? 想到警察也许是真诚地相信自己是在捍卫某种东西,我已不忍谴责,或者说我想谴责却不知该谴责谁了。据说,按有关法律规定,私制火药本该判 10 年以上有期徒刑。所以,泰顺的公检法应该值得"表扬",值得"嘉许",他们既从案件的实际出发,又维护了法律的严肃性;他们既追究了周尔禄的违法责任,又最大限度地"保护"了周尔禄。泰顺公检法针对药发木偶传承人实行的司法"实践",还真有一种"敢作敢为的闯劲"。窃以为,这一事件也许将成为有关法律施行的经典案例。

我有点搞不明白,明摆着近年来,周尔禄一次次在泰顺的节庆活动中表演药发木偶,一次次向来泰顺的领导和来宾表演药发木偶,泰顺的父母官、泰顺的公安人员谁提醒过周尔禄不能"私自"做火药?谁又帮助过周尔禄按合理合法的程序办理制作黑火药的报批手续,相关的职能部门都做什么去了。按理说,周尔禄已多次"明目张胆"地触碰法律高压线,早就该被公安部门"缉拿归案"了,怎么一直任由周尔禄"大行其道"?而且,一次次给予他的表演以热烈的鼓掌。最简单不过的道理,根本就没人提醒过周尔禄,或者是,即使有人提醒过周尔禄该去办个什么手续,但早办迟办、办与不办也无关紧要。

作为国遗的传承人,周尔禄制作黑火药却不在情理之中,不在法理之中,却没法受法律保护,却要遭受罪与罚。看来,若说错,只能说周尔禄错在不是任由这一民族瑰宝霉烂、失传,错在周尔禄有着太强的社会责任意识。在当今这个时代,非遗的保护,已成为世界性潮流,已列入党中央、国务院的文件,已列入浙江省的地方法规。但是,周尔禄自觉传承这个国遗项目,却成为"祸端",却成为"戴罪之身"。药发木偶的传承,离不开黑火药,这实在是最简单不过的道理,这实在是根本不应成为问题的常识。周尔禄竟然为之锒铛入狱,实在是有关部门罔顾基本常识,罔顾国家级传承人的合法权益,罔顾国家非遗保护的方针。

周尔禄虽被刑拘,却是光荣的;周尔禄虽然遭遇不幸,但不幸中也算"万幸",因为有不少高层领导,有这么多社会人士关心着他。因此,他尚有精神寄托与支撑,尚有慰藉。遭遇这一事件后,有个问题横亘在周尔禄面前,他无法绕开它,他是继续做一位有追求的传承人,不畏依然可能的官司,还是永久告别心爱的药发木偶了,他不可进退失据,他必须做出选择。周尔禄说,不敢大胆往前走了,也不想把这门技艺传给自己的儿子了。如果真是这样,不仅是非遗的损失,也是法律和法律人的尴尬。

周尔禄事件,暴露了政府保护非遗与法律保护非遗存在不同步的问题。这件事也震动了法律界,至今余音未息。我想,也许周尔禄的遭遇只是一个极端,只是一个偶然的孤例,也许周尔禄式的"悲剧"将不会重演。因为,不仅国家文化部长、副部长和浙江省文化厅长对周尔禄以切实关怀,对此事件的妥善处理密切关注;还因为,中央领导同志为周尔禄事件作出重要批示,温州等地方主要领导也为之作出批示;因为众多重要媒体和法制专家关注周尔禄事件,并为之作出呼吁。我们相信,伴随有关法律、政策及措施的出台,非遗传承人的尊严将得以维护,非遗的传承将得以保障,那时,周尔禄们也就不会因此而被司法部门随意"带走"、率意判决了。我期待,不远的将来,非遗的传承人已不再是弱者了,因为他们将拥有一个强大的背景。

历史永远是进步的,所有不公平、不公正、不合理的作为,早晚会被涤荡。历史却是不能忘却的,就如周尔禄为传承药发木偶被拘7天,被追究刑事责任,被判为有罪,应该写进共和国的非遗保护史,让历史铭记。我们也深信,这一事件的妥善处理,将昭示着非遗保护事业历史进步的不可逆转!

2008 年 10 月 1 日

# 我关心周尔禄是否还在制作黑火药

周尔禄制作药发木偶成了名人，一个草根成为首批国家级传承人，算是"一步登天"。之后，周尔禄又因制作"药发"木偶所必需的黑火药而遭刑拘。此事牵动了各级领导，甚至中央领导。周尔禄为各重要媒体所关注，央视一套《今日说法》、十套《中国法制报道》专题追踪报道，《光明日报》《中国文化报》各在头版头条报道，配发评论，组织讨论。非遗保护遭遇法律瓶颈，专家学者纷纷呼吁尽快出台国家非遗保护法，保障传承人的合法权益。2009年文化遗产日前夕，浙江省文化厅会同党报、党刊等主流媒体举办的浙江省非遗保护十大新闻人物评选揭晓，周尔禄名列榜上。周尔禄的当选，当是名副其实、名至实归，也是一种恢复名誉吧。

大概泰顺县政府或有关方面没有下达专门的文件，或是召开专门会议等形式为周尔禄恢复名誉。但是县政府县长亲自登门慰问，也算是一种平反吧。不知周尔禄有否调整过来心态，继续药发木偶的传承？

周尔禄伸出脑袋接石头，自找罪受，惹了一场祸，吃了苦头。识时务者为俊杰，好汉不吃眼前亏。他吃了眼前亏，还会踹高压线，找二茬罪受吗？

周尔禄事件发生后，《温州日报》内参刊发了笔者的一封信，温州市委书记邵占维在信上作了批示，指出："请市文化、公安会同泰顺县政府作研究，寻求既能满足药发木偶实际需要，又能符合爆炸物管理规定的具体办法。只要相关部门都抱着积极支持的态度，是可以找到办法的。"邵书记的批示很明确，很有原则性，也很有性情，充溢着对文化遗产保护的鲜明态度。

泰顺县文化局反馈，周尔禄事件的后继处理：一是县领导上门慰问；二是黑火药的制作争取特批；三是避开居民区划地建立传承基地，避免安全隐患。我不知泰顺相关事宜进展如何，据了解，后两件事，还没有实质性进展。制作黑火药需报省安监局、公安厅特批，谈何容易？另行圈地建立药发木偶传承基地，涉及不少相关部门，又岂是文化部门一时三刻能协调落实的？

据说,今年的春节,泰顺县里有重要活动,根据县领导的吩咐,文化部门照旧通知周尔禄展示那个药发的木偶,因此周尔禄黑火药照制,药发木偶照放,并未再受法律的制裁。在制作黑火药没经省里特别批准前,周尔禄继续搞药发木偶,岂非不守规矩,依旧在违法?何况这次是明知故犯,知法犯法了。还是法律可以有弹性,或者泰顺的执法者对这位国家级传承人已经特别宽容?

我深为担忧的是,周尔禄再次制作黑火药,当地的执法者会否觉得这是周有意亵渎神圣的法律,再次公堂侍候?那岂不是太冤了,再次做回冤大头?

2007 年 6 月 1 日起施行的《浙江省非物质文化遗产保护条例》第二十一条规定:代表性传承人应当履行"保存、保护所掌握的知识、技能及有关原始资料、实物、场所"、"积极开展展示、传播等活动"的义务。这里请大家注意两个词,一是"应当",另一是"义务"。这意味着传承人的传承和展示是一种法律义务,不履行法定义务理应是要承担法律责任的。如果这样理解是对的,那么周尔禄不制作黑火药、不展示药发木偶,是否就要承担法律责任?

周尔禄事件让我感言:无须"应当",只须可以,只求可以,只望少些限制!通常,传承人对于传承展示有一种天然的积极性,他们通常会主动积极地开展传承活动,或主动做好展示。问题是,当一个传承人的尊严荡然无存,周尔禄还敢于坦然地表演吗?他的儿子还敢"前赴后继"地传承吗?面对困境,如何做出明智的选择?谁给他一个坚定的、可以打破沉默的理由?

在国家非遗保护法未出台前,浙江省人大常委会颁布地方性法规,规定传承人的传承权,规范保护工作,应当是非常值得赞许的。但是,据称周尔禄制作因传承药发木偶必需的黑火药,触犯了刑法和公共治安条例。这两个法为"上位法",大概法律效力要大,于是,泰顺县公检法以"执法"的名义把无辜的周尔禄抓起来了。在上管天、下管地、中间管空气的强势的公检法面前,官民地位那是相当的不对等。温州发生了爆炸案,殃及池鱼,周尔禄就倒霉了。

周尔禄遭遇到挫折打击,问心无愧,虽说不上坦然处之,相信终有拨开乌云见光明的时候。人这一辈子,如果一直风平浪静,无惊无险,那也很遗憾、很乏味。无论如何,人生总得"爆发"上一两回,即所谓"寻常看不见,偶尔露峥嵘"。周尔禄反而成名了,一举成名天下知,当选为非遗保护新闻人物,也算是失之桑榆,收之东隅。

周尔禄事件好像过去了,但愿翻过这沉重的一页。我一而再、再而三,说了这么多话,不是说传承人可以为所欲为,而是建议给周尔禄等少些压力、多给予动力,把传承人周尔禄头上的"紧箍咒"解放出来,解除那些妨碍传承的人为障碍,解除给他个人带来的羞辱和烦恼,使传承人过上有尊严的生活。这是政府"应当"履行的"义务"。

也许,周尔禄事件不过是个个案,但从中可以折射出许多问题。如今已经是法制社会了,加强法律保障,出台国家非遗保护的"大法"和配套法规,才是一个个周尔禄的安全线、保护线。为此,笔者恳请全国人大加紧制定共和国非遗法,捍卫传承人的神圣权利。

我代周尔禄表达心声:夜深了,请给我一根火柴,我要把黑色的火药点燃,让黑色的夜空变得多彩!

2009 年 2 月 8 日

# 非遗传承从关爱传承人开始

2007 年 6 月 5 日，文化部公布了第一批国家级非物质文化遗产项目代表性传承人，保护传承人再度引起关注。文化部领导在答《人民日报》记者问时指出，加强对代表性传承人进行保护，这是非物质文化遗产保护的关键环节。

非物质文化遗产发源和深蕴于人民群众的日常生活，是千百年来广大人民群众辛勤劳动、艰苦创造的智慧结晶。非物质文化遗产，主要依靠口传心授、言传身教来承递，其特性决定了传承人是保护主体。因此，强化传承人的保障，改善他们的生活条件，做好对传承人的服务，提升传承人的社会地位，营造有利于非遗传承发展的社会环境，是摆在我们面前的紧迫任务。

当前，传承人的生存状态不容乐观。一是年事已高。据杭州市余杭区对该区 320 多位民间艺人调查，其平均年龄在 65 岁左右，其中年龄最大的已经 93 岁。许多非遗项目传统技艺再不抓紧记录抢救，将随风飘逝，面临消亡。二是后继乏人。由于许多非遗项目缺乏市场前景，缺少经济效益，没有多少人愿意学，如果再不扶持，给予经济支持，这些珍贵的传统技艺将要失传。三是传承人生活缺少保障，生活极为困难。许多非遗项目面临濒危境地，靠民间艺人的热爱和精神维系，其艺术创造得不到社会承认和尊重。

当前非遗传承人面临的问题，概括为"三无、三难、三缺"，三无是：行业无组织、艺人无地位、生活无保障；三难是：传承艰难、选择弟子艰难、生存发展艰难；三缺是：缺资金、缺平台、缺市场。

有识之士呼吁，每一分钟都有老艺人去世，每一分钟都有非遗项目消亡。这不是危言耸听，反映了非遗保护工作的刻不容缓。

代表性传承人，指具有一定的知识技能，能起到示范带头作用，在当地非遗传承与发展中作出独特贡献，并得到广泛认可的人物。他们有的是大师，有的是能工巧匠，他们中绝大多数没有高学历、高职称，属于民间高人、草根人才、乡土奇士，但他们专一行，精一行，身为平凡人，却干出不平凡的事，一门专业做精做到极致，成就了一番大事业。

政府有责任给予传承人必要的生活与传习资助。从2006年"文化遗产日"10大门类518项国家级非遗项目的公布，到2007年"文化遗产日"国家级非遗项目代表性传承人的认定，表明了我国政府在非遗传承保护方面的文化自觉。浙江省财政厅、省文化厅出台《浙江省非物质文化遗产代表性传承人（民间老艺人）补贴实施暂行办法》，规定：对国家级和省级非遗项目65周岁以上的代表性传承人，以及其他在民族民间艺术传承发展中有突出贡献且生活困难的民间老艺人实施补贴。这项补贴，对于肯定传承人的成就和社会价值，提高传承人的社会地位，激发和强化传承人的社会责任，发挥传承人的标杆和示范作用，意义显见。

我们欣喜地看到，越来越多的地方已经认识到关爱传承人的重要性，越来越多的非遗传承人开始走上前台，享受殊荣，进一步施展才干、发挥作用。可以说，对待非遗传承人的态度变化，从一个侧面折射出社会的进步、时代的跃迁。

愿各级政府再多一点远见卓识，对传承人多一点倾心相助。

愿非物质文化遗产薪火相传，绵延不绝，生生不息。

2007年7月10日

# 关爱也应在平时

我国有关方面对传承人的关心越来越实在。2007 年年底,浙江率先对年老的非遗代表性传承人颁发政府终身津贴,各省随之陆续采取相应措施。国家文化部会同财政部也将对国家级非遗项目代表性传承人颁发终身的政府津贴。

虽然日本、韩国称国家级传承人为"人间国宝",这些国宝人物享有高额政府津贴,但在我国,这些草根乡土的民间艺人,也能享受政府终身津贴,委实是破天荒的一件事。若说从这件事情中,感受到了政府对传承人的真切关怀,标示着传承人保护的破冰之响,恐怕也不为过。

至 2008 年底,浙江已有国家级传承人 94 人,省级传承人 329 人。还有大量市县公布的传承人,甚至有些乡镇也公布了代表性传承人。

代表性传承人是非遗的传承者、创造者,他们理应得到政府和全社会的关心和爱护,他们的劳动和创造理应得到珍惜和爱护,他们的权益、人格理应得到保障和尊重。

2008 年,浙江省文化厅连续下发了几个文件。年初,省文化厅部署开展"服务传承人月"活动,实施服务传承人"八个一"措施:进行一次走访慰问,发放一笔政府补贴,召开一次座谈会,安排一次体检,举办一次展示活动,组织一次专项采访报道,建立一批传承基地,研究制订年度传承计划。

年中,省文化厅下发通知,建立服务传承人"三必报"、"五必访"制度。"三个必报"为:代表性传承人传承活动受阻碍事件必报,代表性传承人大病逝世必报,代表性传承人有重要艺术成果必报;"五个必访"为:代表性传承人家庭困难必访,大病逝世必访,收徒传艺必访,有重要艺术活动必访,有突发事件必访。

年底,省文化厅下发《关于进一步明确非遗代表性传承人应当享有的权利和履行义务的通知》。又到新春佳节时,省文化厅又下发《关于"新春佳节送温暖,真情服务传承人"的通知》。系列举措,饱含深意。

关心传承人,决不只限于新春的"春风行动",更应该体现在平常时节的润物无声。如果我们能随时为传承人提供方便和服务,多一份真心关爱,那么传承人和传承群体就多了一点温馨,我们的非遗也将因此更好地得以保护传承,我们的非遗保护事业也自然会因此风景万千。

2008 年 12 月 26 日

# 为传承人办好小事就是政绩

新春上班,收到一堆贺卡信件,其中有一件让我别有感触。这是一本"非遗传承人体检证",由景宁畲族自治县非遗保护中心与县人民医院共同颁发。我非景宁传承人,自然是寄给我们知照。

景宁县在深入实施服务传承人"八个一"中,从 2011 年新春开始,非遗传承人凭证随时可以上县人民医院体检,常年有效。体检费由医院免单。全县 34 位传承人均享有这一待遇。

这则消息可能在旁人看来不算什么,可我看到这本体检证,却深有感触,深为感动。之所以感动,是因为据我了解,这可能是全省首开先河之举,更不易的是,开展这项工作的是相对欠发达的景宁畲族自治县。透过这小小的体检证,我看到的是当地非遗工作部门切实为传承人服务的诚意。小小证件暖人心。这一举措,无疑会让传承人体会到一种"荣誉"感,体会到政府主管部门的真诚关爱,体会到关心他们的不仅仅是文化部门,还有社会各界的温暖。

体检证的施行,除了让传承人的健康有了依靠,在我看来,这也是非遗工作中一件关乎稳定传承人队伍的事情。之所以这么讲,是因为在当下的非遗保护进程中,传承人越来越多了,随之引发的怠慢现象也时有出现。景宁传承人体检证所散发出来的人性化服务和温暖,彰显了当地非遗主管部门的人本情怀。当一些地方更多地在坐而论道"为传承人服务"的时候,不妨学学景宁,将这份体恤落实到具体行动上。

有人会说,景宁的这一举措,给传承人送去了一丝关怀一份温暖,但对于传承人的医疗保障,没有多大作用。如果体检查出传承人有重大疾病,怎么办?谁来掏腰包买单?也许有人会质疑景宁此举为一种"秀",如若没有后续的医疗保障待遇,予传承人的保护并无多少实质性的意义。

的确,在服务传承人的系统工程中,一张体检证的作用是极为有限的,其带给传承人的实际利益也是有限的。比体检证更重要的是从制度上建立根本保障,这才是问题的关键。但这一愿望,不是一张体检证所能承担得起的。

早在 2006 年,浙江省文化厅部署在每年的元旦至元宵,开展服务传承人月活动,在全省实施"八个一"。其中要求为传承人做一次体检。"八个一"是为传承人定制的一份服务套餐,其代表意义是我们已把关注点凝聚到传承人切身利益上,但这仅仅是一个起点。

体检证事情虽小,却是件实在事。非遗工作部门应该树立这样的理念,为传承人办好小事、办实事,就是政绩。在传承人最有需求的领域,期待各地投注更多的精力。

2011 年 2 月 22 日

# 人虽逝，艺不可绝

　　省文化厅公布的第一批浙江省非遗代表性传承人名单中，其中杭州 82 岁的小热昏传承人安忠文、宁波 93 岁的唱新闻传承人顾阿火，两位名字打上了黑框，他们两位是在拟确认名单公示后的短短一个月内先后谢世的。省级传承人名单公布以后不到一个月，又有泰顺提线木偶戏传承人黄泰生、洞头吹打传承人施书宝两位传承人溘然长逝，他们两位都是 77 岁。许多传承人年事已高，年老体衰，甚至是"风烛残年"，说走就走了。

　　前一阵子，在金华市调研，各县(市)纷纷反映对老艺人的保护刻不容缓。东阳花鼓，有位代表性传承人 2006 年谢世，其表演艺术还来不及完整记录；今年普查中又查出几位花鼓老艺人，人虽在，但这几位艺人以前"吃饭"的家伙没了。永康翻九楼，当地已几乎无人能演，特别是十八吊技艺已经失传。永康的省感戏是古老的戏曲，现在没人演了，以前看过演出的老人也无法说清其表演特点，这个项目可能已是绝唱。义乌佛堂有位艺人叫贾好笑，擅长小锣书，演唱幽默风趣，在义乌是家喻户晓，2006 年病故，74 岁，他的小锣书来不及记录整理了。浦江的杨田焰火，很特别，据说燃放的焰火有九层之多，非常精彩，但老艺人已于前几年去世，制作工艺没有传承下来。金华不是特例，各地不断有反映某某项目无人传唱，某某项目濒临消亡。

　　许多传承人生前最放不下的事情，就是后继乏人，找不到接班人，没人愿意接这个活。由于许多非遗项目费时费力，而且没有市场效应，不能创造多少利润，很少有人愿意从事。浙江省民间艺术资源普查中，据汇总各地的资料显示，当前濒危的 2606 项，已接近消亡的 552 项，折射出非遗保护和传承形势的严峻。传统生产、生活方式的演变，导致不少优秀的非遗项目走向衰落。由于对非遗的价值缺乏充分的认识，一些地方经费不足、设备落后，保护措施不力，人亡艺绝的现象依然存在，时有发生。

非遗以人为载体,主要依靠传承人的口传心授来传承。传承人掌握并承载着非遗的丰富知识和精湛技艺,是传承着某一种技术或技艺的有突出能力的代表,是非遗活的宝库。非遗的真正濒危是由传承人的濒危而带来的,如果传承人去了,而他的技艺又没有及时抢救和记录下来,这种珍贵历史就会永久失去,那将是无可挽回的永远遗憾了。所以,我们今天是和时间赛跑。

非遗保护必须强调"以人为本"的原则,只有保护了传承人才能保护好非遗。因此,加强对非遗代表性传承人的认定就显得非常重要。传承人一旦确定,政府要从经济资助、社会保障和精神鼓励等三个方面对传承人进行保护,鼓励传承人开展传艺、展示技艺、讲学以及艺术创作、学术研究等活动,使其全身心地专注于非物质文化的传播,没有后顾之忧;激励传承人按照师承形式或者其他方式培养新的传承人。对有突出贡献的代表性传承人,应当授予相应的荣誉称号,给予必要的津贴。同样,有关部门也要建立监管机制,对怠于履行传承义务的取消其代表性传承人的资格。

保护"活"着的传承人,并不只是在保护"遗产",也不只是在维护国家民族的文化厚度和尊严,更是为未来保护着珍贵的精神财富。

2007 年 10 月 30 日

# 只要你对社会有贡献

2008 年"文化遗产日"前夕,洞头县文化局打来电话,省里刚公布不久的省级非遗项目"洞头渔歌"代表性传承人施书宝老人去世。省非遗办即请县文化局代送花圈,并向其家属致以问候。过些天,得到讯息,洞头县文化局为施书宝老人召开了"隆重"的追悼会,县文化局分管局长致"悼词",县政府分管县长亲临追悼会。此事,在当地民间艺人中引起震动。对此,笔者也对洞头县政府及文化主管部门表达由衷的敬意。

我们总说,事业以人为本;人是生产力中最活跃的因素;只要有了人,什么人间奇迹都能创造出来。非遗最主要的特点,就是活态传承,令民族的文化以活态的方式存在于社会生活中。在非遗的传承过程中,传承人尤其是代表性传承人,对一门技艺或民俗事象的恢复、继承、发展,往往起着关键作用,甚或是决定性作用。虽然他们也许是普通人,但他们怀揣梦想,做一行、专一行,不图名、不图利,不抛弃、不放弃,为祖国文化遗产的传承作出了特殊的贡献,理应受到尊重,得到尊敬。

洞头县文化部门为代表性传承人召开追悼会,这既是对传承人一生追求的承认和肯定,也是对其家人的一种精神告慰,体现了文化部门在非遗保护中切切实实的"人本主义"。文化部门这样做,无疑会在广大草根文化人、民间文化人士、乡土文化名人中产生更强的凝聚力,激发他们更自觉地把传承文化遗产同自己的人生追求联系起来,激发对逝者的未竟事业的继续开拓,同时,在更大的范围里激发人民群众更强烈的保护文化遗产的热情。

在临近抗战胜利的时候,中央警备团的战士张思德,在陕北安塞县山中烧炭,因炭窑崩塌而牺牲。毛主席亲临追悼会致辞。主席语重心长地告诫:"今后我们的队伍里,不管死了谁,不管是炊事员,是战士,只要他是做过一些有益的工作的,我们都要给他送葬,开追悼会。这要成为一个制度。用这样的方法,寄托我们的哀思。"这篇致辞就是著名的《为人民服务》。

　　曾几何时，大历史背后的普通人，生活在社会底层的小人物，是不大有人关注，不大有人关爱的。今天，随着时代的发展与进步，我们的国家真正有了"以人为本"的治国理念。以人为本，本质上的意义就是以普通人为本，要特别看重普通人的贡献、尊严与情感。以人为本这个理念，已形成上上下下的共识，在我们的社会已形成尊重普通人、以普通人为本的历史潮流。

　　洞头县文化主管部门为传承人召开追悼会，用自己的真心行动，阐释了"以人为本"的理念。这一行为的本身向传承人传递了一个信息，政府没有忘记他们的"历史性"贡献；这一行为的本身向人民群众表达了对传承人的尊重，给予传承人信心和鼓舞；这一行为的本身就恰似一道阳光，穿越心灵，暖暖的，绵长的；这一行为的本身就十分地振奋人心，这难道不是凝聚传承力量，不是保护文化遗产的一大"法宝"？

　　传承人可敬。不过，本文最想说的是洞头县政府及文化部门可敬！

2008 年 6 月 10 日

# 以文化遗产日之名规矩拜师

　　2010 年 6 月 10 日上午,第五届浙江省非物质文化遗产节暨第五个"文化遗产日"系列活动在浙江省人民大会堂拉开帷幕,和往届文化遗产日不同的是,今年的开幕式别出心裁,在节目开场前,安排了两场有规有矩的拜师仪式,体现了非遗的传承性。

　　用杭州话演唱的杭剧,是具有杭州地道特色的地方戏。因为众所周知的原因,杭州杭剧团也曾无奈解散,差点没了传人。幸运的是,2005 年杭剧列入首批浙江省非物质文化遗产,2009 年杭州杭剧团又重新挂牌成立,这个曾经深受杭州人喜欢的地方戏,再度回到杭州人身边。由于会唱杭剧的演员很少,传承就显得尤为紧迫。

　　在这次拜师仪式上,清一色 8 位漂亮姑娘正式拜杭剧代表性传承人章驷群、汪谊华为师。今年 69 岁的章驷群、68 岁的汪谊华出场也很"传统",居然是坐着花轿喜庆地被女徒弟迎到台上。女弟子扶着老师坐下,然后奉茶、三叩头,章师父宣读师训,女弟子表决心。拜师后,章师父还一甩戏曲专用的马鞭,"我希望徒弟们能够策马扬鞭,学到杭剧的精髓。"然后将一红一白两条马鞭传给弟子,寓意徒弟们要鞭策自己学艺。

　　杭剧收的是清一色的女徒弟,而绍兴黄酒酿制技艺的传承,收的则是 10 位戴着绍兴毡帽、阳刚气十足的男学徒。今年 86 岁的王阿牛有着"活酒仙"之称,是国家级非遗项目"绍兴黄酒酿制技艺"的代表性传承人。王阿牛 17 岁就开始做酒,一直做到 79 岁。到场的两个"高徒"陈宝良、潘兴祥,如今都成了黄酒酿制的主力,分别担任了会稽山、塔牌绍兴酒企业的副总。"现在酒厂都是机械化操作,而我们要保护的是手工酿造的传统绍兴老酒。"王阿牛表示。在拜师仪式上,王阿牛向两位高徒传授了汇集毕生黄酒酿制技艺的"酿酒经",两位高徒则向新招收的 10 位徒弟逐一传授了 10 件传统酿酒工具,酿酒"衣钵"有了第三代传人。

　　传统行业、行当，一直以来都是师承制。拜师礼仪，在早先这样的传统行当内颇为盛行。从师承教育来说，是千百年来传统行当人才培养的一个重要途径，也是传承行业道德、从业经验和技艺专长的有效方式。只是传统行业一度的低迷，学艺进入门槛低以及社会对之的认识不足而逐渐被废弃，而拜师仪式的兴废无疑与行业的发展有着紧密的联系。但今天的拜师礼仪并未照搬传统，保留了精髓部分，这样既能恰如其分地凸显师徒关系的庄重与浓厚，又不失礼仪本身的内涵。

　　对于此次重兴传统拜师仪式，是对传统文化的一种回归，以古礼明确师徒关系，"一日为师，终身为父"，既体现了对师父的尊重和礼遇，更重要的是通过这种形式引起弟子对学艺的重视，警醒弟子学艺并非随性草率之事，应珍惜这来之不易的机遇，尊师重道，切不可消极怠工！年轻弟子有活力、有潜能，但阅历少、经验浅，需要不断向师父学习毕生的积累、深厚的造诣、高超的技艺。通过这种形式，勉励徒弟们今后端正态度、虚心学习、珍惜机会、接受指导，并警戒大家以后要按照道德准则做人，按照规矩办事。

　　同样，拜师仪式对师父也是一种责任意识的呼唤。老师傅、老工匠、老艺人独到的技能经验，需要一代代的后生长期跟师实践。通过"拜师学艺"这种方式，师父口传心授、言传身教，弟子认真领会、反复揣摩，才能掌握真谛，才能得到师父的"真传"。通过"拜师学艺"这种方式，也期待为师者能够全心全意教导弟子，尽心尽力传授技艺，以老带新，做好传帮带，引导弟子青出于蓝而胜于蓝，以促进传统技艺、技能、技术、技巧的薪火相传和弘扬光大。

　　对传统拜师礼仪的复兴，是文明的进步还是退步，往往仁者见仁、智者见智，好在大多数人并不认为拜师礼仪是糟粕，尊师重道依然是中华民族传统美德！

2010 年 6 月 10 日

# 大师可以随便封的吗

有民间故事曰,某人被公布为大师后,喜不自禁,遍告诸友。一位朋友不屑一顾地说:大师有什么新鲜,我们县里就有二三十位工艺美术大师。

此事有些滑稽可笑,对大师也有些不恭。谁说"大师远去无大师"？当今时代,大师又如同那雨后春笋,层出不穷,又如那过江之鲫,前呼后拥。当下,不仅国家可以册封大师,省里可以命名大师,连一些市县都急不可耐,一次性公布数十个大师。大师封号,已几近又多又滥,已几乎真假难辨。你说是真的,人家不相信获得大师称号竟然这般轻而易举;你说是假的,毕竟都是一级政府所公布,文件证书上的颁发单位与公章都是真的。

2010年10月,浙江公布了第四届省级工艺美术大师,一次性公布了111位。历届国家级、省级大师,加上市级公布的大师,在有些县域大师比比皆是。有一组令人惊诧的数字:一座只有28万人口的小城,平均每1000个人就有一位工艺美术大师。大师这般泛滥,还有人对他们膜拜有加吗？

这两年,集体井喷了一大批工艺美术大师。这大师的头衔,可不是一个啥也不是的空头衔。这顶帽子下,有政治地位,有作品含金量,有社会影响力,其好处不是一句话可说完的事。

何谓"大师"？陈寅恪先生在《王静安先生遗书序》中说得明白:"自昔大师巨子,其关系于民族盛衰学术兴废者,不仅在能续先哲将坠之业,为其托命之人,而尤在能开拓学术之区宇,补前修所未逮,故其著作可转移一时之风气,而示来者以规则也。"用现在的白话讲,大意就是在学术上能做出"承前启后、继往开来"事业的人,方能称为大师。

咱提起大师,自然而然想起为国家科技事业做出巨大贡献的"三钱",想起钱钟书、季羡林、启功等学贯中西的大家,想起袁雪芬、王伯敏、胡家芝等开创民族艺术流派者,并肃然起敬,有望之弥坚、仰之弥高之感。自然,工艺美术大师不可能比拟推动社会文明进步的科学巨人，不可比拟国学大师"开拓学术之区宇，补前修所未逮"。但总该是工艺美术群体中最杰出的代表，属于业内的楷模型人物，既有天才创造力，又有业内公认的影响力。大师谓之大，虽然不能绝对要求年纪也要大些，但总该有点大成就吧。

历史上，哪一代的大师，不是历经苦难而不悔的传奇人物？不是追求理想和张扬科学精神的志士？不是为振兴民族文化而执着追求的翘楚？谓之大师者，皆是有学问又有风格者，皆是德艺双馨者，皆是贡献卓著者也。

曾几何时，大师帽子开始满天飞。甚至初出茅庐者，只过而立之年的，也被冠以"大师"称谓。即便后生可畏，但可冠以"大师"称号乎？帽子发多了，大师也就不稀罕了，"大师"这一金字招牌的含金量也就不高了。乱发"大师"的帽子，是否该提醒及时刹车了？

但愿已经有大师头衔的大师们，头脑清醒，好自为之，真正继承前辈大师的衣钵，传薪文脉，光大事业，德艺双馨，做到名实相符、名至实归。但愿江山代有人才出，数风流人物还看今朝。

2012 年 4 月 15 日

# 有一种纯粹让人敬仰

上世纪 80 年代初,我在临海县文化系统工作,当时钱梅洁老师从温岭中学退休,获聘在台州地区群艺馆,负责民间音乐集成编纂以及音乐辅导工作。因为工作关系,我与她见过两三次面,听闻过不少人对她的赞叹。我调离临海后,也陆续听闻到人们对她由衷的敬仰。

钱老师今年已有 87 岁高龄了,熬枯了灯油,躺倒在病床,已近病危。台州市文化局戴康年局长召集了一个座谈会,钱老师的学生、朋友、有关单位的领导到会,大家共同座谈眼中的、记忆中的钱老师,与会者谈到动情处,泪光闪闪,或者泪流满面。我对钱老师有所了解,但了解不多,参加了今晚的座谈会,从心底里更加由衷地尊敬她。

钱老师是清贫的,但也是富有的。清贫,指她的一贫如水。她姓"钱",但没钱的概念,她的存款一万块也没有,甚至连一千块也没有,买不起房改房,付不出保姆费,穿的衣服都是打了补丁,一件军大衣居然穿了 40 多年,每年冬天都靠它过冬。说她"富有",她桃李满天下,有那么多热爱她的学生。钱老师倾心付出,先后培养出了 80 多位学生考入各类艺术团体和音乐院校,10 多位学生获得浙江省声乐比赛一等奖;在台州的音乐教师岗位上,遍处都是钱老师的学生。钱老师在物质上是清贫的,但在精神世界上,很丰富,很生动,很多彩。

钱老师做事为人是很"苛求"的,但又是很慈爱的。她对学生有时很苛求,她上课很认真,一句一句抠,精益求精,直到满意为止。她对自己很苛求,如果学生上不好课,她就会打自己的耳光,觉得自己没尽好责任,认为这是自己专业水平不高造成的。她对家人很苛求,女儿单位效益不行,想买安居房,请求她将交到公家账户上的学费款子临时周转救急,她断然拒绝:这钱绝对不能动。学生唱歌水平提高快,获奖了,考上院校了,她的脸上绽放出灿烂,和学生握手拥抱。她对教学质量不满意,可能打骂自己,但从不打骂学生,她对学生始终充满着爱和温情。

她很"爱"钱,但又把钱不当钱。她要求学生交学费的每一张纸币都必须是崭新的,她觉得这学费是要转交给公家的,很圣洁;她看到存折上的每一笔数字递增,都会笑逐颜开。但她在生活上没有钱的概念,存钱从不用自己的名字,数十年累积的学费30多万元,统统打入台州市群艺馆的专门账号。她觉得每个月有1200元退休工资,不应该再额外拿钱,学生的学费,理所应当上缴归公。

她已经苍老了,但又洋溢着童真。人生七十古来稀,何况她已经87岁了,真的是位老人了,甚至可以说已是风烛残年了。但是,她又是那么纯真,那么纯洁,那么纯粹,童心未泯,童真未失,她童趣盎然。你看她的笑容,有如儿童般的纯净。

她是平凡的,但她也是伟大的。她是一个普通的中学退休老师,她是一位平凡的传统音乐传承志愿工作者,她把传统音乐的教学当作一个事业来做,当作一种信念来做,她用自己的不懈追求,为普通的生命谱写了一曲令人心动的赞歌。

钱老师的一生,有如她的名字,梅花般高洁。我写了一首小诗:钱财身外物,梅香苦寒来。洁来还洁去,献身音乐醅。纯粹如斯人,只应天上有!

钱老师有若天人,这样纯粹的人,已是世间少有。钱老师的高尚行为,也许作为凡人,我们只能仰望,但是,在这个时代,这个浮躁的世界,需要有如星空般的情操引领。

2010 年 8 月 10 日

# 坚持戏曲改革，是对袁雪芬最好的纪念

2011年2月19日下午2时，著名越剧表演艺术家袁雪芬在上海病逝，享年89岁。袁雪芬是越剧的奠基人、新越剧的开拓者。有人说，没有袁雪芬，越剧就不是今天的样子。有人说，袁雪芬的去世，是越剧一个时代的终结。人们怀念袁雪芬什么？失去袁雪芬，对于越剧又意味着什么？

越剧界、戏曲界在悼念在怀念袁雪芬的同时，也引发了对于越剧改革戏曲改革的诸多思考。

当年，在十里洋场的大上海，袁雪芬等"越剧十姐妹"发起了越剧改革，把崭新的舞台演出形式引入越剧，特别是将鲁迅原著《祝福》改编成越剧《祥林嫂》上演，轰动一时，该剧也被称为新越剧的里程碑。今天的人们热议的是，袁雪芬一直是改革家，一直支持着越剧的改革，即便是对于袁派的演员，同样要求不要局限在本流派中，要广泛吸收、大胆创新。在越剧花旦诸多流派之中，许多人很喜欢袁派艺术，大概在于袁派的"大气"和博采众长，在于袁派不断的发展。

用历史唯物论的观点来看，万物在运动中发展变化。越剧从诞生到形成发展，也是无时不在变化的。越剧走过了辉煌的历程，这种历程其实就是一代代艺术家们创新实践的过程，是追求、探索、变革、前进的过程。"变"必须在继承的基础上变革，学习传统但不拘泥于传统，大胆地进入变革创新之路，这正是戏曲艺术家们顺应时代潮流做出的明智的选择。每一位能被称为艺术大师的戏曲前辈，无一不是因有所创新而奠定地位。

袁雪芬在越剧表演上勇于突破和革新，更是有口皆碑，有着开创性的功勋，成为一代宗师。假如没有一代代戏曲家的努力，就不会有今天的越剧。我们讨论戏剧的现状和未来时，似乎不应忘记这段历史。即使越剧等戏剧形态在今日的社会已略显老迈，我们依旧应当敬佩那些奠基者、开拓者、变革者，并且敬佩那些充满理想主义的先驱与后来人。

袁雪芬说,她一生的追求就是两件事:"改革越剧的内容,不再只唱才子佳人;改革越剧的环境,让戏子受到尊重。"这句话别有一番深意,具有高人一筹的底气和眼力,不由得不令人折服。即便在于今天来看,同样发人深省。

如今,改革了开放了搞活了,古老的、传统的、民族的、历史悠久的、中国特色的、富有诗情画意的、虚实结合的、雅俗共赏的、舞台艺术达到高峰的,艺术表现最浪漫的、百花丛中最鲜艳的民族瑰宝——戏曲,怎么一下子如此低落?

浙江的戏曲确实很有作为,新作不断,获奖不少。浙江文化艺术获高奖的主旋律是戏曲,进京展演的主旋律是戏曲。当然,相对来说,近年来不景气的也是戏曲。

还有,戏曲表现新时代,的确是一件十分困难的事情,但困难并不等于不能。当年袁雪芬排演了反映那个时代下层民众生活的《祥林嫂》,今天的我们能否打造出一批反映现实生活、推动社会进步、体现时代精神的优秀剧目,为艺术史留下新时代的标杆?

越剧以其表演的风雅经典,唱腔的韵味淳厚,当之无愧地成为最具代表性的戏曲剧种之一。但相比于昆曲、京剧的地位,也许越剧还仅仅是定位于最有影响力的地方戏。越剧能否做大做强,使之成为全国性的有影响力有普适性的剧种?

时代在变革,生活节奏在加快,文化消费方式多元化,越剧等戏曲发展遇到了不少难题。是固守、还是革新,经常成为戏曲界的两难选择。袁雪芬的谢世重新使戏曲改革成为一个热门话题。茅威涛的越剧改革褒贬不一、见仁见智。昆曲青春版《牡丹亭》《1699 桃花扇》,却是大受欢迎和热捧。无疑,积极探索适应时代变迁的革新才是戏曲新生繁荣的希望所在。尽管也许很缓慢,甚至很痛苦。因为改革这种选择本身包含着否定和开创,否定是痛苦的,而开创是艰难的,但正是在痛苦和艰难中,才会得到戏曲繁荣的春天。

2008 年 2 月,袁雪芬当选文化部国家级非物质文化遗产越剧代表性传承人。一代大师走了,但她的精神衣钵必然要传承下去,要进一步弘扬。今人要超越前人,必须要付出更多的心血和智慧。传统戏曲的繁荣,文化的复兴,离不开一代代人的使命和责任以及始终不渝的理想追求。

怆然别先人,殷殷待后者,念越剧之悠悠,当慨然而奋进。民族优秀文化传统,我们该赓续传扬。

2011 年 2 月 20 日

# 浙江评弹团能否留住黄海华

　　黄海华是浙江评弹团的台柱子,是苏州评弹青年演员。苏州评弹,以苏州话为代表的吴语方言徒口说表演,产生并流行于苏州及江、浙、沪一带。苏州评弹入选了第二批国家级非物质文化遗产名录,隶属于浙江杂技曲艺总团的浙江评弹团,是苏州评弹的保护责任单位之一。

　　上面这段话有点绕,不知我有没有表达清楚,也不知读者是否看得明白。我要讲的关键,不是讲解苏州评弹的来龙去脉和艺术特点,而是为浙江评弹团留住青年人才进行呼吁。

　　浙江评弹团,在 2010 年时还有 11 名弹词演员,演出阵容还算有点规模。到了2011 年,由于剧团改制转企,其中有 2 位中年演员符合政策提前退休了,依然有 9位弹词演员,演出团队也还算可以。2012 年初,有黄海华、吴静慧 2 位青年演员递交了请调报告,申请调入事业单位性质的上海评弹剧团。团长舍不得又无可奈何,已同意放行。评弹团很快就要只剩下 7 个人了,据说其中还包含一名外聘退休演员和一名见习演员。两年光景,气象渐凉。

　　黄海华,曾参加上海和台湾有关演艺机构组织的"海上风韵"新篇评弹"四大美人"赴台湾演出,光彩夺目;又曾参加江浙沪纪念陈云同志诞生 105 周年大型评弹演唱会,主演的《玉蜻蜓》一折反响热烈。2010 年,浙江曲杂总团专门组织举办黄海华评弹个人专场,江浙沪众多评弹名家前来捧场。2011 年 7 月,黄海华应台湾方面邀请,在台北中山纪念堂演出,票友粉丝追捧。今年初,黄海华和吴静慧参加"相约维也纳"奥地利中国艺术节最后一晚的"庆典之夜"演出,以一曲弹词开篇《赏中秋》亮相维也纳金色大厅,精彩的表演、美妙的唱腔,令奥地利观众如痴如醉。黄海华和吴静慧,在浙江好像是风光无限好,为何说走就要走了呢?

　　上海评弹团喜得"宝",正在积极办理这两人的调动手续。人家来挖人,我们剧团改制把人往外赶。两个台柱子可能真要调走了。人家是事业单位,工作有稳定性,人家条件好,重视人才,还有制度保障,当然还有上海是大都市。人往高处走,青年演员需要更好的平台,需要养家糊口,有安身立命的保障,解决后顾之忧。台柱子走了,不知浙江评弹团还能不能撑得起来?还能不能在全国的或者是涉外的评弹活动中精彩亮相?不知在商业演出中票房会不会因此受影响?还有,对还依然坚守在浙江评弹团的演员,不知会不会带来连锁反应,动摇军心?会不会存在更大的人才流失的隐患?

按照艺术表演院团体制改革的精神,国家级非物质文化遗产项目的保护责任单位,应当保留事业单位性质,或者差额转为全额事业单位。这是中央和省委省政府从保护优秀传统文化的高度出发,采取的必要措施。不知为何,浙江评弹团改制了,改为文化企业了,没有享有特殊的保护政策。类似的情况还有没有?发现这一问题了,已经时过境迁了,有没有可能再度争取特殊政策的支持,恢复剧团的事业单位性质,恢复演员的事业编制身份,恢复演员对这个剧团未来发展的信心?如果铁定改制了,不可逆转了,那么浙江曲艺团是否就一蹶不振、丧失元气了?是否有另外一种可能,通过改制、依靠市场,激发活力,焕发生机,探索出一条兼有公益性质而又实行企业化管理的艺术表演团体的发展路子?这也应该是艺术表演院团体制改革的初衷和本意。

浙江评弹团能不能挽留住黄海华等领军演员,靠什么挽留住她们,留人更要留心。靠政策保障?靠恢复事业编制?还是靠事业留人?靠情感留人?我们当然希望有好的政策为艺术表演院团打气撑腰,更希望艺术表演院团成为文化体制改革的践行者,用灵活的用人制度和运行机制,开创出新型的办团模式,迸发出市场活力,开创出新的天地。

2012 年 4 月 15 日

# 镜头中别样的风景

今年举行的"根之韵"全国非遗传承人风采摄影大赛，收到了来自全国各地的2300多件作品。周向阳《最后的窑工》、欧阳世忠《烟雾龙舟》、白翔《渐行渐远的箍漏锅匠》等5幅作品获金奖；郁中奇《阿细祭火》、叶蔚《凉山苏尼丰采》、张觉民《渔民节的习俗》、郑意川《舞动的火龙》、项新平《轧糖》等15幅作品获银奖；焦光华《精雕细刻》等30幅作品获铜奖。

参赛作品内容丰富、内涵深刻，聚焦传承人的生存状态，生动反映了传承人的艺术追求和精神风貌，形象展现了传统与现代文明碰撞中非遗的命运；在表现手法上，彩色与黑白共存，纪实与艺术并重，历史与瞬间对话，形神兼具，给人以深思和震撼。通过这次大赛，吸引了更多目光关注非遗传承人，关注非遗的保护与传承。

自2006年起，我国设立了"文化遗产日"。迄今三年，我省举办了三届非遗摄影比赛，2006年举办全省非遗摄影展，2007年举办全省民风民俗摄影展，2008年举办全国非遗传承人风采摄影展。每年一届，每年一个主题，每次获奖作品的展出都引起了较大的反响。

非遗是重要的人类记忆，其源远流长，川流不息，何止千百年。即使从良渚玉琮的雕刻、河姆渡先民的庆丰收载歌载舞算起，也有几千年了。非遗的宝贵并不全在于它的古老，更在于文明的一脉相承。它的存在、延续和发展，传承着先民的生存智慧，体现了先民的审美情趣，维系着人类社会生生不息。只可惜古代没有摄影艺术，无法记录那丰富多彩的民风民俗，无法使许多斑斓多姿的瞬间成为永恒。

摄影是近代的事。中国的摄影，据称为清朝洋务运动时，早期留洋的"海归"，或是进行外交活动的官员，最早有所接触。传世至今的照片中，还有法国人拍摄的余杭"杨乃武与小白菜"，杨乃武被绑赴刑场的定格，给这一传说留下了历史佐证。

群众性摄影活动的兴起，则归功于改革开放之后照相机的普及，特别是傻瓜相机以及数码相机的使用，使摄影变得简单易学。现今几乎是家家有相机、人人会拍照了。当然，十之八九的人都是"到此一游"的定格，但也有那么一群人用镜头寻找着"别样的风景"，钟情于非遗的精彩，致力于历史古迹抢救性记录。

著名的文化遗产保护运动发起人冯骥才先生与时间赛跑，抢拍下了天津老城改造对历史古迹的摧毁，留下了珍贵的而且触目惊心的历史史料。我省金华市人大常委会主任阎寿根先生，近年来追踪历史变迁，坚持不懈地拍摄古建筑，拍摄婺剧，拍摄民间乡土艺术，给明天留下了诸多珍贵的形象的历史。笔者的一位朋友张望先生，先后蹲点天台国清寺、杭州灵隐寺，"出家"大半年，真实地记录和再现了佛教僧人神秘的日常生活形态。

昨日的丰富多彩，曾经的斑斓多姿，在许多地方已是"好景不再"。许多草根艺术、乡土文化已逐渐为现代生活方式所取代，与人们渐行渐远，而且这种情况已变得越来越严重。因此，把历史上传承下来的民族优秀文化遗产拍摄记录下来，便变得越来越迫切。我们无法留住过去的所有，但至少我们能用镜头留住那些随着社会发展终将消失的印迹，通过自己的镜头和影像，记载那些影响着人们精神生态的民俗事象。

那些摄影家们倾注自己的心血，显然不是为夺奖而劳作。其实何止是这些可敬的民族精神家园守望者，掀起非遗普查和抢救保护以来，有成千上万的"民间摄影家"在不懈地努力，默默无闻、孜孜不倦地坚持深入乡村田野、老城古巷，记录着非物质文化形形色色的表现形态，记录着民族记忆的"背影"，记录着我们民族之魂。

摄影是瞬间的捕捉，瞬间的永恒。摄影对于非遗的意义，不仅在于呈现它的艺术形态，更在于它的纪实性质和文献价值。我们坚信摄影在非遗保护中作用的体现将持之以恒，并得到更多公众的参与。

2008 年 9 月 30 日

礼赞精神家园的当代守护

# 赵洪祝书记与非遗工作者心相连

2009 年 1 月 24 日,浙江省委书记赵洪祝在省文化厅上报的非遗工作汇报材料上作出重要批示:"应当首先感谢文化系统的同志们围绕非遗保护做了大量的卓有成效的工作。它不仅是全省、全国的工作,而且是世界人类文明的传承工作,意义十分重大。要继续深入抓好。"

赵书记的批示,意味深长,意义深远。我尊敬地"斗胆"对赵书记的批示进行解读。

第一句话,"应当首先感谢文化系统的同志们围绕非遗保护做了大量的卓有成效的工作"。赵书记对我们工作的评价是如此之高:一个是"大量的",讲的是面和工作量;一个是"卓有成效的",讲的是成绩、成效、成果、成就。赵书记的批示,对我省的非遗工作给予了高度评价,给全省文化部门和非遗工作者以极大的鼓舞!

第二句话,"它不仅是全省、全国的工作,而且是世界人类文明的传承工作,意义十分重大"。非遗工作,不仅是为了党的事业、国家利益、民族大业,而且还要再上升一个台阶,是为了"世界人类文明的传承"。赵书记从世界人类文明传承的高度认识非遗保护工作,站得高、看得远,高瞻远瞩、深谋远虑。作为非遗工作者,我们的思想理念也要升级换代,要提升、提高。

第三句话,"要继续深入抓好"。赵书记对我们很信任,响鼓不要重敲,对今后的工作要求简洁明了。虽然话不多,但是分量很重,交代很明确。要继续深入抓好工作,当然要有机构办差、要有人办事、要有钱办事,要有一些工作保障。非遗工作任重道远,赵书记的指示,给我们指明了方向,提出了明确要求,也增强了我们的工作信心。

新年伊始,省委主要领导的工作一定非常繁忙,这是可想而知的。而且,逢年末年初,各地区、各部门也都在做工作总结,提出新年工作计划,上报省领导。省委书记在繁忙的工作中,审阅非遗工作汇报材料,并对之作出批示,这对促进各地党委、政府对非遗保护的重视,对统一思想认识,振奋精神推进非遗工作,具有重要启示意义。

赵书记一直关心关怀着非遗工作。我们记得,赵书记调任浙江省委书记不久,去景宁考察工作时,专门上门探望国家级非遗传承人、畲族民歌手蓝陈启。

2008年4月,长兴百叶龙赴法国参加境外奥运火炬传递活动,得到我驻法使馆的专函表扬。赵书记对此专门批示:驻法使馆对我省的百叶龙表演团给予了肯定,要好好总结,以利于今后工作。

2008年1月,赵书记在省政协办公厅专题报告《让非遗保护工作继续走在前列——关于对我省非遗保护工作的建议》上作出重要批示:要继续把全省的非遗保护工作向前推进一步。

特别是2009年初赵书记对非遗工作的重要批示,有很强的思想性、战略性、指导性。

来自省委书记的厚爱和关怀,温暖着全省文化系统和非遗工作者的心怀。省委书记与非遗干部心相连,心连心。

非遗工作是一项战略性的任务。我们要以赵书记的亲切关怀为鼓舞,以赵书记的勉励为动力,更加努力地工作,向党和人民交上一份满意的答卷!

2009年1月30日

# 省委夏宝龙书记的文化保护情怀

2015 年 11 月，浙江省文化厅向省委递交了《关于深入推进传统戏剧非遗项目保护的情况报告》。省委夏宝龙书记批示：这项工作抓得好！

戏剧保护是一个老话题，但生存环境一直没有大的改善。浙江这几年来对于传统戏剧的保护采取了组合拳，多措并举，行动迅速，保障有力，取得突出成效。

这项工作，夏宝龙书记亲自抓，就像"宝龙治水"一样，像"五水共治"一样，引起了各地的密切关注，唤起社会共识。

2014 年 6 月，夏宝龙书记到省文化厅调研传统戏剧发展，省文化厅长金兴盛汇报了我省 56 个传统戏剧非遗项目抢救保护情况。夏书记指示：要像保护大熊猫一样保护传统戏剧，让保留下来的剧种成为地方文化特色；地方文化要在地方得到保护，让一个剧种起码在一个村里存活，活起来，传下去；要确保全省 56 个剧种（项目）一个都不能少。

之后，夏书记在不同场合强调要抓好传统戏剧保护。这些表达已成为经典。这些表达，是对戏剧保护规律的科学把握，是对戏剧保护提出的更高要求，也为我省开展戏剧保护工作所基本遵循。

省文化厅认真贯彻落实夏宝龙书记系列重要指示精神，不断细化出台各项政策举措，一幅推动传统戏剧传承发展的美丽画卷在之江大地上徐徐展开。

省文化厅公布 22 个浙江省传统戏剧之乡，在建德新叶村举办"浙江好腔调"浙江省传统戏剧之乡授牌暨展演晚会。同时举行《"浙江好腔调"56 个传统戏剧集萃》普及读物和《"浙江好腔调"56 个传统戏剧微记录》DVD 集首发式。

组织实施全省传统戏剧非遗项目"五个一百"保护传承工作，有效推进千名弟子共传承、万场大戏送乡亲，有效推进传统戏剧活起来。

省委宣传部、省文化厅、省财政厅共同研究制订《浙江省传统戏剧保护振兴计划》；省财政厅建立了浙江省传统戏剧非遗项目保护传承专项资金，该资金为每年

1620 万元（暂定三年）。让丰富多样的浙江传统戏剧活起来、传下去。

真实性保护、整体性保护、发展中保护，各地积极探索着各具特色的传统戏剧保护发展新模式。媒体报道：浙江做传统戏剧保护的行动派！

循着岁月的足迹，我们可以发现，十多年来夏宝龙从浙江省委副书记到省长任上，再到任省委书记，一直十分关心非遗事业的发展，饱含着对传统文化的深厚感情，对于这方面工作牵之念之。

早在 2006 年 6 月 10 日我国的首个"文化遗产日"，时任浙江省委书记习近平考察了正在修缮的文澜阁现场，并召开小型座谈会，专题听取文化遗产保护工作情况汇报。他强调，文化遗产是民族智慧的结晶，是民族文化的见证。浙江是文化遗产大省，在文化大省建设中要加强这方面的工作。时任省委副书记夏宝龙等领导一同考察，听取汇报。

首个"文化遗产日"前夕 6 月 8 日晚，浙江隆重举办"保护文化遗产，守护精神家园"——浙江省文化遗产命名表彰大会暨"文化遗产日"展演晚会。省委副书记夏宝龙出席并发表主题讲话，他特别指出：随着经济全球化趋势和现代化进程的加快，我省的文化生态正发生着巨大的变化，文化遗产及其生存环境受到严重威胁。加快抢救保护不可再生的文化遗产，已经成为一项重大而紧迫的历史性任务。

他强调，要充分认识保护文化遗产的重大意义，进一步增强使命感、紧迫感和责任感，深入实施浙江省文化保护工程。

会上，宣布了我省入选首批国家级非物质文化遗产名录名单等，并表彰了一批文化遗产保护先进单位和先进个人。

2012 年 5 月，时任浙江省省长夏宝龙为《浙江省非物质文化遗产代表作丛书》撰写总序，他强调指出："为传承我们的文化血脉，维护共有的精神家园，造福子孙后代，我们有责任进一步保护好、传承好、弘扬好非物质文化遗产。这是我们必须担当和完成好的历史使命。"

目前，这套丛书已出版浙江国家级非遗项目书目 160 种，为民族文化续脉，为浙江文化宝库增添独特的财富。夏书记任省委书记、省人大常委会主任后，同意"丛书"依然用这个总序。

2014 浙江省非遗电视春晚以"中国梦想·美丽浙江"为主题，通体构思，整体设计，大力宣传浙江的生态之美和人文之美，宣传"五水共治"战略，彰显"留住乡愁"情怀。呈现了一台充满浙江地域特色、浓郁民俗风情、传递浓浓乡愁的精彩演出。

浙江省文化厅工作简报预报了活动信息。夏宝龙书记在简报上作出批示，给予表扬。并在晚会播出频道和播出时间上划了一条线，以示关注播出。

这些年，我省大力加强非遗对外交流，传播中华文化，共享人类文明。2014年11月，"天工遗风——浙江省非物质文化遗产展"在印度新德里举行，浙江省委书记夏宝龙与印度文化关系委员会主席昌德拉、主任米赫塔等中印贵宾参观展览。

非遗保护是为了留下历史文脉，留下人类共同的记忆。夏书记为浙江非遗的整理研究、抢救保护、传承发展，倾注情怀，倾注心血。近年来浙江非遗事业的蓬勃发展无不浸透着他的情怀和情愫。

因为省委夏宝龙书记的重视和关心，进一步提高了各地对非遗保护的认识，而他保护非遗的理念和言行，也成为浙江非遗保护史上精彩的篇章。

2015 年 12 月 20 日

# 市委书记上海滩吆喝"非遗三宝"的民生价值

在报纸上看到一篇报道,2008年7月6日,丽水文化精品展在上海举行,丽水市委书记与9位县市区一把手上展位,主动推介青瓷、宝剑、石雕"非遗三宝"。

身为一市之首长的书记,能够用这样的一种平民化的方式与传承人一起做广告,这样其乐融融的干群关系让人感动,这般关怀非遗生产销售,也让人感慨。

丽水市委书记介绍:"我们这次来上海,不是来招商,而是希望展示丽水特有的文化风貌,让更多的人了解丽水。招商只吸引有钱人,丽水人很好客,不仅要请有钱人到我们那里去,也要欢迎普通老百姓到丽水去。我们吸引更多人的最好'法宝',当然是文化。"

市委书记说:也有人提出"丽水只要把文化生态、自然生态保护好,就是最大的功劳"。这话不错。但丽水之难,就难在农民"增收"上。不发展经济,农民就不可能富裕,关键是解决好"在哪里发展"、"怎样发展"的问题。

市委书记"运筹帷幄之内,决胜千里之外"。从曾经市、县领导"推销"农副特产,到现在推介"非遗三宝",这其中的变化微妙而深刻。其意义是多重的,其意义不一般。

首先,表明了丽水党政对打造地方文化名片的一种鲜明态度。书记卖非遗三宝无疑产生了轰动效应,但这非遗三宝不会因为书记市长的推销而销量大增;今天,青瓷、宝剑、石雕这三宝名闻天下,也与书记市长现场当推销员并无任何关系。书记吆喝"三宝",其本意绝不会是为了解决非遗作品难卖的问题,而是说明"三宝"对于丽水之重要,说明书记对于"三宝"之重视。这件事也相信会因此启示各相关方面,要在各自的职责内帮助传承人,帮助相关企业,帮助文化部门,出台相关政策,解决一些根本问题。这才是打造"三宝"品牌的根本之策。

其次,意味着文化遗产保护工作将会得到更多的重视。文化资源既是发展区域文化产业的基础条件,更是国家和民族的共同资源。丽水拥有丰富的文化资源,不仅有"非遗三宝",还有各具风情的瓯越文化、遂昌好川文化、庆元香菇文化、景宁畲族文化,各具魅力的缙云黄帝文化、青田刘基文化、遂昌汤显祖文化等。一个地区文化的保护和发展,主要看一把手如何引、如何带、如何抓。一把手以身作则,率先垂范,对于促进市县党委政府发挥好文化遗产保护职能,发挥文化资源的价值起到导向作用。

再次,体现了丽水市领导对文化产业发展的预见性。文化资源也是生产力,是新的经济增长点。通过扬文化优势、抓文化营销,带动文化产业,带动旅游业,促进文化与旅游两大产业的互动发展;通过"三宝"或者八宝、十八宝带动百业兴旺,为城乡人民脱贫致富、发家致富服务,为富民强市服务,让山区人民真正得到实惠。

第四,体现了丽水党政对区域发展趋向的正确定位和认知力。丽水经济欠发达,不等于文化欠发达,文化生态与自然生态是丽水最大的比较优势和后发优势。重视打造区域文化符号,重视文化形象的展示,重视文化生态环境的保护,生动地反映出文化是软实力、竞争力、影响力的理念。科学发展观的理念,正如春雨润物般改变着官员的观念。

对欠发达地区来说,观念和思想的转变是一种谋略,更是一种生产力。通过推介"非遗三宝"推销丽水,是个好创意。当年,彭老总有句名言:当官不为民做主,不如回家卖红薯。今天,丽水书记推销"非遗三宝",可谓当官若为民生思,不妨上街卖青瓷。

愿丽水人民的光景一年更比一年强!

2009 年 7 月 8 日

# 喜见市长们的文化保护自觉

　　记得第一个"文化遗产日",有一个座谈会,有位大领导说:现在懂文化的领导还是不多,有知识不等于有文化。

　　这几年来,懂文化的领导逐渐多了起来。在科学发展观的理念下,在文化大省、文化强市、文化名县的目标引领下,各级党委政府领导不仅重视公共文化服务体系的构建,重视文化产业的发展,对于文化遗产保护,对于城市文化形象的塑造,有了一份情怀,有了一份历史担当,摆上了重要议程。

　　记得在 2008 年的"文化遗产日"前夕,我在报上看到杭州市长蔡奇主持召开专题会议,研究"掘文化"三年行动计划。这个"掘文化"三年行动计划,说大也大,说小也小,居然由市长亲自主持讨论和研究,有点意料之外。蔡市长从对历史负责和提升人民群众文化生活品质的高度,对"掘文化"的重要意义作了阐述,而且居然就具体的工作讲得很透彻。蔡市长提出了"十个抓",这"十个抓"不短也不长,请允许我照录如下:

　　一是积极推进西湖"申遗",同时推进运河、良渚"申遗"与世界非物质文化遗产申报工作。二是杭州要争取成为"文化遗产之都"。三是扩大市级文保单位和文保点范围,多争取"国保"单位。四是建好一批遗产基地,包括产业基地,走文化旅游互动发展之路。五是利用遗产办特色博物馆,规划建设非物质文化遗产博物馆。六是做好历史建筑和历史街区的保护。七是建设文化综合体。八是杭州文化要进中小学课本。九是做好江南民乐与歌舞的发掘和发展,做到江南民乐歌舞看杭州。十是以传承发展杭剧为重点,带动相关传统剧种的保护开发。

　　蔡市长这十条具体意见中,大部分是关于非遗保护工作的。一个省会城市的市长,对非遗工作如数家珍,对抓好这项工作有着真知灼见,令我感叹,也令我感动。

　　今年元月中旬,舟山市政府举行 2010 舟山论坛,舟山市长周国辉在开幕式上作题为《建构文化生态 重塑海洋文化名城的风致》的专题报告。他从文化生态的理论辨析、城市文化生态保护的重要性、舟山文化生态保护的现状、文化生态保护实践策略四个方面阐述观点。他认为，舟山可谓"满城文化、满地民俗、满眼风光"，但就文化生存、延续的环境条件而言，尚属"养在深闺人不识"。如果今后在推进城市发展过程中，通过文化的保护、重构、发展，找到文化与经济的结合点，给文化一个标志、一个支点，舟山的潜力是无穷的。周市长的报告，体现了政府在谋划新的一轮发展中，在制定城市的发展战略中的文化自觉，体现了高瞻远瞩和深谋远虑。

今年5月，嘉兴市政府召开全市文化遗产保护工作会议。市长李卫宁在会上作主题报告。他强调：发展是政绩，保护也是政绩，甚至是功绩。他提出：当经济发展与文化遗产保护发生矛盾怎么办？经济应该无条件地让步，因为GDP可以通过其他途径去实现，而文化遗产无论是物质遗产还是非物质遗产若损毁或消亡，则对不起列祖列宗，对不起子孙后代。他指出：千百年风霜雨雪，文化遗产保留和传承到今天，本身就是奇迹，我们要做历史的功臣，不能做历史的罪人。李市长的报告太精彩了！我应邀出席会议，深受教益，也深深为之感动。我在致辞中指出：李市长的讲话，体现了嘉兴市委市政府对文化遗产保护真正意义上的重视，体现了政府的文化自觉和历史担当，更可以看成是嘉兴市政府对文化遗产保护的一份宣言。

前些天，在温州出差，看到《温州日报》上报道：温州市长赵一德在考察文化遗产保护工作时强调，要争分夺秒地开展非物质文化遗产的保护、抢救和挖掘，加强对传统文化的传承和利用。要重点支持一批工艺美术龙头企业走产业化发展路子，做大、做强、做优文化产业。要强化"基础"意识，扎实推进基层文化遗产保护的政策保障，使政府公共服务更好地满足人民群众的基本文化需求。赵市长用了"争分夺秒"这个词，可谓对非物质文化遗产保护现状的真切认知和真正的关切。这项工作的确是时不我待，刻不容缓，迫在眉睫，要只争朝夕，争分夺秒，与时间赛跑！

当中国城市化率超过40％的今天，当各个城市发展都追求鲜明个性的时候，市长应该做些什么？现在太多的市长把一个城市当做一个大企业来经营，让它成为GDP的制造工具，本来"城市，让生活更美好"，结果城市让生活很烦恼！

一些市长相信城市可以打造出来的，于是，他们开发土地和房产，以行政手段经营城市，以新为时尚，将残存之历史痕迹从城市中进一步地消除，敢叫城市旧貌换新颜。目前许多城市的传统风貌基本上看不到了，而是千城一面、千遍一律，单调无趣。

城市有自己的生命，自己的成长轨迹，自己的记忆。这种记忆也许是片断的，零碎的,也许是重叠的,甚至是矛盾的,但那细小平凡而色彩斑斓的文化,人们能够从中感受到城市生命的绵延,城市的韵味,感受到当下生活的自然和真实。每个市长介绍所辖城市,总是夸口历史悠久,人文荟萃,为之而自豪,但如果没有历史的见证,没有文化的痕迹,恐怕也不再有自矜自夸的资本了。

这个世界日新月异,繁华过盛,我们要保住什么,守住什么,坚持什么?保住旧城老街,守住城市文脉,坚持前人的智慧和民俗,无疑是必须的和正确的选择,哪怕我们多么渴望成为国际化城市。守住上千年的文化积累,守住文化质感,守住文化生态,那么一座城市所坚持的终将成为与世界对话的筹码。文化特色和个性,这一定是未来城市最基本的竞争,也是最重要的竞争。

城市的历史和文化,是一座城市的灵魂,有了它,城市才能不陷于浅薄,不流于浮躁。而非物质文化遗产,是年深月久传承下来的,反映了历史文化传统和文化变迁,成了现代和传统唯一的活态的流动的见证。非物质文化遗产的活态传承,它的鲜活,它的活色生香,恰如跳动着的城市心脏,让这座城市充满着生机和活力。

作为新杭州人,我没考证过历任杭州市长有多少位。我想,杭州的绝大多数老百姓大概也就记住了历史上的苏东坡、白居易。他们之所以留下千古美名,一方面因为这两位是一代文豪,更因为这两位市长在杭州留下了文化痕迹。苏东坡和白居易,他们在杭州任职的时间都十分短暂,但他们却都为杭州、为西湖、为后人留下了一份宝贵的文化遗产。当下有一句网络红语:"不要迷恋哥,哥只是个传说",而苏市长和白市长在杭州留下了美好的传说,让后人迷恋。

但愿懂文化遗产价值的市长越来越多,重视文化遗产保护的市长将青史留名。

2010 年 9 月 8 日

# 县级党政领导的重视至关重要

当前正在蓬勃进行的非遗普查,是做好非遗抢救保护的一项重要基础工作,对于全面了解和掌握浙江的文化遗产资源,增强文化软实力,具有不可估量的作用。推而广之,非遗普查也是我国为深入认识国情、准确把握国力、科学制定国策而采取的一项重要举措。此事事关全局,当予正视和重视。

非遗普查,涉及范围广,参与部门多,专业要求高,工作难度大,时间跨度长,是一项社会系统工程,应该成为一项重要的政府行为,切实加强领导,精心组织,周密安排,动员全社会力量共同参与。

抓好非遗普查,县级领导的重视是关键。在我国整个行政体系中,县级政府处于基层的中枢,位于城市与乡村的交结点,介于宏观与微观之间,地位特殊。县(市、区)党政领导干部是重要的决策层,他们对非遗保护的认识程度,以及对有关工作目标任务抓落实的力度,对抢救保护工作的保障力度,对于县域非遗的保护往往起着至关重要的决定性影响。

我们看到,近年来不少领导干部的文化遗产保护意识明显增强,重视程度不断提高,甚至言必谈文化遗产保护。不少地方的党政主要领导,把这项工作摆到重要的议事日程,召开专题会议,听取普查和保护工作情况的汇报,研究解决重点难点问题,就加强这项工作做出要求;或深入基层督促检查,推进工作。许多分管领导深入一线靠前指挥,与基层同志一起寻找符合当地实际的工作思路,帮助基层解决实际困难,甚至亲历亲为组织协调和指导普查工作。我省大部分地区普查机构健全,经费保障良好,宣传工作新颖有效,普查工作流程规范,阶段性工作深入扎实,各项工作按要求、高质量稳步推进。全省各地在这次前所未有的大规模的非遗普查中,较好地体现了政府主导作用。

但也毋庸讳言,一些地方对非遗普查和保护工作认识尚未到位,政策、措施落实不够,普查经费缺口较大,主管单位缺乏主动性,社会参与度不高,群众主体作用发挥不够，影响了普查和抢救保护工作的有力推进，拖了全省的后腿。

要做好当前的非遗普查工作，推进我省非遗保护与传承，必须强调各级政府尤其是县级政府的责任，特别是强化"三个保障"：

要强化组织保障，设立非遗普查和保护工作组织领导机构，建立有效的工作协调机制，建立必要的工作责任制，做到有布置、有检查、有落实、有总结，狠抓工作落实，提高行动速度，增强工作效率，保证普查和保护各项工作的顺利推进。

要强化经费保障，对于非遗普查宣传发动、人员培训、田野调查、线索整理、成果编纂、资料数据库建设和现代技术手段运用等所需经费，应给予大力支持和保障，为深入有效开展普查工作创造良好条件。

要强化普查质量保障，各地在普查工作中要注重业务培训，改善调查方法，体现求真务实作风，防止和克服形式主义，健全工作规程，建立月报制度、例会制度、跟踪检查制度等，层层把关，步步扎实，确保普查不留死角，确保成效。

领导干部具有表率和引导作用。如果全省90个县（市、区）党委、政府领导对此都有充分的认识，统筹有力，措施到位，那么，我省非遗保护必然会呈现新的景象。

2007 年 8 月 30 日

# 县长，你看过本县的非遗大观吗

　　浙江省委办公厅编撰的 2011 年《浙江概览·文化卷》，非遗部分单设篇章，占本卷总篇幅的三分之一强。这本读物，主要上送来浙考察指导工作的领导。这体现了省委办公厅对非遗的高度认知，对非遗工作成绩的充分肯定，这也从一个侧面反映了非遗在区域文化中的重要位置。非遗呈现的是一方水土的文脉和气韵，当然是考察和了解一方水土和一方人民的窗口。孔老夫子当年有曰：入乡应问禁观俗。

　　由此，我联想到各地在非遗大普查之后，逐渐着手着力编撰当地的非遗大观，或曰某某风韵，某某记忆，某某艺脉。虽然名称不一，皆为当地草根文化、乡土文化、民间文化的集英，是当地老百姓生活文化的荟萃。这些大观，多数由当地县长作序。不过，这里我不合时宜地设问一句："县长，你看过你所作序的非遗大观吗？"你能说说这县里的历史传说和地理掌故吗？你主政一方，了解这个县的历史文脉和风土人情吗？不是我多虑，恐怕没有几个县官能回答得干脆利落，能如数家珍。

　　一方水土，一方文化，滋养一方人。历史的遗存是文化，经济的背后是文化，今天人们的生活方式和价值观念是文化。从这一角度看，问问县官你看过这县的非遗大观吗？我觉得有其重要的现实意义。

　　在当前浮躁的社会氛围里，县委书记县长们大多沉浸在文山会海里，忙碌在迎来送往的应酬里，有几个能抽出时间看看非遗大观？有多少兴趣看看非遗大观？若对当地的历史文脉不了解，谈何建设文化名城？谈何建设幸福之城？今天的县委书记、县长，按照任职回避的规定，多是外乡调任，即便是一些本乡本土成长的副职领导，对过去的那些民间文化又知之多少？过去、现在和将来，是割裂不了的，城市的发展是历史的继续，不知历史，焉知现在？文化在于积累，文化在于继承，即便是社会管理也在于顺乎民情，经济建设的可持续也在于人文精神的支撑。如果县官们了解这方土地的历史人文，了解和认识民风民俗，想必会更加挚爱这片土地，也就会更好地认知这座城市"是从哪里来,该往哪里去"。

　　钱穆先生在《国史大纲》中指出,"任何一国之国民,对其本国历史应该略有所知,从而对本国历史怀有温情与敬意。由此,国家乃再有向前发展之希望。"一国如是,一省一市一县又何尝不是如此?!人民应对一国一地之历史"略有所知",更何况为治国理政者!

　　从《诗经》中采撷到的西周春秋时代的各地民歌乐歌中,我们就可看出,历史上朝廷与民间就各有分工了。那些典籍史册上记载的是"政绩工程",唱的是"万万岁",而民歌小调则唱的是人民的心声,人民的爱憎,你能从中感触到人民内在的灵魂,感受到他们对美好生活的诉求和向往。

　　各位"知县"大人,闲来无事,或忙里偷闲,或在百忙中拨冗,信手翻阅非遗大观,抑或连篇慢品,感受岁月流年,感受巷陌村野,感受民间的勃勃生机,想来不但是别有风趣,更多的是激起寸心的所思所感和为民情怀。

2011 年 6 月 1 日

# 当官要做文化事

在遂昌参加 2014 中国汤显祖文化节,其间与《中国文化报》记者简彪等喝茶聊天。围绕汤显祖、昆曲、班春劝农和文人当官、当官做文化事等话题,大家东拉西扯,高谈阔论。

汤显祖首先是官员,是县令。汤显祖在遂昌当了五年知县,留下了许多美好传说。遂昌的官员和群众,都会津津乐道给你讲汤公的事迹:劝农耕作、兴教办学、纵囚观灯、惩治豪强、灭虎除害等等。汤公,为官一任,富裕一方、教化一方、平安一方、造福一方。汤公是好官。

汤显祖是文人,是文化人。遂昌还有不少的非遗项目与汤公有关。譬如,班春劝农。遂昌"九山半水半分田",是典型的山区,当年粮食应该比较匮乏,山民对农业生产也不在行。汤显祖为防止土地抛荒,和农民话农桑,聊生产,鼓励农民发展农业生产,在遂昌留下了下乡劝农的"官俗"。汤显祖的农本思想,与今天的社会主义新农村建设的内涵,应该是一脉相承的。

譬如,当年汤显祖颇为大胆的决定"纵囚观灯",体现了人本主义,也说明了他的社会治理智慧和自信。当时遂昌的灯会一定很闹猛,让囚犯回趟家团圆,共享欢乐。遂昌今天一直延续搞灯会的传统,不知道灯会的内容内涵和表现表达形式,当年更丰富还是今天更为多彩。还有遂昌县城明代的街区。听说这条明代的老街和几幢古建筑被拆了,被移植搬迁到云峰街道长濂村。长濂村有距今 400 多年历史的鞍山书院、明德堂、郑氏宗祠、月洞家风、镇西楼、施茶亭等保存完好的古建筑群,还有明代的遗迹遗存可以寻味。遂昌的饮食文化也蛮有特点,据说有不少与汤公有关,譬如今天的汤公酒之类的。

汤显祖从南京贬至遂昌任知县,不忘其昆曲家本色,着意传播昆曲妙音,由此遂昌民间形成了演唱昆曲的传统。昆曲本来是雅文化,遂昌当地的十番以工尺谱演奏为主,是民间文化,雅文化与俗文化结合,形成了别具一格的昆曲十番,清音悠扬,雅俗共赏,十分好听。这些年,遂昌把民间昆曲班社恢复起来,演出昆曲经典折子戏,演出《牡丹亭》。这次文化节,遂昌举办了《牡丹亭》之夜昆曲专场、昆曲曲友大奖赛、万人齐唱《牡丹亭》等活动,一场场好戏登台亮相,深受老百姓的喜爱和欢迎。

汤显祖是一位杰出的戏剧家,是一位有着世界性影响的戏剧家。汤公最经典的作品为"临川四梦"。晚明王思任曾经说过:"《邯郸》,仙也;《南柯》,佛也;《紫钗》,侠也;《牡丹》,情也。"特别是汤公在遂昌酝酿创作的不朽名作《牡丹亭》,是我国文学遗产中的瑰宝,也为中华民族对世界文化艺术创造的贡献树立了一座丰碑。

汤公在遂昌的 5 年的"县太爷"生涯,着意的不在 GDP 不在政绩,而是创造、传播文化,至今留下一篇篇佳话,留下的宝藏遍地都是,影响无处不在。汤显祖文化是个富矿,是个宝库,应当比遂昌金矿的价值更大。金矿资源有限,是不可再生资源,有开掘完的一天,但汤显祖文化,采之不尽用之不竭,源远流长,可以不断丰富发展,不断发扬光大。为此,汤显祖已经离开江湖 400 年,但江湖还流传着他的许多传说。

我们今天的父母官们,是否也该像汤显祖那样,在抓经济发展的同时,努力从事文化方面的建设,给后人留下当代人的文化足迹,给后人留下大量人文遗迹,为后代人造福。

当官做好文化事,这也是一种政绩。

2014 年 4 月 14 日

# 关键在于教育领导

资华筠先生多次在会上阐述一个观点,她说:当年,毛主席有句名言,叫做"重要的在于教育农民"。我认为,在当前的文化遗产保护上,"关键在于教育领导"。此语意味深长。

2009年4月24日,《钱江晚报》以"丽水憾失千年古街"的醒目标题,报道了丽水一条以明朝抗倭名将俞大猷命名的古街——大猷街,在"建设现代化城市"的名义下,被堂而皇之地拆了。这次拆迁面积达40万平方米,涉及几千户家庭、上万人口。据称,这条古街集中了晋、唐、宋、元、明、清六个朝代的道教、佛教、儒教以及地域文化的历史遗存和遗址。别了,千年古街!

丽水的例子当然不是唯一。记得新世纪初,舟山定海古城的历史街区和历史建筑遭到强制拆毁。定海古城曾是明代抗倭前线、清代鸦片战争主战场,曾是近代民族工商业宁波商帮的发祥地。据称,1841年,鸦片战争爆发后,英国人攻陷定海,惊叹道:"天哪! 简直就是一个花园!"也正是为了保卫这个"花园",素有坚韧性格的定海人与英国侵略者进行了殊死奋战。

定海古城被毁,已是一个无可挽回的事实,成为不可挽救的历史遗憾。当年,文物界的老专家们听到定海古城将要被毁的消息时,四处奔走,紧急呼吁,可是当地政府置之不理,一意孤行;众多媒体齐声发出呐喊,呼吁"推土机下留古城",当地政府仍然我行我素,肆意妄为。这反映了当地少数领导人是怎样的一种无知和固执。

一些地方以旧城改造的名义,对文化遗产大肆拆毁,拆了货真价实的文化遗产,重建从历史文化意义而言一文不值的假古董,或是钢筋水泥楼群。这种悲剧依然不断在一些地方重演。

所幸,丽水历史街区的告急,引得专家、市民呼吁后,当地政府和开发商终止了拆迁的大手笔,大猷街上没被拆的历史遗存将得到保护,已经被拆的也会得到重建,这一结果来之不易。

所幸,仍有不少地方的主要领导拥有着文化自觉。近日报载,杭州市委书记王国平表示:杭州四分之一的厂房都要好好保护。王国平认为,有价值的历史文化遗产不仅限于国保、省保、市保单位、文保点,还包括历史街区、历史建筑、老房子,还应当保护工业遗产、校园遗产。他说,在杭州城区已经慢慢看不到上世纪80年代、90年代的厂房了,别说30年、40年历史的厂房,甚至10年历史的厂房也要保护。要给城市留点历史证物和文化韵味,使城市的文脉得以延续。

一个城市的文化,不仅体现在物质层面上。一些地方在规划经济与社会发展时,对于博物馆、图书馆、文化馆、体育馆等公共文化设施的建设,给予了重视。说到文化,其实并不是几个硬件所能支撑的,它还体现在文化表现形式和文化空间,体现在当地的民间文学、民间音乐、舞蹈、传统戏剧、曲艺、民间美术、手工技艺、传统医药和民俗风情等,体现在对这些非物质文化形态的保护、开发、弘扬,体现在价值观念、思维方式、宗教信仰、道德标准等方面,这才是深层次的、长远的。人类并不是在食物的摄取中提升自己,而是在观念的升华中提升自己。

我们正处在一个文明进步的时代,文化的作用比任何一个时代显得更为重要。省里有位领导曾说:现在懂文化的领导太少,有知识不等于有文化。党政领导在进行重大决策之际,应该有文化思维、文化自觉,须臾莫使文化缺位。如果各位领导在进行决策之际,习惯和善于用文化的视角来审视施政的科学性、艺术性和前瞻性,重视地方文象(物质文化)、文脉(非物质文化)的保护,重视文化内涵的丰富和人文精神的引领,当是社会和民众之幸,历史和未来之幸。

毛泽东主席曾经指出,政治路线确定之后,干部就是决定的因素。做各项工作都是一样,武装好领导的头脑是关键。

2009年5月16日

# 读一位文化员的来信有感

近日,省非遗办收到了仙居县安洲街道文化站应秀华的来信和当地非遗普查成果汇编本,从这厚厚的 4 本普查材料中可以看出,他们的工作很努力,成效很明显。应秀华在来信中谈及她在这次普查中的体会,字里行间洋溢着她对非遗保护事业的执着与热爱。

这里摘录应秀华站长来信中的几段话。

来信说,开始做非遗普查工作之后,我就产生了一股莫名的干劲,主动冲在第一线。为了物色好村级普查员,跟每个村的书记、主任共同确定人选;为了使线索排摸工作顺利开展,挨村走访,巡回辅导;为了节约经费,打字、印刷自己做,抽调骨干尽量从精,在不影响工作前提下尽量减少人数;为了保证质量,普查材料的校对、修改、再修改、定稿等都自己把关;为了赶进度,加班加点,足足 3 个月,几乎每天干到晚上 12 点后收工,平均每天工作 13 小时以上,体重足足减了 8 斤;而且越做越来劲,连烧饭、洗碗、洗衣等起码的家务活都全抛给了家人。刚开始,我老公对我的这种热情很难理解,但他在不断翻看普查材料的过程中,也慢慢地被潜移默化了,到后来,普查成了我们全家的一个共同兴趣和话题。

来信说,通过普查工作,几经努力,当我看到自己亲手编制的 4 册沉甸甸普查成果汇编,14 盒厚厚的普查档案,工作中的一切困难、艰辛、委屈一下子都烟消云散了,一种无比喜悦的成就感油然而生。

来信说,仙居全县 20 个乡镇(街道),几乎没有一个乡镇(街道)在这次普查中落在后面,都超额完成了这次非遗普查任务。

应秀华是我省众多基层文化干部的一面镜子;仙居普查工作的进展,从一个侧面反映出全省基层普查工作的面貌。他们的付出感人至深,他们的成绩令人鼓舞。

应秀华等文化站长，虽为"一介布衣"，"位卑"不忘责任，扎根"穷乡僻壤"，立足平凡的岗位，甘守清贫，甘愿奉献，爱岗敬业，默默耕耘，把自己的理想、追求，融会到文化遗产保护事业之中，把脚踏实地的奉献与体现人生的价值联系在一起，用自己的智慧和汗水，发掘民间瑰宝，守护一方乡土。在平凡之中折射出一种信念，奔走之中流露出一种情感，体现了一个基层文化干部的责任担当。

全省1500个乡镇（街道），不知有多少像应秀华那样的乡镇文化员，在为普查四处奔忙，为抢救遗产日夜辛劳。他们也许正在召开"五老"座谈会，排摸线索；也许正在老艺人的家里访谈，认真采录；也许正在挑灯夜战，整理普查资料；也许正在研究如何把保护工作落到实处，为领导当好参谋；也许正在筹划展示活动，打出非遗品牌……文化站长是最小的文化官，他们每天做的都是很具体的事，他们不见得做出改天换地的业绩，却也是做着事关全局的大事。如果没有这些成千上万、普普通通、默默无闻、任劳任怨、埋头苦干的乡村文化官，我省非遗保护工作能有一个走在前列的成就吗？

应秀华等文化站长们身上所体现出的强烈的责任意识，是一种优秀的品质。民间故事中的"英雄"，无一例外都是勇于承担责任的人。敢于承担责任，是人民群众对英雄人格、理想人格的一种向往。只有敢于承担责任，才能对自己所从事的事有一个清醒的认识，找到自己一切努力的意义所在，快乐所在；才能充满激情地投入到这份事业中去，不畏艰难，不懈追求。

富于责任感，绝不是让你内心被压满沉重的重担，让你活得很累，充满了焦虑，不能稍有喘息，相反，责任使你健康向上，使你有一个阳光的心态，把你潜在已久的力量激活。责任可以转化为一种动力，以更大的热情和信心，克难攻坚。有了一种责任感，我们平凡的日常繁复的工作就变得更有意义了。

乡镇文化站长是我们工作的中坚力量，是基层文化工作的直接组织者和实施者，他们的认识水平和责任意识，对于落实文化工作方针，对于工作成效，至关重要，举足轻重。乡镇文化站长往往一岗多职，"上面千条线，下面一根针"，承担的任务十分繁重。我们保护工作的根基在基层，上级的文化部门应心里想着基层，工作面向基层，把重点放在基层，把工作做在基层，多关心、体察基层文化干部的疾苦，了解实情，排忧解难，为之鼓与呼，使其工作条件和生活条件得到改善。

非遗保护事业是一项需要抓住不放、下大力气的工程，需要更多的同志脚踏实地去实践，需要我们付出更多的艰辛的汗水。我们的事业，需要更多的山乡"孺子牛"，甘愿吃苦，勇于奉献；我们的事业一定会涌现出更多的"应秀华们"，塑造着可爱可敬的文化站长群体形象;我们的事业,有待于各位写下创业新篇章。

应秀华和"应秀华们",新世纪非遗保护的历程将留下你们的履痕,人们将不会忘记你们的奉献和贡献!

2008 年 4 月 15 日

# 一群老人再出发

在浙江非遗普查中，有一个特殊而普遍的现象，"五老"发挥了重要作用。这"五老"是指各地的老干部、老教师、老文化、老艺人、老土地。这些老人，退而不休，老有所为，贡献余热，投身到新世纪初的非遗保护事业。其中不少老人，参与了前几年的民间艺术资源普查，又投入到这两年的非遗普查之中。

近期，到温州调研，跑了几个县，当地文化部门的同志谈起"五老"，都是感慨良多。这里枚举几位老人的事例。

徐兆格是平阳县文化馆退休干部，卓乃金是平阳县木偶剧团原团长，为了调查布袋木偶表演艺术，他俩可是跑遍了全县 15 个乡镇、50 多个行政村。他们采访了40 多位木偶老艺人和 30 多位木偶老艺人的遗属，还走访了 30 多个民间布袋戏班，终于记录下了 40 多万字的有关资料，拍下了 1400 多张照片。

泰顺县泗溪镇的退休教师汪茂序，已经 82 岁了。他主动打电话给县非遗保护中心要求参加非遗普查，考虑到他年事已高，保护中心的负责人有些犹豫，老人依然"强烈要求"，并表示身体没问题。普查半年来，他走村串巷，一边调查一边记录，整整收集了 400 多条线索，详细记载、绘制非遗资料的笔记本就达厚厚的 8 本，获得了大量的珍贵资料。

文成县的包圣高老人，对当地的民风民俗比较了解，但他依然怕错过好东西，生怕漏了哪一项漏了哪个人。普查"飞云湖洞背洞传说"，由于采访量大，下乡好几次，甚至徒步几十里山路数次来回。该县的罗静荣和郑永忠等普查人员在抢救民间艺术"集锦头通"中，听说珊溪镇有位老艺人已经年高病重，住进了医院，他们赶紧把"工作室"搬进了医院，在老艺人病重的时候帮助照料他的生活，等老艺人病情好转的时候就加紧进行普查记录。就这样，经过七天七夜的"贴心"调查，"集锦头通"完整地保存了下来。

抢救性地收集这些"遗珠"并非易事，其中有很多不为人知的辛苦和心血。前面提到的几位老人,只是我省众多"五老"的一个缩影,只是我省"五老"现象的一个写照。

据各地统计,全省参与非遗普查人员在23万多人,其中"五老"上10万人。这支素质较高、人数众多、覆盖面广的老年志愿者队伍,是这次非遗大普查的主力军,是非遗普查的有生力量。他们在这次普查中表现出来的热情和干劲,让很多年轻人望尘莫及。他们满腔热情,不辞辛劳,淡泊名利,脚踏实地,做了大量卓有成效的工作,发挥出独特优势,发挥了重要作用,受到各界的赞誉。

"五老"以极大的历史责任感参与到这项工作中,成为非遗普查工作的重要力量,有其必然性。老同志有保护文化遗产的满腔热情,有丰富的经验,有良好的精神风范,有优良的传统作风。老同志有威望优势、知识优势、经验优势、时间优势,还有一个亲情优势,对整个社会有特殊的号召力和影响力。老同志所具有的诸多特殊优势,不可替代。"五老"成了非遗普查第一线的"战斗员",优秀民族文化的宣传员,文化生态保护的监督员。

非遗工作必须动员社会各方面力量来参与。我们要继续宣传非遗保护的重要意义,动员更多的老同志参加,特别是动员刚从工作岗位退下来的老同志参加非遗工作,使这支队伍不断扩大,使更多的老同志发挥专长,发挥优势,发挥作用。我们要坚持自愿的原则,坚持就近方便的原则,坚持量力而行的原则,尽力多方面关心老同志,展现他们的才华,关心他们的健康,帮助他们解决工作中遇到的困难,保护好老同志的积极性。

实践证明,非遗普查和抢救保护工作,是老同志老有所为的重要舞台,老有所学的课堂,老有所乐的场所,为社会作奉献的阵地。老同志在非遗保护中,大有可为。各地在"五老"参与非遗保护的实践中,已积累了不少经验,探索了一些规律,要积极总结和运用,不断赋予新的内涵和新的手段,抓出特色,抓出成效。

"五老"在文化遗产保护事业中体现出的"乐于奉献、勇于承担"的精神,应该成为我们共同的价值追求。

2008 年 5 月 15 日

# 普查员礼赞

　　浙江省非遗普查成果展,一排排、一叠叠的普查资料汇编本,像一条绚丽的彩带;一块块展板、一幅幅图片,犹如一道亮丽的景观。感染着、感动着出席全国非遗普查工作现场会的每一位代表。

　　这是全省 23 万非遗普查员的奉献,这支雄壮的队伍,成就了这累累硕果。

　　每位普查员都是一首歌。多少普查员顾大家,牺牲小家,动员全家参与普查;多少普查员克勤克俭,却毫不吝惜地自掏腰包下乡,自带设备,采风记录;多少普查员不计名利,帮助传人整理资料,不署名、不谋利;多少普查员没日没夜、经年累月投身于普查,乐于奉献、勇于牺牲。

　　每位普查员都是一首诗。普查员们奔走疾呼,慷慨激昂,他们沉浸于民间传统的一技一艺,将心中的诗意融会于其中,表达了最朴素的思想和情感;他们又超越于民间传统的一技一艺,让将发生的未必发生,让过去的并未真正过去。普查员们,矢志不渝地传承绵延着属于民族的文脉,也属于我们自己的文化记忆,抒发为了列祖列宗、子孙后代的大爱情怀。

　　每位普查员都是一幅画。我们有着优秀的历史文化传统,但曾经的花团锦簇、曾经的绚丽多姿,在全球化的背景下,变得容易迷失,变得面目模糊。曾几何时,当我们讲到历史文化遗产,夺目而至的已然是"抢救"、"危机"、"尴尬"等字眼。无论时空怎么转换,我们依恋文化记忆的温暖,也渴慕文化憧憬的力量。我们定出时间表,排出任务书,挂出作战图,会同成千上万的普查员共同绘就浙江非遗资源的绚丽版图。

　　每位普查员都是一盏灯。在全球化的背景下,人民群众生活的许多方面被改变,已经是一个坚硬的事实。文化的传承将在不同的时代,面临迥异的挑战,历史也总在异质文化的碰撞中获得创造性发展的契机。非遗保护在历史记忆的出发点,也将在历史绵延的进程中,显现出光阴流转、传统纷呈的态势,折射出祖国民族文化今天和明天的美好情景。

每一位普查员都是功臣。在文化部门的统筹之下,普查员们进村入户、走街串巷,追踪蛛丝马迹,走访传人,排摸和搜集了难以计数的线索;他们风里来、雨里去,冒酷暑、战严寒,拾遗补阙、查漏补缺,调查挖掘,采集成果;他们夜以继日、废寝忘食,扎实苦干、求真务实,整理资料、分析研究,了解非遗项目的丰富内涵,认识其价值,扩大其影响;他们是民族文化麦田的守望者,是民族文化家园的守护者,为守护民族文化而戮力同心。

每位普查员,都体现着一种精神,体现出超凡的境界。千万名普查员凝聚和铸就了"齐心协力、敢为人先,排除万难、忘我奉献"的非遗普查精神,彰显一个时代信念的力量,彰显了一个时代的"奇迹"。

2009 年 2 月 13 日

# 非遗兄弟连吹响集结号

有天逛书店,瞄到一本外国小说《兄弟连》,这是一本描写二战战场的书,连里的士兵们,在战场上相互勉励、彼此关爱,对战争的恐惧一时间仿佛消失了。据说美国大导演汤姆看了朋友推荐给他的《兄弟连》,埋怨道:"你怎么不早些拿给我看!"之后,一部同名电视剧享誉全球。

每天一走进办公室,打开电脑,拥有 200 名成员,覆盖全省各市县的群友的身影,就在屏幕上闪烁。这支队伍,有个响亮的名字:非遗兄弟连。这是全省以年轻非遗干部为主体的非遗工作者的集结。

QQ,这年头比电话还重要。现代人都患有孤独恐慌症,手机一刻都不离身,生怕整个世界与你失去联系。QQ 是网络一族的必备工具,所有网上网下的朋友,都在 QQ 上有个头像,一个 QQ 可以装下上百或数百个朋友,只要你上网,上百个数百个头像闪烁,滴滴声敲门声此起彼伏,那是相当的热闹。

兄弟连的 QQ 群友,不在庙堂之上,不在林林总总的聚光灯下,他们在基层、在乡间、在"边缘"。兄弟连的群友,分散在各地,在各自的岗位,不一定有机会经常见面,但只要有事,不论年龄大小,不论级别高低,不论区域远近,一个帖子,召之即来,来之即办;兄弟连的朋友,不一定是生死之交,但肯定是你办事我放心;兄弟连的朋友,不一定有劳模的荣誉,但深更半夜了,你有疑难,鼠标移动,肯定有人与你呼应,尽力相助。

兄弟连的群友,可以说是新时期非遗保护的职业人群。正是这群抱有理想的非遗保护工作者,造就了浙江非遗保护工作的成就,为浙江走在前列立下了汗马功劳。他们行走在乡间小道,走村串户搞普查;他们推进非遗项目保护、促进非遗传承,不遗余力;他们举办展演、展示活动,给群众带来欢乐;他们策划的每一项活动,推出的每一个非遗精品,都让我们常记在心;他们关注着基层百姓的文化需求,内心火热,富有激情;他们埋头苦干,兢兢业业、勤勤恳恳;他们我心飞扬,个个神采飞扬;他们聚集在一起,志同道合;他们议论纷纷,建言献策;他们成长于数字化时代,善于通过网络共事;他们追求速度,追求效率,喜欢创新,崇尚创业,成为非遗保护的中坚力量。在兄弟连 QQ 群的闪闪头像中,每一个都是最可爱最优秀的人。

2009 年 12 月 17 日,省非遗办在嘉兴市举行非遗工作 QQ 群群友座谈会,部分群友代表从虚拟世界走出来,为群的建设,为群所起到的效果,为浙江非遗工作,畅所欲言,各抒己见,献计献策。我理想中的兄弟连,不是桎梏于被管理、被指挥、被动接受指令任务的工作区间,而是一个生动活泼交流、注重创造力发挥的工作空间。大家可以在这里互通信息,所见所闻、所思所想互相交流,分享快乐、分担忧愁,互相帮助。

我作为兄弟连的一位胡子兵,为大家对非遗事业的殷殷之情而深深感动。非遗让我结识了一位位群友同仁,有一帮志趣相投的朋友,有一生乐于为之奉献的事业,是人生莫大的幸福。其实,在尘世间,一个群体,只要共同经历了一段热血澎湃、激情燃烧的岁月,艰苦创业、共同奋斗的日子,都会有一些刻骨铭心的东西留在彼此的记忆里。从这些 QQ 群友身上,体现着兄弟连的性格,体现着非遗人的精神。领悟到一个道理,有理想并执着于追求理想的人,快乐也总是伴随着你。

如果你也想加入非遗兄弟连,过一把群生活,现在你就登陆兄弟连 QQ 群吧,群号:22480847,群主:奇迹。

非遗兄弟连,没有枪,没有炮,只有一把冲锋号!

2009 年 12 月 17 日

# 亲，省非遗办招人啦

浙江省非物质文化遗产保护办公室（省文化厅非遗处）招聘3名工作人员（具体岗位附后，此略）。

非遗是一个美丽的事业，是一个浪漫的事业。

关于非遗，向您做一简明的介绍：

老天爷留下来的是自然遗产，老祖宗留下来的是文化遗产，文化遗产包括物质文化遗产和非物质文化遗产。

物质文化遗产主要为大遗址、古城古镇古村里边的遗址遗迹遗存，以及民间存世的和地下出土的古董古物古玩。

非物质文化遗产包括传统文化表现形式和传统生产生活方式等。目前，国务院公布的非物质文化遗产名录，分为十大类：民间文学、传统音乐、传统舞蹈、传统戏剧、传统曲艺、传统体育与杂技、传统美术、传统技艺、传统中医药、民俗。目前，非物质文化遗产没有边界，包罗万象。

关于非遗事业，向您做一简单介绍：

非遗保护事业，是一个古老的话题，也是一个全新的工作。新世纪以来兴起的这项事业，至今已十年。

这十年来，这项事业从无到有、从小到大、从弱到强，从这一概念都说不清楚到成为社会的热门词。

这十年来，我省作为全国非遗保护的综合试点省，非遗普查浙江模式，非遗名录浙江现象，非遗保护浙江经验，干在实处，走在前列。

这十年来，在浙江大地上，非遗项目星罗棋布，非遗活动百花齐放，非遗基地千姿百态，非遗之花万紫千红。

这十年来，国家颁布了《非物质文化遗产法》，浙江省人大颁布了《浙江省非物质文化遗产保护条例》，有法可依，有法必依，依法行政，依法保护，非遗事业呈现蓬勃景象。

这十年来,全省基本完成了非遗保护工作机构体系的组建,全省 11 个设区的市和 90 个县(市、区),经当地政府编制委员会批准,全部建立了非遗保护中心,并逐步在各级文化行政部门建立非遗保护职能处(科)室。

这十年来,全省打造了一支具有超常意志力和战斗力的队伍,这支队伍被评价为具有超常的热情、超常的干劲、超常的作风、超常的奉献,也创造了超常的业绩!

关于省非遗办,向您做一简要介绍:

浙江省非遗保护办公室(省文化厅非遗处),是一个具有高度荣誉感和责任感、使命感的群体,是一个磨练意志力和锻炼工作能力的平台,是一个纵向贯穿到村,横向协调各方的职能工作机构,是一个能够充分展示才华、充分展示个人能力的舞台。

在省非遗办,不讲年纪大小、不讲职务职称高低,不论男女,不论学历,不论资历,不论在编不在编,只要想干事、肯干事、能干事、敢干事,都会给予创造条件和机会。

在这个机构,你将有人生出彩的机会和梦想成真的机会。你可以充分发挥聪明才智和主观能动性,奉献事业,建功立业。

在这个机构,5+2,白+黑,礼拜六肯定不休息,礼拜天也不一定休息,加班加点是常态,上山下海调研和指导工作是职责,也许你要起得比鸡早,睡得比狗晚,干得比牛累。

吃不起苦的不要来,不能长久吃苦的也不要来!

明知山有虎,偏向虎山行的,欢迎来!

有追求,有梦想的,欢迎来!

美丽浙江需要美丽非遗,美丽非遗事业呼唤最美非遗人!

亲,非遗办喊你们来报名啦!

2013 年 1 月 5 日

# 非遗办新来的年轻人

当年，王蒙写过一部长篇小说《组织部新来的年轻人》。这部书一直想找来看，但又一直太忙，直到今天已近知天命之年了，还没有找来拜读。

老之将至，也特别有意关注年轻人的成长。省非遗办事务多，人手缺，我们采取基层青年骨干上挂培养的办法，解决缺编缺岗问题。发函给各地，很欣喜推荐上来数位年轻的同志，而且多位担任着基层文化馆副馆长、非遗中心副主任，应该都是素质很高的，有一定能力的。但我还是依照老规矩来，出了几道笔试题，加上几道面试题，测试推荐上挂人员对非遗保护的认识和热情、基本素质素养、思想思路是否开阔等。考过了，人人过关，照单全收。这样省非遗办充实了 5 位 70 末和 80 后的年轻人，这些青年骨干的加盟，使我们的工作充满了生机，使我们的事业如虎添翼。

这些年轻人满怀激情，思维活跃，有不少好创意，我们一一采纳，我们的工作更有亮色。讨论研究 2009 年上半年工作安排时，为锻炼年轻人，我决定采取项目负责制，要求各位自领任务，自找工作伙伴配合，各自相对独立承担工作任务。程琳菲具体负责首届浙江·中国非遗节的策划和筹备，并负责浙江参加成都国际非遗节相关活动的策划和协调；郑金开具体承担浙江省民俗文化促进会筹备事宜；吴海钢具体承担浙江省非遗普查十大新发现、非遗保护十大新人物的评选事项；周方具体承担浙江省非遗代表作丛书的编撰，以及非遗数据库建设等科研事项；刘斐具体承担第三批省级非遗名录项目的申报和评审事宜；邵富瑛具体承担浙江省民间文化艺术之乡的申报评选，省非遗专项资金补助安排事宜。当然，非遗办现在是老中青三结合，配置相对合理，老同志和中年同志自然在有些工作上还得参与把关，给予指导。

这些年轻人一个个当仁不让，转换角色，担纲主演，协调各方，大胆工作，一件件事情做得很漂亮。为了繁重任务的落实，工作的出色，加班加点，习以为常，可谓是五加二,白加黑,星期六肯定不休息,星期天也不一定休息。这些年轻人是加班族的典型代表。虽然挂职的日子里,生活清苦、工作辛苦、环境艰苦,但他们愿意接受挑战。当一项工作筹备就绪,大幕拉开,幕后的他们虽然无名无利,但一样体验着成功的喜悦!

这些年轻人成长在数字化时代,他们追求速度、效率,电脑、网络等现代工具玩得很转,他们快捷如飞地在电脑上打文章,改文章,发伊妹儿,发照片,上网查信息,查资料,运用非遗网、QQ群与全省的年轻的非遗工作者形成畅通的信息渠道。打字机、复印机出了故障,出现了莫名其妙的问题,他们几下就手到病除。一出门开会或参加活动,照相机、录音笔、手提电脑全副武装,得心应手,人家还当是媒体的哪位记者。他们不曾专门学过,而是在使用中精通,在游泳中学会游泳。

社会的飞速发展,造就与前人不同的新一代。他们新潮,但不缺乏传统的情怀;他们有个性,但不缺乏正确的价值观;他们有些娇气,但不缺乏责任担当;他们追求自主,不循规蹈矩,但少了虚假和浮夸;他们不盲目崇拜权威,不盲从权力意志,但多了不少真实和实在。从他们身上,我看到了更多我们这些前辈所不具有的优点和优势。

我在非遗办不讲学历、不讲职称、不讲年龄、不讲资历,唯才是举,想干活有才干就给你平台,努力营造民主平等的上下级关系,给这些年轻人更多的呵护、鼓励与肯定。只要我们对年轻人充满期待,用真诚和包容给以关爱,用信任放手给以壮胆,用点拨指导给以传帮带,这些年轻人他们懂得珍惜所拥有,懂得肩负应该的担当,他们在事业的开拓中,将干得自信,干得充实,干得快乐。

这个时代的年轻人,愿引领时代的风骚!让我们大家共同为年轻人的起飞修建一条跑道,为年轻人的成功搭建一个平台,为年轻人的远航升起一片风帆。

2009 年 3 月 10 日

# 新生代非遗人的担当

2013 年 6 月 26 日,浙江省非物质文化遗产保护工作研讨班在德清县莫干山举行,此次研讨班特意邀请我国非遗方面的多位专家,围绕即将开展的第四批国遗申报工作,有针对性地为全省一线非遗工作人员进行了非遗保护和项目申报方面的培训和研讨。

这个研讨班,参加者几乎都是年轻人、新面孔。回想新世纪初刚起步非遗保护工作的时候,每每会议,台下总是白头发多黑头发少,都是上了年纪的人在保护。

老的一批非遗人,包括还在岗位上的五十多岁的老文化,也包括退休返聘的"五老",他们投身于当时的民族民间艺术资源普查和非遗普查,都是一腔热情,满腔情怀,对非遗这个事业都很热爱,很有一些研究,都有一种使命感、责任感、紧迫感、危机感,对省里的部署都很响应,工作很主动,忠诚于事业,竭尽全力,都有种无私奉献的精神。

现在,老的一批非遗人多数已经退出岗位,全省整个非遗工作队伍有点青黄不接。在省里推动下,在各地党政重视支持下,全省 11 个市、90 个县市区都经当地编制管理部门批准,建立了非遗保护中心,全省省市县三级非遗中心全覆盖。而且,有些地方在当地文化行政部门机构改革"三定"方案中,设立了非遗处、非遗科。我省无论从行政还是事业层面,非遗队伍建设逐步有了保障。

当下,70 后这一批正年富力强,已经担当责任进入角色挑起大梁,但这个人数不多。80 后的非遗人正在涌现,成为业务骨干,但人数也不多。这里指的新生代非遗人,主要是指非遗机构建立后新进入非遗岗位的新生力量。非遗事业扩大以后,各地招收了一批大学毕业生,学各种专业的都有,不少都是 985、211 名校毕业的,而且还有不少研究生,这些吸收的新鲜血液、新的力量,很有朝气活力,都有自己的独立思考,思维很活跃,对新鲜事物更加开放,具有较强的创新精神。除了以上一些共性的优势,他们身上各自有着独特之处。

未来的时代,毕竟属于更加年轻的他们。只有把新生代非遗人队伍培养好、建设好,才能实现我省非遗事业的可持续发展,才能实现加快非遗事业转型升级的目标。

对于新生代非遗人的培养,有几种途径:

开阔视野很重要。理论上说,现在的年轻人视野很开阔,随手捏着手机,随时在上网,过眼的信息量很大。但是,信息太泛,比较肤浅,浪费时光。要走在前列,就要站在人家的肩膀上,站得更高看得更远。可以采取上挂锻炼、横向交流,包括向兄弟省市学习取经,特别是参加专业专题论坛,交换思想,开阔视野。

能力培养是根本。最基本的是办文办会办活动,还有采风调查记录、课题研究。在互联网时代,运用信息化能力,是个捷径。非遗是跟人打交道,非遗事业是通过群众运动进行,要注重组织协调能力和人际交流能力的培养。实践出真知,磨砺长才干。

专业素质是基础。要熟悉和掌握相关政策法规,了解财务规定,要有一专多能,非遗保护中心干部不多,非遗专业门类多,涉及面广,在专业素养上要有专长还要有综合性素养,这点要向文化站干部学习,上面各系统,下面大总统,上面千根线,下面一根针,样样能,件件会。要强化教育培训,还可以采取导师制度,老一代非遗专家与新生代非遗人做好传帮带。

要善于思考。有句话很好,"读万卷书不如行万里路,行万里路不如阅人无数,阅人无数不如名师指路,名师指路不如自己去悟"。行成于思,思想是行动的指南,要创新非遗事业发展理念。

老一代非遗人激情洋溢,热情似火,热血澎湃,使命高于生命。一项事业的传承,不仅是工作的交接,经验的传授,更是一个工作系统核心价值观和精神的传承。浙江非遗人"有信念、有激情、有才干、有智慧、有担当、有情怀",凭借着创业创新激情,成就了一番大事业。要根据当前的形势任务,结合新生代非遗人的特点,引导和培养他们成为"政治强、素质好、干劲足"的新生代非遗人,成为文化事业发展繁荣的推动者和建设者。

浙江非遗人的荣光,是走在全国前列。新生代非遗人的担当,是继承事业,开拓未来。领先者只有一个,只有付出比别人更多的努力,才能成就精彩人生。

实现非遗梦、青春勇担当!

2013 年 6 月 26 日

# 社会热点就是提案重点

这几年,非遗成为政府工作、媒体宣传和民间关注的热点。这几年,每年一度的人代会、政协会议,非遗总是热点或热点之一。这几年,浙江非遗工作走在全国前列,人大、政协的作用至关重要。

记得 2007 年,为了解全省非遗保护状况,在省政协副主席李青的领衔下,省政协文史委开展了历时半年多的调研。在大量实地调查和资料收集的基础上,省政协办公厅向省委、省政府递交了专题报告《让非遗保护工作继续走在前列——关于对我省非遗保护工作的建议》。这份专题报告,调查范围广,客观真实,针对性强,研究深入,对实际工作有很大的参考价值和指导作用。

这份报告受到了省委、省政府的高度重视。2008 年 1 月,省委书记赵洪祝作出重要批示:省政协围绕我省非遗保护工作开展了调研,提出了很好的意见和建议,请文化等有关部门阅研,把全省的非遗保护工作向前推进一步。依照赵书记的批示精神,依照省政协的有关建议,省文化厅抓住有利时机,促进了省非遗保护中心的建立,促进了全省非遗资源的大盘点,促进了优秀文化传统的弘扬光大。

李瑞环主席曾提出:"搞调查研究、建言立论,政协有优势。"其实,何止政协,人大同样有着得天独厚的优势。这优势体现在哪里?怎样运用人大、政协的优势,运用人大代表、政协委员对非遗保护的热切关注,推进非遗工作?

人大、政协人才荟萃、智力密集。代表、委员们有的来自党政机关,熟悉政策法规;有的是专家学者,专业水平很高;有的来自一线,实践经验丰富。人大代表、政协委员分布面广,联系广泛,能够凝聚方方面面的真知灼见,集中各方面的正确意见和智慧。

人大、政协实事求是、科学务实。了解情况、摸清家底是做好任何工作的前提。为了搞好这些议案、提案,往往由人大、政协领导带领,各位代表、委员以高度的责任心和极大的参政议政热情,进行深入的调研,进行认真的讨论,举办专委会或约谈会,情况摸得清,问题找得准,分析入木三分,建议高人一筹,最终形成了可供党政领导决策参考的意见建议。

人大、政协位置超脱,视野宽阔。人大、政协上达党委政府,下达社会各界,能够发挥民主渠道作用。人大代表、政协委员愿讲话、敢讲话、讲真话,真诚建言,求真务实。反映情况实事求是,不刻意回避现实中的矛盾和问题,对策建议不说虚话套话,所提的议案提案具有天然的公信力,党政领导听得进,人民群众信得过。

人大代表、政协委员忧国忧民、一腔情怀。非遗是中华民族智慧与文明的结晶,承载着民族文化的基因。非遗以声音、形象和技艺为表现手段,以口传心授、言传身教而传承,是文化及其传统中最脆弱的部分。面对全球化现代化冲击,大量非遗面临濒危状态,岌岌可危。人大代表、政协委员对之心急如焚,为延续民族文脉、守护精神家园奔走呼号,为之鼓与呼。

人大、政协充分发挥民主监督和参政议政的职能,积极发挥协调关系、汇聚力量、建言献策、服务社会的作用,在非遗保护方面,做了大量卓有成效的工作。人大代表、政协委员们的议案提案得到了党委政府的重视,得到了承办单位的重视,多数的意见建议被认真吸收和采纳,得以实施和落实。对长远的涉及面广的问题,在深入研究论证后,也有了明确的计划和安排。人大、政协议案提案促进了非遗保护问题的解决,促进了非遗保护水平的提升。

文化行政部门要增强运用人大议案、政协提案促进问题解决的意识。人大代表的议案、政协委员的提案,对于我们做好非遗保护工作具有重要的现实意义。如何将议案提案尽快转化为推进事业发展的动力,是文化部门的职责和任务。各地应重视发挥和运用人大政协参政议政的优势和重要作用,借助力量,借题发挥,促进非遗保护,促进社会文明进步。

非遗保护事业任重而道远。可以预见,非遗保护,将在很长一个时期依然为社会关注的热点,也必然为人大、政协议案提案关注的重点。

2009 年 1 月 23 日

# 非遗保护，高校扮演什么角色

如何发动社会力量，尤其是具有学术优势的高校、研究单位的力量参与非物质文化遗产保护工作，充分调动他们的积极性、创造性，为保护工作所用，是一个现实而且紧迫的问题。

非物质文化遗产涉及面广，需要多学科参与，特别在当前非物质文化遗产保护深入阶段，更需要发挥高等院校、科研机构高端人才荟萃、智力密集、学科交叉的优势，鼓励支持开展理论与实践结合的科学研究，运用科学理论指导实践、推动工作。同时，也为高校争取到更多的人文资源，搭建良好的学术环境和发展空间。

2006 年"文化遗产日"，浙江省文化厅与浙江大学、浙江师范大学、杭州师范大学分别合作共建高校浙江省非物质文化遗产研究基地，并为之授牌。三个研究基地将在参与浙江非物质文化遗产代表作申报、丛书编撰、课题研究、保护实践等方面发挥积极作用。

2007 年 3 月 19 日，浙江省文化厅召开高校非物质文化遗产研究基地工作会议，就制订非物质文化遗产科研规划，落实重点科研项目，推动科研的合作与交流，浙江人类非遗申报预备项目清单论证及落实申报文本编制单位，提高非物质文化遗产的保护管理水平等问题作专题研究和协商。浙江省文化厅与有关高校的科研合作，注重将当前非物质文化遗产保护工作进程中的重点、难点、热点作为研究的切入点，注重探索校、地协作的最佳结合点，注重从省级和县城两个重点层面进行探索，增强非物质文化遗产科研的前沿性、前瞻性，遵循客观规律办事。

高校非遗研究基地参与非物质文化遗产保护，着力于两个方面：

一是"对上"回答问题。非物质文化遗产保护是一项具有探索性的事业，有许多疑难杂症，需要破难攻坚。浙江省文化厅根据有关高校的优势，将非物质文化遗产生态保护区建设，分布图编制、数据库建设，知识产权保护等重点课题项目，采取课题申报和项目招标等方式，分解给有关高校进行重点课题协作攻关，由高校在理论与实践结合上,整合力量,组织专家集中攻关,重点突破,为保护工程的开展提供决策依据,提供理论指导,提供模式选择。

二是"对下"解决问题。县域非物质文化遗产的保护举足轻重,但基层普遍专业力量匮乏,缺少科研实力,让高校研究基地工作落地,一竿子插到底,介入县域非物质文化遗产保护工作是十分必要的。为此,省文化厅牵线搭桥,金华市和杭州市余杭区、临海市、江山市、海宁市、安吉县、龙游县等七市县,与三个高校非遗研究基地签约挂钩结对。高校研究基地将结合自身的优势、特长,结合各地实际情况,在相关地区非遗资源普查、建立资料数据库、成果编撰、推出保护载体、打造品牌、知识产权保护等方面全方面介入,帮助基层出主意、想办法,解决遇到的难题,使科研工作生根落地,开花结果。以点及面,点上工作的深化和拓展,从中积累经验,探索规律,有利于为省里提供不同区域开展非遗保护工作的模式和示范。

非物质文化遗产保护是一项复杂的社会实践,没有现成的经验可以借鉴。高校参与非物质文化遗产的科研,要坚持专家立场、学术视角,同时也应避免片面追求高深的理论为研究而研究的倾向;要投身非物质文化遗产保护实践,结合实践进行理性思考,注重科学性、可行性、实效性,以更加符合社会需求,更加顺应非物质文化遗产保护事业发展的需求。

当下的非物质文化遗产保护缺乏破解非遗事业发展难题的思路和睿智。高等院校担负着传授知识、承递文化、弘扬道义的职责,时代呼唤高等院校师生投身于火热的非物质文化遗产保护实践,成为非物质文化遗产保护的技术专家和决策智囊,成为非物质文化遗产保护的中坚力量。

2007 年 5 月 10 日

# 为操着一口海盐腔的
# 在杭非遗专家群体点个赞

海盐城市中心广场,有一面新筑起的墙,名字叫"城市记忆墙",用许多老照片凝聚了城市的变迁和发展,承载城市的历史印迹。

就在这个广场的西面,有一个传统建筑群,据说是明朝的结构,有清朝、民国、新中国建立以来各个年代的老房子。这是立体的城市记忆。

海盐县文广新局郁局长约我请几位专家对这个传统建筑群的定位和如何体现地域人文特色,成为人文城市对外展示的窗口,进行论证和指导。

我第一念头就是把海盐籍的省非遗专家约请回家乡出谋划策。列入省非遗专家委员会名单的或者没有列入名单但实际上也是非遗保护专家级志愿者的"海盐人",掐指一数,居然有六七位。

杭州市文化馆副馆长林敏,之前担任杭州市非遗保护中心主持工作的副主任,他从 21 世纪以来兴起非遗保护工作,差不多有八九年光景一直干非遗。林敏的确灵敏,点子多,思想活跃,思路开阔,又很踏实。杭州市 20 多个项目成功入选国家级非遗名录,还有多个项目列入联合国教科文组织"人类非遗代表作"的子项目,林敏的努力和辛劳倾注其间。

中国美院社会科学部主任王其全教授,也是几乎与非遗保护的兴起同时期,一直参与这项工作,成为我省传统工艺美术领域的核心专家和非遗馆建设这一新领域的勾画设计翘楚。

杭州师范大学浙江省非遗研究中心主任顾希佳,在民间文学和民俗方面,有着很高的业务造诣,著作等身。他曾在一次讲座中说,一定要立定志向,耐得住寂寞,孜孜不倦地追求下去,这才是做学问的"真谛"。这应当也是顾教授自身的写照。

省民间文艺家协会副主席兼秘书长蒋水荣,作为民间文艺团体的具体负责人,不断拓宽工作领域,积极带领民间艺术家们投身非遗保护,担当起优秀传统文化传承的责任和使命。

省文化信息中心主任高超云,负责省文化厅的政务网和文化信息网。他以宣传、展示浙江文化为使命,不辞辛劳,热情迸发。特别是对于非遗保护有着特别的情怀,给予重彩浓墨宣传。

杭州电视台影视娱乐频道节目部主任祝晓辉,介入非遗保护工作不久,但是对于非遗方面的各项活动,总是特别关注。"浙江好腔调"传统戏剧系列展演和系列研讨,他和他的团队当仁不让参与全过程跟踪记录录制和即时报道。

海盐是个有着悠久历史的文化名城,山水多奇秀,无处不人文。这里走出来的文化人,有个共同点,不但尽染文化气息,而且脚踏实地不尚空谈,无私忘我不计得失,有一种文化情怀和责任担当。

亲不亲故乡情,甜不甜故乡水,故乡的乡土文化保护,海盐籍的专家当然是觉得义不容辞,责无旁贷。重走杨家弄古街区,他们触景生情、情绪泛滥,提出了"保古街、复风貌、继文脉、多场景"的思路,把古街区打造成具有深厚历史底蕴、鲜明地域特色的人文魅力空间的构想,为古街区的保护提供决策参考。

海盐人为海盐"留住乡愁"是情分,海盐人为"陈列在大地的遗产活起来"做贡献是责任。

这些在杭州操着"海盐腔"的非遗专家和志愿者,以他们的学识、智慧、创造力,推动着我省非遗事业的前行。在杭州的"海盐帮",成为我省非遗保护的一支不可或缺的重要力量。

在非遗的大旗下,我有幸与海盐籍在杭非遗专家群体十分熟稔、多有交流。他们在时代的诱惑面前踏实、执着、有定力,他们的目光一直聚焦非遗这片热土,不断在挖掘非遗的深井,掘出甘甜,滋润着人们的心田。这个群体,个性都很突出,但为非遗梦想和衷共济。他们都很接地气,都坚守传统,都激情迸发,都极为出彩。他们的影响具有全省性,甚至有的在全国专业领域都已然有一定地位。

春色满园关不住,七八枝红杏出墙来。用于海盐籍在杭非遗专家群体,倒是恰如其分、生动形象。

2014 年 4 月 11 日

# 您愿意当一个非遗志愿者吗

"寒来暑往走过几度春秋，神圣的使命深深铭刻心窝……"一首非遗志愿者之歌唱出了浙江省非遗工作者十年的奔波辛劳。

2014年4月23日，浙江省非遗志愿守护行动在浙江德清县启动，由此，浙江非遗工作将注入"全民参与"的新鲜血液。

志愿者是什么？有志且愿行者。非遗志愿者是指不以物质报酬为目的，利用自己的时间和传统文化艺术技能，自愿为社会公众和传承人提供公益性宣传、展示、服务活动的群体和个人。专职非遗工作者是主力军，非遗志愿者队伍则是生力军。与普通志愿者不同的是，非遗志愿者的专业性更强，更有文化自觉和文化情怀。

德清是浙江省非遗保护志愿者社团建设鲜亮的典型，该县建立了非遗保护志愿者协会、乡土非遗馆合作社。德清非遗保护志愿者协会与乡土非遗合作社的455名成员，来自村镇各行各业，因保护传承美丽非遗这个共同目标走到了一起。

启动仪式上，农民陈景越的普通话并不标准，带着浓厚的吴侬方言，但在念志愿服务倡议书时，他声音洪亮："非物质文化遗产是我们祖祖辈辈用血和汗、聪明与智慧创造的精神家园，但它目前处于濒危边缘。让我们携起手来，行动起来，加入非遗保护的行列。"

国家级非遗项目扫蚕花地传承人徐亚乐，是这455名志愿者中的一位。今年已68岁的徐亚乐，在老年大学教授民间舞和民族舞。上世纪80年代帮助演绎扫蚕花地老艺人整理曲目的她，在老艺人去世后扛起了传承扫蚕花地的担子。

"非遗其实也可以青春时尚，当然这需要我们青年投身其中，带给它更多的现代元素。"德清县乾元镇"非遗"志愿者协会秘书长金湖明表示，"只有更多的年轻人爱上非遗，才能真正传承保护非遗。"

德清仅是浙江非遗保护志愿者工作中的一朵花。据了解，目前浙江全省已有

10 多所高校、8 个设区的市、30 多个县（市、区）建立了非遗保护志愿服务组织，组建了非遗保护志愿者社团 50 多个，全省非遗志愿者社团会员数已达 5700 多人，而实际参与非遗普查和保护的志愿者多达 23 万人。

遍布全省乡村的 23 万普查大军，走遍了浙江的山山水水，覆盖面达到了所有乡镇、街道及行政村，摸清了非遗资源的种类、数量、分布状况、生存环境和保护传承现状。

"非遗"普查和保护的志愿服务，能让人收获文化归属感。

浙江将积极打造非遗志愿服务活动的网络平台和站点平台，在非遗传承人服务、节庆活动服务、非遗展馆讲解、非遗讲座讲演、非遗旅游景区导游等方面，开展多种形式的志愿服务活动。

浙江省非遗保护工作这些年能走在前列，与蓬勃兴起的非遗保护志愿服务活动分不开。大批活跃在城乡基层的非遗保护志愿者和志愿者社团，在浙江非遗保护与传承、宣传与研究、开发与利用等方面发挥着积极而重要的作用。

美丽非遗你我他，保护传承靠大家！

唤起民众千百万，同心干！

2014 年 4 月 25 日

# 我参与 我奉献 我快乐

汽车在山路上颠簸,山崖下,一条河流始终伴我们而行。

这就是钱塘江的源头马金溪!望着奔涌不息的清亮的河水,心中突然升起一股豪情:流淌的母亲河,我们的生命之源,必须保护好!

那些为了钱江源文化生态恢复与保护的守望者,与自然生态的保护者,同样可敬。他们几年、十几年、几十年来守望乡土文化,想必也是为这样的豪情所激励着吧!

开化县在开展非遗普查中,成立了非遗保护志愿者协会,有168位成员。他们中,有老文化,有教师,有农民,有企业家,有退伍军人,有退休职工,大家都有一个共同的名字:非遗志愿者!这么多不同身份、不同年龄、不同阅历的人,因为共同的情怀,走到一起,为守望而奔波,追寻着理想行走。

在开化非遗保护座谈会上,我有幸结识了其中的几位,记住了他们始终洋溢的笑脸。性格宽厚,对文化工作极富经验的县政协原副主席叶德洪;一头银发,带着一副金丝眼镜,满腹民间故事的原供销社职工章民一;文质彬彬、轻声细语,认真细致做事的草龙研究专家、退休医生汪镜清;思维敏捷、讲话时语速极快的县文化馆原馆长徐增源;知识广博的县图书馆原馆长樊禹雄;还有那个粗壮豪爽,一掷上百万购置摄影器材采录乡土风情的房地产商段刚毅……

这些志愿者喊响了一句口号:守护家园,从我做起!

他们大力宣传、弘扬志愿精神,吸引带动社会各界参与进来;他们参与非遗普查,排摸出上万条线索;他们发掘整理和恢复排演了珍贵的目连戏等传统戏曲;他们做申报省遗、国遗项目的文本和录像;他们献计献策,为政府决策提供科学而实在的依据;他们默默而辛勤地工作,尽己所能保护传承着民族优秀文化传统。

志愿者的可贵就在于主动、无私、自觉、自愿。

一年又一年,我们的生活一天天富足起来,物质上的丰富变化是看得见的,但身边的老物什正在消失，以往寻常可见的乡土文化渐行渐远。为此，他们投身于这项保护事业，不计报酬、不怕困难、义无反顾，体现了一种可贵的文化自觉。这种情怀情操弥足珍贵，这种责任担当值得尊敬。

开化县文化广电新闻出版局局长方金全，用"声势大、动员广、热情高"九个字来概括非遗志愿者协会所带来的社会影响。非遗保护志愿者协会在这次非遗普查中，凝聚起了最广泛的社会力量。

方局长认为建立志愿者协会，对于欠发达地区做好非遗保护工作有着特殊的意义，有着重要的作用。第一，解决了经济欠发达地区缺编制、缺钱的困境。非遗普查工作时间紧、任务重、要求高，工作要抓紧、抓好、抓出成效，必须借用社会力量、社会资金。第二，非遗涉及面广，有广泛的社会基础，群众很拥护，建立志愿者协会，动员的社会面很广，各行各业都有群众踊跃参与。第三，有许多工作单靠政府是做不好、做不到位的，志愿者协会的作用，是政府不可替代的。第四，提高了非遗保护的质量。这批人都是很有责任心的，参与非遗保护是发自肺腑的，从来没有人讲钱。因为是自觉自愿参加的，都是高度的敬业负责。第五，志愿者"从自身做起、从小事做起、从现在做起"的风尚，普及了志愿理念，弘扬了志愿精神，促进了社会文明素质和文明程度的提高。

方局长未雨绸缪，他谈道：非遗工作已经逐步转入全面保护阶段，在普查完成之后，我们的工作要体现连续性和系统性。在下一阶段，志愿者如何行动才能更有成效，志愿者协会的工作怎么样体现连续性和系统性，是我们要认真思考的问题。

非遗工作是一项长期的工作，我们依然面临着十分艰巨繁重的任务。在今后的日子里，依然需要无数志愿者的参与和奉献，依然需要我们持久的热情和激情，依然需要大家的智慧和力量，依然需要全社会更多的支持和帮助。

开化在政府主导、动员社会力量参与非遗保护工作中，探索出了一条切实可行、富有成效的路子。只有凝聚起最广泛的力量参与，非遗事业才能如钱江奔流不息、终古如斯。

2009 年 10 月 30 日

# 众人拾柴火焰高

2010 年 11 月 9 日,由浙江省文化厅主管的浙江省企业家民间文化遗产保护促进会正式成立,这个促进会集合了浙商的优质资源,旨在为浙商资本与文化遗产保护搭建对接平台。

我省已建有省民俗文化促进会、省民间艺术研究会、省非遗保护协会、省婺剧促进会、省老字号企业协会、省工艺美术协会、省企业家民间文化遗产保护促进会等 7 个省级非遗类社团,有政府文化部门主管的,也有政府经贸部门主管的。

7 个简单的音符,可以谱写出优美的旋律。7 色的阳光,展现出彩虹的美丽,耀眼的光彩。7 个省级社团,荟萃人才,集合智慧,同心协力,共护家园。

各地非遗志愿者、传承人、有识之士,就像天上的星星一样,散漫在天空上,无法放射出更强烈的光热。社团组织可以充分发挥聚水成河、众擎易举的作用。

省级非遗社团不断涌现,也推动着各地纷纷建立非遗社团,余杭、开化、洞头等地建立非遗志愿者协会,临安、桐庐等地甚至在一些乡、村建立了非遗协会。金华、衢州、丽水几乎每个县市都建立了婺剧促进会。宁波市在全市的非遗普查中,发动了 132 个社会团体参与工作。各类社团,好戏连台、互相补台、资源共享、优势互补、互促互进、共同提高。

非遗覆盖面广,决定了非遗保护必须建立广泛的同盟军。《浙江省非物质文化遗产保护条例》总则中强调:任何单位和个人都有保护非物质文化遗产的义务。地方法规规定了社会各界和人民群众对于非遗保护都有不可推卸的责任。

文化行政部门作为非遗保护的主管部门,不能单枪匹马靠自己干事业,而是要凝聚团结协调社会各方一起来干一番事业,推动各行各业参与干非遗事业。

古语云:天时不如地利、地利不如人和。在天时、地利、人和这三个要素中,人和是第一位,天时和地利都要通过人和才能发挥作用。

非遗事业需要共同的愿景,还需要大家有一颗共同的心。得人心者得天下,非遗工作得人心，从来没有一项工作能像非遗一样得到领导的特别重视，得到各界的自觉支持，得到人民群众的真切拥护。众人划桨撑大船，众人拾柴火焰高，有了众人的支持，一切困难都可以迎刃而解；有了社会各界的参与，就拥有了巨大的力量，拥有了战无不胜、攻无不克的法宝。

一加十，十加百，百加千千万，为更大的效益而结成社会团体。人聚则强，集体的力量不只是个人力量的简单相加，它不仅是量的增加，而是有了集体力量的质的飞跃。

一滴水是渺小的，然而大海是伟大的。一个人是渺小的，然而集体是伟大的。让你我他，让更多的人一起为同一个梦想奋斗。

记住，重要的不是我，而是我们。

2010 年 11 月 10 日

# 感谢媒体的力量

"非物质文化遗产"是泊来词,在我国见诸官方文件大约在 2004 年。那年 8 月,全国人大常委会批准我国加入联合国教科文组织《保护非物质文化遗产公约》。短短三年有半,"非物质文化遗产"这个概念已经深入人心了,非物质文化遗产保护工作已然如火如荼。

非物质文化遗产保护形成了社会热潮,除了政府推动,公众热心参与,媒体在人民群众了解非物质文化遗产知识,增强抢救保护意识,凝聚社会共识的作用上至关重要,不可低估,功不可没。特别是韩国江陵端午祭列入"人类非物质文化遗产代表作",在我国引起轩然大波;我国"文化遗产日"的确立,国家级非物质文化遗产名录的公布,清明、端午、中秋三个传统节日增设为国家法定节假日等一个个事件、一个个热点,引发了全国人民的热切关注。

春江水暖鸭先知,媒体记者们皆为有识之士,报纸、杂志、电台、电视台、网络,我省各媒体纷纷开辟专题、专栏、专版,不吝版面,用理性而又饱含真情的文字,为非遗的抢救保护鼓与呼,为非遗的抢救保护推波助澜。

为了推动和褒扬各媒体的文化自觉,进一步扩大舆论宣传,营造非物质文化遗产保护的良好氛围,浙江省文化厅于 2007 年 6 月部署开展全省非物质文化遗产保护宣传报道"好专栏、好专题、好文章"评选活动。这次"三好"评选活动,以近年来省内外各媒体有关浙江省非物质文化遗产的宣传报道专栏、专题和刊登的文章为参评对象。"好专栏"以栏目名称、栏目版式、栏目出刊周期、栏目刊登文章数量和质量及栏目社会知誉度优者为"好";"好专题"以专题选择、内容价值、观点深度、专题篇幅、社会影响优者为"好";"好文章"以主题鲜明、观点新颖、标题"抓人"、内容深刻、文风活泼者为"好"。各媒体积极响应,认真推荐,选送了 37 个专栏、48 个专题和上百篇文章参评。各媒体选送的材料,让"三好"评审委员会的官员、老记、学者们欣喜有加。

各媒体报送的专栏、专题和文章,从不同的角度切入,进行生动的报道,见证了我省非物质文化遗产保护的不凡历程。笔者对之进行了简单归类:

有的大声疾呼:如《永康日报》的《渐行渐远的永康鼓词》,《台州晚报》的《台州,还有多少"物种"没有消失》,《现代金报》的《行走在消逝中》,《舟山晚报》的《请为舟山锣鼓建一个民俗博物馆》,《人民日报》的《莫让民间"绝活儿"绝迹》等。

有的参与寻宝:如《钱江晚报》、浙江经视联动的《走遍浙江,寻访非物质文化遗产》,《浙江日报》的《找回散落的"珍珠"》,《宁波电视台》的《"搜宝"行动》,《东南商报》的《探寻非物质文化遗产系列》,《南湖晚报》的《寻访我们城市的 DNA》等。

有的表达了对传承人的强烈关注:如《杭州日报》的《每一个"非遗"都是传奇》,《观察与思考》杂志的《非物质文化遗产保护浙江传人传奇》,《浙江档案》的《口述历史》,《青年时报》的《刺绣大师招到满意弟子》,《义乌商报》的《只要百姓喜欢,我会一直唱下去》等。

有的宣传非遗保护成果:如台州电视台的《民间遗珠——台州非物质文化遗产精粹》,《温州日报》的《瓯越民间》,武义电视台的《武川访古》,桐庐电视台的《桐庐大地》,《钱江晚报》的"浙江文澜讲坛系列讲座"等。

有的体现了对非遗保护工作的深层思考:如浙江在线的《"文化遗产日"我们一起来记录》,《今日早报》的"关注文化遗产日特别报道",《文汇报》的《昆曲〈十五贯〉再度进京引出的思考》,《嘉兴日报》的《海宁皮影和硖石灯彩双双成"国宝",如何传承和创新牵动嘉兴神经》,《中国文化报》的《"非物质文化遗产"保护浙江抢先一步》和《浙江缘何走在前列》等。

各媒体报送的许多专栏主题鲜明、内涵丰富、影响较大;许多专题题材丰富、题材多样、视野开阔;许多文章视角独特、观点新颖、见解独到。这些专栏专题和文章,抓得准,立意深,起点高,声势大,影响广,效果好。

各媒体以特别报道、系列报道、组合报道、访谈报道、述评报道、图片报道、直播报道、网络互动等形式,生动反映了非物质文化遗产保护的探索实践,促进社会互动、全民参与,营造浓烈的舆论氛围。

各媒体紧密配合,相映成辉,相互呼应,相互衬托,协调会战,此起彼伏,形成媒体强势,使整个宣传工作一环紧扣一环,一浪高过一浪,把非物质文化遗产宣传工作步步推向高潮。

在现代社会,媒体是人民群众表达最关心最直接最现实利益的一个重要途径。新闻界的朋友们对非物质文化遗产保护的自觉意识,不仅体现出职业敏感,富有人文情怀,更深层次上在于他们饱含着忧国忧民的情怀。媒体大张旗鼓、重彩浓墨的宣传,使非物质文化遗产保护在短短数年间风生水起、风起云涌。媒体的作用,除了普及非遗知识,更在于倡导非遗保护理念,推进非遗保护工作,促进了良好社会风尚的形成。

公共事业更需要媒体力量,感谢媒体呼唤共识和激励前行的力量。新闻媒体,不单单是非遗保护的传播者,也是非遗保护新闻生成的主角与见证者!

2008 年 1 月 31 日

# 礼赞精神家园的当代守护

当年,陶渊明自在于世外桃源,心灵之花在春风朝露中绽放,而不论魏晋。在当下这个浮躁的时代,能拥有一方这样的家园,令人向往。然而在人类历史的文明长河中,更有一处家园承载着民族之根、民族之魂,承载着一个民族的历史记忆和生命基因,凝聚着一个民族数千年的文化积淀和精神追求,这是民族共有的精神家园。在人类现代化和经济全球化的进程中,不仅需要青山绿水、真山真水,同样需要维护我们民族的精神植被与灵魂根脉。

2010 年 12 月,浙江省文化厅会同浙江日报、钱江晚报、今日浙江杂志组织评选的浙江省精神家园守护者荣誉奖获奖名单揭晓。19 位已年逾 60 岁的老一代民间文化守护者和一位在职非遗工作者的优秀代表上了榜单。那些老前辈,生在旧社会、长在红旗下,经历了十年文化浩劫,沐浴着改革开放春风,参与了 20 世纪 80 年代的民族民间文艺十大集成志书编纂,并在新世纪兴起的非遗保护热潮中做出了奉献和贡献。老人们获得"精神家园守护者"荣誉奖,回首往事,也许生发无限感慨,也许依然淡定。

这个时代,人类好像变得无所不能。天上的飞机、地上的高铁,直到神通广大的电脑、手机等等,电子时代给予我们许多前人无法想象的便捷。但这些生活载体的飞跃进步,无法取代人们感情的归宿。正好相反,越是飞船上天,越是在工业文明风驰电掣的光影变迁中,在快捷的读图时代和娱乐致死风潮中,人们更要警觉人类的真情坠地,警觉我们含蓄和深邃的文化被引向肥皂剧般的精神墓场。

这个时代,有那么一群人,当世人面临各种物质的诱惑,心为物役,他们却不求闻达、乐于奉献、超然物外、自得其乐;当世人都甘愿让自己的精神家园荒芜时,他们却坚定地开垦着一处心灵的圣地;当世人沉醉于灯红酒绿、光怪陆离的现代社会里,他们却偏于一隅、耐得住寂寞,专心致志播撒着文明的种子。

这个时代,有这么一群人,耕耘着精神的麦田,营造着精神的彩虹。台州的钱梅洁老师,姓钱不为钱,如梅花般高洁,淡泊超然。20 世纪 80 年代主编《台州民间音乐集成》,倾注心力;退休后 30 多年如一日,义务传授民间音乐,教歌更"教"人品,"堪为人师而模范之"。我省曲艺界老前辈马来法,从事了半个多世纪的传统曲艺事业,抢救保护了大批濒危曲种,如今仍笔耕不辍,勤于研究,无疑是拥有一处精神家园的贤者。已年届 86 岁的中国美院王伯敏教授,为美术史论大学者,声誉显赫,近些年来沉浸于民间剪纸,撰写并出版了《中国民间剪纸史》,怎不让人肃然起敬。浙大民俗学老教授吕洪年,需要拿着放大镜读书写字,审读浙江非遗代表作丛书书稿,其中有本书就写了洋洋 6000 多字的审读意见,可谓呕心沥血。曾任省粮食局长的李林访,对于婺剧事业的发展,毫不释怀,奔走呼号,粮食局长"兼职"抓精神食粮,令我等专门工作者犹生使命感。文成的徐乃武老人,年近百岁,仍老骥伏枥,整理修订民间八仙戏剧本,并自费印刷,分赠传阅。有这样一些老人前辈,其至真至诚之心,实为我辈之楷模!

当然,还值得特意阐述的是,在新世纪兴起的非遗保护运动中,各地文化部门担当责任、不辱使命、不负重托,涌现出许多先进典型。依照本次评审条件,文化系统在职人员不参与评选。但在各地特别报送的材料中,一些文化干部的事迹深深打动了专家评委。如缙云县文化广电新闻出版局分管局长徐农艺,既是当地非遗工作的指挥员,更是一名冲锋在前的战斗员。缙云非遗普查工作扎扎实实,名录项目申报工作上榜项目多,民俗活动全面恢复,非遗展示影响广泛,非遗工作走在全省前列。而在这份出色成绩的背后,遭受着常人难以承受的艰辛苦痛,徐农艺家人中先后有 4 人患重病,患病多年的老母亲去年去世,80 高龄的老父亲已瘫痪在床十多年,他妻子患结肠癌手术后需长期住院治疗,大哥患肺癌晚期需要长期护理。徐农艺在局里领导、同事的关心和支持下,没有被生活上的压力摧垮,坚强担当起家庭脊梁、事业中坚的责任,日夜奔走在单位和医院之间,顾小家更顾大"家",工作出色成绩突出。徐农艺兢兢业业、勤勤恳恳、乐于奉献、勇于牺牲的精神,是文化工作者的楷模。评委会讨论决定,作为特例,作为我省非遗工作者的优秀代表,推选徐农艺上浙江省精神家园守护者荣誉榜。

这是一群饱含着情怀,讲理想、讲奉献、讲艰苦奋斗、讲为人民服务的人。为了祖国母亲的微笑,为了精神家园,这些富有情怀的人们,夙兴夜寐,不辞辛劳,殚精竭虑,忘我工作。广袤的精神麦田处处留下他们守护的身影,闪烁着他们辛勤的汗滴,收获着那沉甸甸的麦穗。

精神家园,是让人心灵充实的基石,是我们心驰神往的灵魂栖息地,也是我们在现代化道路上奋勇前行的力量源泉。拥有了精神家园,就会拥有一份淡定与富足。拥有精神家园,让人拥有美好的人格和良知。拥有精神家园,就是拥有了一份信念与执着。拥有精神家园,让这个世界充满暖意,让我们心中洋溢温馨。

茅盾先生在《风景谈》中说:"人类的高贵精神的辐射,填补了自然界的贫乏,增添了景色,形式的和内容的。人创造了第二自然!""自然是伟大的,人类是伟大的,然而充满了崇高精神的人类的活动,乃是伟大中之尤其伟大者!"这些精神家园守护者,使中华文化姹紫嫣红,让精神家园在历史的天空下熠熠生辉。

一个民族只有拥有更多这样的人,才会走得更远。

2010 年 12 月 30 日

# 鲜花和掌声献给最可爱的人

时代总是在寻找它的代言人,每个时代总要推出符合它的理念的标杆性人物。近年来兴起的非遗保护风起云涌,"非遗"成了社会热词,成为一个时代的公共表达。在这火热的非遗保护历程中,涌现了一大批典型人物,引领和影响着社会潮流。

浙江省文化厅顺应时代的潮流,会同党报《浙江日报》、党刊《今日浙江》联合举办首批浙江省非遗保护十大新闻人物评选活动,表彰近年来为非遗事业做出突出贡献的社会各界人士。这次活动,通过网络投票评选的办法,让公众去发现那些来自民间的非遗保护力量。一石激起千层浪,评选引起了公众的广泛关注,投票上百万。各媒介竞相报道,新闻人物迅速蹿红,社会反响如此强烈,出乎意料。如此这个活动,确实是最具公众精神的评选了。

在当选的非遗保护十大新闻人物中,有几十年如一日、一辈子做一件事的传承人;有不畏艰辛、攀登事业高峰的老字号掌门人;有关心传统的人大领导;有守护乡土文化的村书记;有创新思路恢复濒危剧种、濒危剧团的剧团团长;有聚财有道、散财亦有道、回报社会的企业家;有收入不高却捐资设立非遗奖励基金的打工者;有鞠躬尽瘁抓非遗保护的好干部;有默默无闻奉献在平凡岗位的文化站长;有不讲回报、乐于奉献的志愿者群体。这些人因为在非遗保护领域的突出业绩,站在非遗保护新闻人物的领奖台上。

这些上榜者,无论他们的身份、背景、经历多么不同,但他们又有很多的共同点。他们成为新闻人物,都与非遗息息相关,他们情系家园,有着强烈的社会责任担当意识,都有理想且不放弃;他们也许普通也许杰出,他们每一个人的故事,却都足以铺陈版面;他们用自己的故事,解读人生至纯的追求,带给人们感人至深的心灵冲击;他们用自己的力量,推动非遗保护的进程,诠释着个人对这方乡土对这个社会应该担当起的责任;他们用自己的故事描绘出时代的气质,让朴素的行为唤醒传统的美德。他们每一个丰富而生动的事例，都足以让我们感动满怀。

评选新闻人物，说白了就是为人树碑立传，就是为了铭记和感谢那些为保护文化遗产守护精神家园做出突出贡献的人。十大新闻人物的感人事迹和高尚情操，凝结着优秀的传统美德，也体现了鲜明的时代印记。他们是我省非遗保护各个方面人物的优秀代表，是排头兵，是效仿的楷模。他们给人精神启迪，让人心灵向善，给人宝贵的力量。

在今天，第四个"文化遗产日"，让我们将鲜花和掌声献给"最可爱的人"。非遗新闻人物"起而行之"，带动了更多人"从而随之"，他们的影响力将持续到将来或很久以后。

2009 年 6 月 15 日

第四辑

寻找最浙江的元素

# 文化遗产日的意义是什么

文化遗产日的意义,在于提醒全社会关注现代化进程中昔日丰富和璀璨的文化遗产已日渐式微,传统文化元素在现代生活中不断缺失、日渐淡化。要求全国上下、各地政府和社会各界在这一天开展各种活动来强调保护和继承历史文脉、弘扬优秀传统文化的重要性。

设立"文化遗产日",首先是为了引起整个社会对文化遗产的重新发现和珍爱。年轻人对民族文化绝非无动于衷,他们只是没有机会领悟传统文化的魅力。不可否认,今天,在我们的周围,已经难得一见童年时候的记忆,少有机会感受传统节日的习俗。倘若我们的下一代只知道因特网、圣诞节、肯德基、蝙蝠侠,不知道神农氏、轩辕氏,不知道清明、端午、中秋的历史文化内涵,不知道人生礼仪、民俗活动等传统文化,又何尝不是一种悲哀?为此,近年来,保护非物质文化遗产的舆论呼声渐高。设立文化遗产日也是顺势而为。

第二个文化遗产日,我省各地上下联动,开展各种形式的宣传和展示活动,举办非物质文化遗产保护成果展示,组织现场表演或踩街,非遗进校园,非遗研究基地授牌,非遗传承基地揭牌,国遗、省遗项目拜师收徒仪式,举办非遗专题讲座,播放专题录像片,非遗知识读本首发,举办征文大赛,文化遗产百题知识竞答,手机宣传短信发送,群众签名活动,举办研讨会,表彰一批文化遗产保护先进单位和个人,好戏连台,相得益彰。

当然,寄予文化遗产日过高的冀望,给文化遗产日太多太浪漫的假设,既是这一节日的不能忍受之重,也是对这一节日不切实际的幻想,因为节日毕竟只是节日。

文化遗产日,不是为了仅仅一天的红火热烈,不能是喧嚣过后一切归于平静,到来年再来一次,这样的话,对社会生活、对民众生活的影响,显然只是停留在浅表的层面。应该看到,文化遗产日只是给非物质文化遗产展示提供一些可依托的载体,但更需要运用传统节日、保护基地、经常性活动平台让非物质文化遗产展示成为常态。我们应该以一种更为积极的态度和经常的作为,让非物质文化遗产介入民众的日常生活,这才是继承发扬优秀传统文化的关键所在。各地一些经常的持久的工作和举措,为此显得意义非凡。

文化遗产日不应仅是一个展示日,更要引发思考,起到一种引导作用。从这个角度看,文化遗产日在使人耳目一新的同时,还应寄托更新的期待。政府以及政府部门在文化遗产日之外,还应有所作为,而且大有作为。

设立"文化遗产日",既是对祖先文化创造的一种致敬,更是一种呼唤,通过文化遗产日让人民群众将目光投射到历史文化上,去唤醒人民群众对祖先遗存的感怀和敬畏,让现代人对文化遗产多一点关爱与温存。

只有这样,设立文化遗产日才有实实在在的意义。非物质文化遗产只有融入社会生活,才能提高全民素质,才能落实和谐社会的构想,才能振作这个时代。对之,小而言之,这是生活方式的问题;大而言之,这是一代人的文化责任。

我们有理由相信,有了这种共识,有了这种自觉,那每天都将是文化遗产日,一年 365 天,文化遗产 360 度与人民群众零距离,重新进入社会生活的重要位置。

2007 年 6 月 15 日

# 传统节日列为"法定假日"
# 仅仅是一个开始

2007 年底,国务院公布了《关于修改〈全国年节及纪念日放假办法〉的决定》,正式将春节、清明、端午、中秋等中华民族的传统节日纳入国家法定节假日。该《决定》具体规定,春节放假三天不变,但放假起始时间由农历年正月初一调整为除夕;清明节、端午节、中秋节增设为国家法定节假日,各放假一天。

多年以来,在这些重要的传统节日,中国人民大多是一如既往地工作、学习,但多数人是"人在曹营心在汉"。传统节日列为法定假日后,更加人性化,更加体现中国的历史和现实国情。

2005 年,韩国"江陵端午祭"成功申报"人类非遗"事件,让国内许多人士很受刺激。当然,也有不少人士认为,韩国这种对于传统民俗的认真态度,值得我们好好学习。

许多文化人士提出将"端午节"等民族传统节日列为法定节假日的动议,呼吁发起一场传统节日保护运动。

不少全国人大代表、政协委员提出议案,指出我国现行法定节假日安排缺乏传统文化特色,呼吁将传统节日列为法定节假日。

每到传统节日,围绕着如何坚守与传承民族传统文化,媒体总要热议一番。许多人担忧中国的传统节日正逐渐让位于西方洋节。中国越来越开放,文化的交流与碰撞不可避免,不过,在热热闹闹过洋节之际,该怎样过好自己的节日,的确值得探讨。

过去的很长时间里,我们的民俗节日一般都没有"政治性"地位,也没有提到固定的文化层面,有的被淡化,有的简单化,使年轻一代逐渐失去对民族佳节的文化记忆。清明节、端午节、中秋节等传统节日,虽然约定俗成,但未被列入国家的法定节日,缺乏制度性地传承与保护。

　　文化传统失传的危险,以及如何让那些我们为之骄傲的传统文化发扬光大,终于引起国家高层的关切。

　　传统节日列为法定节假日以后的保护,是一个新的课题。浙江对此进行了积极探索。2008年春节前夕,省文化厅对省域内"历史渊源悠久,节日内涵丰富,传统习俗完整,地域特色鲜明,人民群众广泛认同,活动开展较好"的传统节日,如春节·绍兴祝福,元宵节·海宁硖石灯会,清明节·缙云仙都轩辕氏祭典,端午节·余杭五常龙舟胜会,七夕节·萧山祭星乞巧,中秋节·西湖赏月,重阳节·永康方岩庙会和景宁畲族三月三等,列入重点扶持和推广名单,公布了20个首批省级传统节日保护基地。

　　设传统节日为法定节假日的直接用意,乃是恢复传统文化习俗。建立传统节日保护基地,是对民俗类的非遗保护的一项有效措施,有利于保护这些传统节日的文化内涵和民族文化的根脉。

　　有了形式,有了载体,还得深入发掘传统节日多元而丰厚的文化底蕴,重温、复习那些与我们祖先的生活息息相关的民俗。我们的民俗节日有着隽永主题和丰富内涵,春节除旧布新、迎禧接福,元宵节喜庆热闹,清明怀逝追远、郊游踏青,端午节则有一种念屈原而怆然泣下的旷世惆怅,七夕是感伤的浪漫,中秋寓意着团圆和喜悦,重阳节登高望远、看云卷云舒,可以说每个节日本来的文化面目都很精彩,都很独特,都有很好的文化魅力蕴藏其中。这几个节日有着明确的主题、固定的表现形式和不变的民俗习惯。

　　传统节日,是本土文化标志性符号,蕴涵着深厚的民族情怀,显现出厚重的传统底色。过节,首先是一种精神上的熏陶,是民族生活的典礼和仪式。每逢佳节倍思亲,传统节日充盈着亲情情结、敬祖意识、寻根心理、报本观念,最容易唤起对亲人、对家庭、对故乡、对祖国的情感,唤起对民族文化的记忆,对民族精神的认同。只要我们从文化的角度好好"经营"这些节日,将展示出我们民族具有传统意味的生活方式,展现我们悠久文化传统的魅力。

　　在发掘传统节日文化内涵,保留传统文化要素,保持传统文化基因的同时,应尊重其历史演进,重视与时俱进。也就是说,要吐故纳新、古为今用,做到既保持民族性,又体现时代性,使传统节日的内涵和表现形式适应当代群众的文化需求,使之与时代需求充分"对接",使传统节日在新时代焕发出新的生机和活力。

　　传统节日的发展和推广,也需要旅游、商业文化的带动。当然,应该提醒,传统节日的开发,必须避免商业气氛过浓。如果传统节日的开发,只是成为商业促销的由头,只重视其经济意义、消费至上,那是对文化价值的背离,是对文明成果的一种误读和抛弃,那就类似于"买椟还珠"般的愚蠢。

中国人常用"像过节一样"来形容美好的日子,节日中充盈着人们对生活的美好愿望和心理祈求。欲使传统节日焕发勃勃生机,还需要继续在挖掘节日内涵和具体载体上多下工夫,还需要文化部门、文化学者以及舆论媒体的积极推动,需要社会各界和广大群众的共同滋养。

2008 年 2 月 15 日

# 为了不被忘却的纪念

历史长河,芸芸众生犹如过江之鲫,无影无踪,但有些人不该忘记。

2007年清明节前后,浙江各地祭祀民俗活动此起彼伏。4月4日,缙云轩辕氏祭典;4月7日,嘉兴秀洲王江泾镇举行江南网船会,四处八方的船民祭拜明朝灭蝗英雄刘承忠;4月18日,诸暨西施文化节;4月19日,象山渔俗三月三,祭奠妈祖娘娘;4月20日,绍兴举行大禹祭典。

祭典,是心灵的仪式,是对历史的留存,是对民族贡献者的尊敬,是对社会进步中担当者纪念的升华。祭典的意义当在于此!

遥想当年,大禹治水,采用疏导治法,使水畅流,避免了洪水泛滥的祸害。禹疏九河,大禹治水的故事,三过家门而不入的传说,留下千古佳话。大禹不畏艰险、身先士卒、公而忘私的品格,构建着越乡人的灵魂,成为中华民族精神的瑰宝。

再忆往昔,春秋末年,越国被吴国战败,越王勾践献美女、珠宝与吴王,粉面桃花,有着"沉鱼"代称的浣纱女西施,临危受命,扮演了使者和间谍的角色,忍辱负重,以身许国。之后,越王乘虚而入,报仇复国,这里边有西施很大的功劳。绝色女子西施,不仅是美女中的"大姐大",而且深明大义,成为中华民族的集体记忆。

暮然回首,缙云轩辕氏,衢州孔子,临安钱王,富阳孙权,兰溪诸葛亮,杭州苏东坡,文成刘伯温,绍兴徐文长,义乌骆宾王,临海戚继光,金华黄大仙,宁波徐福,天台济公,遂昌汤显祖,永嘉谢灵运,上虞曹娥,德清孟郊……这些与浙江有着紧密关系的名人,或体现出国家民族利益至上,或为主持正义的英雄形象,都是忠孝节义、真善美的化身,都闪闪发光。

各地为之自豪和骄傲的人物,是历史还是传奇,是真实还是虚拟,留给史学家论证。这些传奇人物以及其精神,理应同怀追思,理应传世和弘扬光大。

自古江南多才俊,但"分配"到各地,也许名人资源依然紧缺。有的地方争抢名人资源,为了某一名人的出生地,或者为一子虚乌有传说人物的所谓历史遗迹,争得不亦乐乎。

其实,浙江大地何处无芳草,各地均不乏历史名人名迹。每一个地方的党政领导自我介绍,都是如数家珍:本地历史悠久,底蕴深厚,人文荟萃,人才辈出。因此,与其说一些地方没有文化底蕴、文化名人,倒不如说是未能充分挖掘深厚的文化遗产,未能真正打好名人古迹这张牌,欠缺对这些丰厚文化的阐释,欠缺对这些璀璨文化的宣传。

许多事是事在人为。诸暨定位"西施的故乡",在发掘内涵、遗迹恢复、开发利用方面可谓大手笔,将妇孺皆知、家喻户晓的西施艺术形象,转化为诸暨旅游形象代言人。诸暨用心去做,把西施传说做大了,每年一度的西施文化节,成为诸暨的一张金名片。策划的力量是无穷的,品牌的价值是巨大的,名人的效益是无限的,传奇的魅力是持久的。聚集了人气,然后才能进一步发展。

名人资源品牌化的过程,是文化与经济相融合的过程。一方面,名人品牌化,促进大众对民族传统文化的享有感、认同感和自豪感,形成一种无形资产;另一方面,在保护民族文化特色的前提下,充分运用名人效应,进行经济运作和开发,促进民族传统文化随着经济的发展而得到传承、弘扬和发展。

有位名人说:评判一个国家的品格,不仅要看他培养了什么样的人民,还要看他的人民选择对什么样的人致敬,对什么样的人追怀。鲁迅曾经说过:"我们自古以来,就有埋头苦干的人,有为民请命的人,有舍身求法的人,这就是中国的脊梁。"一切仁人志士是中国的脊梁,革命先烈是中国的脊梁,无数英雄是中国的脊梁。对于这些人民生命的碑石,值得后辈抬三牲捧五谷敬奉。我们也必将因为追怀和追思而收获人类文明的真义。

先祖为我们留下了一批值得珍存的文化遗产,让具有五千年文明史的中华民族勃发生机,使中华民族的伟大精神代代相承,这是时代赋予我们的职责,也是我们孜孜以求的目标。

江山代有才人出,更愿 21 世纪是一个群星闪耀、争相辉映的时代!

2007 年 4 月 22 日

# 又是一年"三月三"

　　农历三月初三,古称"上巳日"。这一天,是传说中王母娘娘开蟠桃会的日子。在古代,"三月三"是个非常重要的节日,唐代杜甫的《丽人行》就是写这个节日盛况的:三月三日天气新,长安水边多丽人……这是古人出门踏青的日子,也是青年男女在野外相会、表达爱意的好时机。可惜,宋代以后礼教渐严,男女私会不被容许,这个节日也日趋淡化,踏青也改在清明进行。

　　幸好,一些少数民族地区和一些汉族地区,至今依然保持着"三月三"这一节日风俗。在这一天,少数民族男女盛装出动,举行歌会,狂欢终日。

　　今年的"三月三",景宁县举办第三届中国畲族民歌艺术节,云和县举办"畲族三月三"传统民俗文化活动,桐庐县举办莪山"三月三"畲族文化节,泰顺县举办首届瓯越"三月三"畲族风情节。另外,一些地方虽不是少数民族地区,也同样延续"三月三"的民间习俗,在"三月三"这一天,建德新叶举办"三月三"农耕文化节,温岭泽国举办农历"三月三"民间踩街活动。

　　哪里的山歌最热闹,哪里的情郎笑最甜?"三月三"成为当地人民远离劳作、放松身心、男欢女爱、竞日狂欢的代名词。这天,传统上除祭祀活动外,它还是邻近群众进行歌舞娱乐、谈情恋爱、人际交往、物资交流的最好时机。每当节时,百姓穿上最美丽的盛装,姑娘、小伙更是花枝招展,许多平时已难得一见的山歌对唱、问凳、摇锅、赶野猪、炼火、婚嫁表演、民族工艺品展示、吃乌饭宴等等,原汁原味,真情真意。情淳朴,酒醇香,歌动人,舞蹁跹,充满浪漫情调,无论当地人民还是外乡游客,无不为之沉醉。

　　各地的"三月三"大同小异,各地的"三月三"又各不一般。"三月三"在类型模式上具有相对的稳定性,各地又存在着一定的地域差异性。特色是节庆的灵魂,是魅力所在。各地寻找差异优势,突出特色亮点,各有侧重,互为补充,既体现独特性,又呈现多样化。

　　"三月三"不是一成不变的,而是随着时代的进步在继承中发展。在有利于社会发展和民族进步前提下,各地进一步创新形式、创新载体、创新手段,使"三月三"活动更加富有民族特色、地方特色、时代特色,更加为人民群众所喜闻乐见,更加富有吸引力、感染力和影响力。

　　"三月三"也蕴含着极大的商机,带动旅游,带动消费。泰顺县首届瓯越"三月三"畲族风情节,参加活动的游客有2万多人,还摆出了1900多桌的"乌饭宴"。畲乡人用特有的热情和方式,笑迎八方来客,各地的宾朋与畲族同胞载歌载舞,其乐融融。"三月三"好热闹,人气财气两旺。

　　"三月三"有着丰厚的民族心理基础,具有广泛的社会认同度。各地还要充分利用传媒在现代社会中的重要作用,以多种方式加大宣传,使"三月三"节日概念广为知晓,更为深入人心。无疑,这也是构建现代民族精神的需要。

　　甜不过畲家糯米酒,美不过畲乡三月三。浙江有个全国唯一的畲族自治县,浙江还有18个畲族乡镇,"三月三"是畲族的重要民族节日,"三月三"对于浙江是否意味着意义很不一般?!

2010 年 4 月 20 日

# 劝农节的历史价值与当代意义

公元 2010 年 3 月 25 日,遂昌县石练镇淤头村,2010 遂昌"汤显祖文化·劝农节"在这里举行。小村很小,却保存完好,很有味道,尤其是村口三棵仍旧绿叶葱葱的古香樟让人心生感触。

规模宏大的祭春活动,极具特色的劝农仪式……作为这场活动的主打戏的班春劝农典礼,一开场就成为了焦点。班春指古代地方官颁布的督导农耕之政令。明代伟大文学家、戏剧家汤显祖于明万历二十一年(1593 年)至二十六年任遂昌知县。在任五年,他勤政惠民,春耕季节都要率衙役带着花酒和春鞭,举行"班春劝农"仪式,奖励农桑,劝农勤作农事。由此,"劝农"成为每年春天县衙鼓励春耕生产的一项重要活动,使遂昌的农业生产有了长足发展。汤知县在遂昌写了许多劝农的诗文,并写进了名著《牡丹亭》中。

民以食为天,农业始终是国民经济的命脉。对于农业生产,自春秋战国以来的两千多年来,历朝历代都很重视,几乎所有的封建王朝都毫无例外地坚持以农为本的方针路线,把支持鼓励和引导人民群众开垦荒地、种粮植桑、兴修水利、发展农业,作为政府在管理社会经济事务中最为核心的职能任务。县一级政府处在社会经济建设第一线,理所当然地将劝农当作自己的神圣职责。

但是,在小农经济的形态下,以家庭为生产单位,男耕女织,自给自足,彼此之间,鸡犬之声相闻,而老死不相往来。除非有大型的御敌工程、水利交通工程,运用行政动员和武力征服的手段,把群众的生产活动有效地组织和整合起来。就常态性来讲,政府对于以农业为主要内容的经济建设几乎没有办法直接干预,而在很大程度上只能依靠嘴上功夫进行劝导,这就是为什么叫"劝农"的缘故。由此,"劝农"成为每年春天县衙鼓励春耕生产的一项重要活动。

千百年来,历代封建王朝,虽然一直都在劝农,然而山还是那座山,梁还是那座梁,农业生产的资本有机构成和科技含量几乎没有发生过革命性的飞跃,而是处于一种人工畜力维持简单再生产的原始状态之下。所以,十多年前,曾有县官给总理写信,呼吁"农民真苦,农村真穷,农业真危险"。

"三农"问题,始终是当政者关心关注的重点。中央采取了一系列有效的措施,强力推进农民增收、农业发展、农村建设。特别是 21 世纪以来,自 2004 年始,中央连续发布了七个指导农业农村工作的一号文件,体现了中央对"三农"的殷殷情怀。一定程度上说,在浙江,"三农"问题已不成为问题。今天,遂昌把汤显祖"请"出来,根据明代伟大剧作家的传世名著《牡丹亭》及史志、县志记载,恢复劝农节,恢复当时盛景,我想既意在推进农业生产,更意在借此促进乡村旅游。班春、劝农、插花、赏酒⋯⋯四百年前的明代乡村农耕景象在浙西南的山区小县遂昌县重现,许多游客和各方宾客一起在现场观看了盛况。

浙江省民俗文化促进会会同遂昌县政府在劝农节期间,举办了民俗文化与乡村旅游论坛。省人大常委、省民俗文化促进会会长童芍素对遂昌县开展的"汤显祖文化·劝农"节活动给予充分肯定。她说这是一次很好的发展民俗文化、推动乡村休闲旅游发展的活动,是立足于遂昌生态特色、文化特色和产业特色的正确选择。她指出,发展民俗文化,既传承了历史文脉,又为乡村休闲旅游品质的提升注入了文化内涵,推进了旅游经济发展。

这可谓:汤公劝农几度秋,一息承肩总未休;好种佳禾不患贫,逐年累进是丰收。勤政为民遗风存,守护文脉情怀真,传统班春添新意,古镇丰沛尽游人。

2010 年 3 月 26 日

# 喝山节，呼唤人们节制无边的欲望

2010 年 11 月 13 日，是农历十月初八。在衢州市衢江区的举村乡，很多自然村这天都会举行"喝山节"仪式。其中，洋坑村是规模最大、仪式保存得最完整的一个村。举村乡流传 400 多年的"喝山节"，起初也带有浓厚的神话故事色彩。

相传蓝氏祖先蓝箫子，他所吹的箫是八仙中的韩湘子所赠。有一年遇上大旱，洋坑山岭上燃起大火，危难中，蓝箫子不惜违抗天命，吹起了《降雨咒》，引来大雨扑灭火灾，而他自己却消失在火海中。

为了纪念蓝箫子，后人在洋坑村盖起庙宇，并在每年的十月初八举行盛大的"喝山节"祭祀。经过数百年的传承，已经成为当地具有较大影响力的民俗活动。祭祀活动中，村民们除了祭拜祖先之外，还通过祈祷山神庇佑、为古树添土、祭拜等仪式，教育村民遵守祖先遗训，爱惜山林，不要乱砍滥伐。

今天的举村乡，原始森林树木葱茏，群山竹木苍翠，这是当地山民继承历代祖先生态文化观念善于保护的结果。

前一阵子，在武义县郭洞村考察，这个村为中国历史文化名村，果然名不虚传。郭洞村自然景观确实不错，村口古树成群，村子依山而建，周围山林茂盛，并保留原始风貌，有许多年代久远的珍稀树种。村中溪流潺潺，充满着怡然、宁静，好一派山野田园风光。当地村民介绍，郭洞依山而建，并且山体陡峭，为防止山体滑坡，古代郭洞人就制定了比较严格的保护山林的制度。族规规定，上山砍一枝小树，断其一指；砍一株树，要断其一臂。据说在大跃进期间，为保护这片山林不遭受破坏，郭洞人提出要砍树先砍人的口号，可见其族人保护山林的决心和勇气。郭洞先祖的生态文明观念，以及代代后人维护人与自然和谐的意识，值得称颂。

对大自然的敬畏，这是古老中国睿智的核心。传统中国的"天人合一"学说，是地球上最古老的充满睿智的哲学，也是农业社会发展到一定阶段的产物。中国古代先贤们认识到：人类是自然界的产物，并依存于自然界，人与自然之间是唇齿相依的关系。自然界的任何变迁,将直接影响到人类的生存和繁衍。先贤们认为自然界和天地之间的万事万物一样,同样是具有生命和道德标准的,应该受到尊重的。"天地万物皆有德"正是这一价值观的体现。因此追求人与自然的和谐,不仅是追求人类生存繁衍的手段,同时也是人类生存的最终目标。

征服自然的梦想与对自然的敬畏一样,也是与人类俱存的。约千年前,中国人就有了四大发明。几百年前,西方人开始尝试飞翔于太空。现在,人的梦想差不多一一实现,有些甚至人类做梦也没有想过的情景也成为现实。人类征服自然的梦想,一方面促进了科技的进步,创造了极丰富的物质和精神文明;另一方面,随着人类一步步实现梦想,人类自我的心态急剧膨胀,对自然的敬畏之心荡然无存,而自傲之情却充塞于心。今天人们很多改造自然的重大举动,都不去考虑自然的威力或承受力。城市化、现代化、工业化,摧枯拉朽,先污染、后治理,导致森林锐减、植被破坏、物种灭绝、气候异常,这种与自然为敌的态度,不仅使人类迷失了本性,忘记了大自然的生养之恩,而且错判了大自然的力量,所以在大自然的报复面前,人类又显得是多么不堪一击。

森林是地球上最完善的生态系统,与人类关系极为密切,人类本身就是从大森林中走出来的。森林虽然属于再生资源,但再生过程极为缓慢,远远比不上被消耗的速度。工业革命以来,森林的数量是以几何级数递减的,而森林的破坏又将导致一系列生态环境的恶劣反应,直接威胁到人类的生存。

在今天,生态文明建设提上了议事日程,生态浙江的实施,有效促进了人与自然的和谐。今天,倡导举村乡的喝山节,宣传郭洞村的护林理念,重提敬畏自然,有助于激发我们对养育人类的大自然的感激、关注与呵护之情;有助于我们在开发自然和利用自然资源时持更为审慎的态度,进行更周全和长远的评估,避免可能导致的灾难性后果;有助于我们节制无边的欲望,推崇简单的生活,以维持地球赖以延续的最后资源。

当然,敬畏自然,并非消极逃避,而是以心灵的充实,代替人类纯物欲的追求,从而更积极、更理性地处理保护与发展的关系,真正做到可持续发展。

2010 年 11 月 15 日

# 焕发民俗文化恒久的生命力

2009年的端午节,嘉兴成为全国民俗界的关注点。

中国嘉兴端午民俗文化节闪亮登场。嘉兴月河历史街区的民俗表演大巡游,南湖鸣锣开赛的嘉兴全国龙舟赛、第三届中国大学生龙舟锦标赛,高潮迭起;端午民俗作品创作大赛,包括社区裹粽大赛、社区香囊制作比赛、端午农民画创作展示,趣味横生;端午民俗文化节摄影大赛、端午诗歌朗诵会、"端午宝宝"选秀活动,吸引人眼球;"过端午、到嘉兴"旅游活动、嘉禾端午民俗体验馆开馆,人如潮涌。

从活动安排可以感受到,嘉兴举办的端午民俗文化节系列活动,格外注重当地市民、各方游客的参与性和互动性。政府办节、老百姓过节,成为和谐社会建设中一项区域性、代表性的举措。

浙江民俗文化促进会在嘉兴应运而生。丰富多彩的民俗文化渗透在人民的生活、生产实践中,已引起各行各业的关注,并逐渐成为热门显学;发掘优秀民俗文化资源,促进优秀民俗文化的传承与保护,成为有识者的历史担当。民俗文化促进会,依赖浙江深厚的民俗文化底蕴而生,顺应文化大发展大繁荣的时代需要而立。

举行中国民俗文化当代传承浙江论坛,成为浙江省民俗文化促进会成立后的第一件事。这次论坛,得到了省内外各界人士的支持和响应。这次论坛群贤毕至、名家荟萃,全国来自30多所高校与社科机构的70多位专家学者、30多位大学生,就中国民俗文化当代传承展开了研讨。

浙江省政协主席周国富亲临浙江省民俗文化促进会成立大会,他指出:我国的民俗文化蕴涵着中华民族的文化基因,传递着中华民族特有的价值观念、思维模式、伦理道德、行为规范和审美情趣,润物无声地滋养着我们民族世代相承的文化土壤,生生不息地融化到我们民众血液中,深深植根于我们生产生活的各个方面。

文化部副部长周和平发来贺信,指出浙江人杰地灵,民俗文化资源丰富、形态独特多样,愿促进会的成立能充分发挥助推作用,促进民俗文化传承与保护,推进文化生产力的发展。

浙江省委常委、宣传部长黄坤明发来贺信,希望促进会整合各方力量,充分发挥优势,扎实做好我省民俗文化的研究、传承和弘扬工作。

浙江省委常委、副省长葛慧君发来贺信,要以科学发展观为指导,加强对民俗文化的整理、研究、传承和利用,组织开展各种民俗文化活动,为促进非遗保护事业,推动浙江文化大发展大繁荣作出积极贡献。

中国社会科学院荣誉学部委员刘魁立说,民俗文化的保护不是为了昨天,不是为了发思古之幽情,而是为了今天的生活,是为了更美好的明天。老百姓的习俗和文化就像风,来无影去无踪,但人人都可以感受风的喜悦。

文化部非遗保护专家委员会副主任委员周小璞指出,传统节日往往都是集当地民间文化的大成,它的保护与传承是保护传统文化最重要的一个途径和环节。

童芍素会长认为,民俗文化的传承,是关乎每个中国人生活的极普遍的民生问题,是关乎民俗文化当代传承的现实问题,也是关乎中华文化弘扬的长远问题。

历史是割不断的,是千年流淌的母亲河。许多古老的习俗历来在现实社会生活中产生着重要作用。当中国向现代化的目标迈进时,怎样继承传统风俗中的精华,剔除其封建糟粕,在传统文化的基础上,建立社会主义新的文化格局,是一个摆在我们面前与物质生产同等重要的任务。

论坛围绕"中华传统文化在新时期的复兴与发展""民俗文化传承与民族优秀文化精神的弘扬""中国民俗文化当代传承""传统节庆文化的开发和利用""历史文化名城(镇、村)的综合保护实践经验"和"嘉兴端午的历史渊源与当代影响"等六个主题,开展分主题学术交流、青年学术沙龙、嘉宾恳谈会等活动。

专家学者见仁见智、献计献策,青年学子意气风发、各抒己见,实际工作者结合实践、畅所欲言。思想的火花,推进传承保护的灼见,在论坛中迸发。

民俗文化的传承,使中国历史的画卷显得那么丰富多彩、充满活力,把我们民族的生活妆点得绚丽多姿、格外美好。它使我们骄傲自豪,鼓舞我们奋发向上,不断追求,不断前进。

2009 年 5 月 30 日

# 你从"哪里"来

前不久,第九届联合国地名标准化大会暨第二十四次联合国地名专家组会议确定地名属非遗,适用《保护非物质文化遗产公约》(据 2007 年 11 月 22 日《人民日报》)。地名保护为什么会引起国际社会的高度关注?

每个地名都有它的出典,都有它的来历,背后都有值得探究的人文背景。我下乡到一个地方,经常会随口问"地陪"某一地名的来历。有的地名很有意思,有的不得其解。我总认为,别小看那些小村小街,对于它的名字都不可怠慢。

20 世纪 80 年代初,我在家乡临海县城郊区文化站工作,搞过地名普查。城郊有个村叫"留贤",听了这两个字,就感觉有点来历。果不其然,说起留贤村,与唐代大画家郑虔还有一段流传久远的故事。

郑虔,字若齐,唐明皇时期为之特置广文馆,授为博士,时有"郑虔(诗、书、画)三绝"之誉。安史之乱,郑虔蒙冤贬为台州司户参军。当时的台州,还是天高皇帝远的"荒蛮之地"。郑虔初到台州时,在衣饰、言行等方面都不同当地居民,而郑虔也与当地人格格不入。当时曾有"一州人怪郑若齐,郑若齐怪一州人"之说。郑虔觉得"今吾谪此,则教化之责,吾当任也"。为此选民间子弟教之,大而婚姻丧葬之礼,小而升降揖让之仪,"莫不以身帅之"。从此台州教化渐开,士风渐进。

唐肃宗继任后,朝廷几番下诏,赦免安史之乱受累之官。当时高龄的郑虔,可以回京城或回家乡河南荥阳,免遭客死他乡。学子们闻讯恋恋不舍,苦苦相留。一日,郑虔与学生郊游,看到一巨石旁斜出之笋,随口吟出"石压笋斜出",此句含义极深,寓意自己坎坷的人生;学生林元籍随即对曰"谷阴花后开"。这一对,不但对仗工整,含义贴切,同时蕴含了台州学子对先生的深情厚意。郑虔听后惊喜曰:"何教化之神速乃尔也耶!"基于学生们的挽留和期待,郑虔不忍心离开,就此放弃了回京、回乡之念,随后给皇帝写了一封奏折,表明了留在台州的心愿。为纪念郑虔,郑虔与学生郊游之地改村名为"留贤",而其原名却渐被人们忘却,至今无所考。明人解元张志淑有诗赞曰：水范山模别有天，芳村自昔纪留贤。台邦共许人文薮，尽是先生一脉传。

中国的很多地名，到现在已叫了千百年了，它的沧桑底蕴太深了。叫了几百上千年的名字，叫到现在，会让人有一种怎样的感觉？上千年前的唐朝"留贤"村的地名还延续至今，那是一种怎样的亲切感？

报载，杭州新华坊社区有个居民自发成立的老地名挖掘会。会员们挖掘办法五花八门，有四处走访小区老人的，有上网查找的，有查阅各种书籍的，力求把有关自己小区的老底子来个一网打尽。果然功夫不负有心人，挖出了不少鲜为人知的地名故事。新华坊的助圣庙巷，是纪念唐代著名书法家褚遂良的；岳家湾，相传岳飞昭雪后，他的子孙就住在这里；叶面巷，巷名始于元代，据说当年巷里住着一位姓叶的高明棋手……新华坊几乎每条小巷小街的背后都藏着一个动人故事。居民们感慨，"原来我们每天走过的这些小弄堂还有这么多名堂！"地名不分大小贵贱，老地名给人一种敬畏，小地名也可以永载史册。

在我国，由于人们对地名文化缺乏认知，乱更名、乱起名现象屡屡发生。很多古老的地名正面临濒危、失传的危机，亟待保护。家乡临海的黄沙狮子列入首批国家级非遗名录。黄沙狮子所属的村叫上游村，后来该村又一分为二，大村依旧叫上游村，小村则叫下游村。大家都在"力争上游"，小村却甘居"下游"，似乎又不妥，后来小村改叫"东方红村"。它们原先的名字肯定不是这样的，原先的名字肯定要土得多，至于它原先的本名，我想除了当地上了年纪的人，还知道的人肯定是无几了。临海原先有个乡叫"张家渡乡"，很朴素、很中国的一个名字，后来改为"爱国乡"，新世纪初又改为"括苍镇"（以括苍山名为名）。特定时代中，全国乡村改叫爱国乡、爱国村的总该有上百个。全国哪个乡、哪个村不爱国？城市化、新农村，搞撤扩并，大搞拆迁，地名改来改去，有的地名从此"破旧立新"了。

地名语词的含义是对地理实体的专指，它揭示了地理实体的历史沿革和语源文化，地名一旦更改或消失，其"专指"功能顿消，地脉就全断了。改变、废弃古老地名，在当时背景下虽有一定道理，但将其放到中华民族的历史长河中看，则极少合理性，实质上会造成对历史文化资源的严重破坏。因此，对地名尤其是那些传承已久的古老地名，不能乱改！

联合国有关组织把地名列入非遗范畴，要求加强保护，具有重要意义。当前，首先是要将地名资源列入非遗普查的内容，搞清地名的来龙去脉。其次，对已成为当地文化标志的古老地名，要进行评估和研究利用。再是，绝不能随意变更地名，確需更名时,要通过专家严格论证,注意保持地名的稳定性和连续性。比如杭州的庆春街因道路拓宽改造更名为庆春路,原来的专名没变,既保留了老街文化价值,也方便了群众使用。另外,要系统建立地名文化遗产保护与研究机制,特别是要研究出台相应法规依法保护。

有首歌唱道:"你从哪里来,我的朋友。"不要忘了你从哪里来,我们也不能忘了中华民族从哪里来!

2007 年 11 月 30 日

# 寻找最浙江的声音

如果给读者出一道选择题,要求在金华山歌、温州山歌、嘉善田歌、舟山渔民号子、景宁畲族山歌中,推选最能代表浙江的声音,你会选谁?

2007年7月,钱江晚报与浙江音乐家协会携手主办浙江省原生态民歌擂台赛。在浙江音乐厅举行的决赛场上,台上民歌手把足了架势,数百名观众在台下和着节奏鼓掌和欢呼,那阵势如同观众们听明星演唱,如同新年音乐会上对施特劳斯的《拉德茨基进行曲》鼓掌一样。

原生态民歌赛,引起了出乎意料的反响,资深的音乐评委们如同大专辩论赛上的辩论手一样,各抒己见,每个人都力挺一种原生态民歌,有的认为嘉善田歌最有江南水乡韵味,有的提醒金华山歌曾经名震全国,有的强调温州山歌完全有一鸣惊人的实力,有的指出渔歌号子是最纯粹的原生态,有的呼吁畲族山歌个性独特。各位评委久久难以达成共识。

浙江有崎岖山区、有平原水乡、有盆地丘陵、有海岛渔乡,地域风貌多元多姿。不同地域的音乐特征,与传统生产生活方式、生态环境及居民性格等有密切关系。千百年来,经历了时代的变迁,经历了风吹雨打,民歌依然在民间顽强地生存着,在人民群众中自然传承。但在当前这个经济高速发展的时代,包括民歌等在内的传统民间艺术行渐消逝,曾经的鲜活和神采,也许将成为一段美丽的回忆。非遗是民族精神的DNA,除了政府的力量之外,文化生态的保护越来越引起社会各界的关注。

钱江晚报、省音乐家协会做了一件很有意义的事,这些山歌、田歌、渔歌都很有特色,独具魅力。我认为,擂台赛的结果并不重要,甚至,我认为,参加现场决赛的每一种民歌都是最浙江的声音,都能代表浙江。原生态民歌擂台赛,再一次激发了社会公众对浙江乡土艺术、草根文化的关注,激发了对原生态艺术抢救保护的关切。这些或婉转动听,或光鲜清丽,或高亢嘹亮的歌,这些富有真情实感,具有纯粹特质,让人过耳难忘的歌,如何让她发扬光大,恒久传唱,我认为我们有许多的事要做!

　　寻访发掘老一辈民间歌手,是个关键。景宁有位畲族大妈蓝陈启,传统的畲族民歌能唱200多首,而且擅于张口就来,即兴编词,即兴演唱,成为畲族民歌的代表性人物,成为景宁畲族文化的代言人。经浙江省文化厅推荐,蓝大妈曾赴日本参加亚洲民间艺术节表演。这次参加省原生态民歌擂台赛唱渔民号子的洪国强、洪国壮这对舟山老哥俩,会唱一口好渔歌,平时最大的娱乐就是对着大海唱渔歌,最大的爱好就是找人一起唱渔歌。这次参加擂台赛,老哥俩的演唱,以强烈的节奏,特别是来自最朴实劳动场景的表演,给人一种震撼,以最高分一举夺金。民歌包含着乐、曲、词以及歌手的嗓音等好几个因素在内,受欢迎的民歌王,往往包容的信息量很大。民歌王是个宝。

　　要花功夫把地道的民间音乐忠实地记录下来,特别要以录音录像的手段抓紧时间记录下来,这些资料就是我们今后合理利用的资源。原始资料具有保留价值,可以有选择地恢复,可以作为研究之用,也可以作为艺术院校的声乐教材,可建立民族音乐馆,向公众展示民族本土艺术的光彩。

　　要搭建平台,让民歌手有更大的展示舞台,让优美动听的民歌重新飘扬。景宁利用每年的畲族三月三,举办"寻找畲家歌王"擂台赛,汇集各地畲族歌手,以不同风格演绎传统畲歌,已成为一个品牌。舟山今年搞了个全国渔歌邀请赛,促进了渔区渔歌手的交流。现在已经很有名的山西原生态歌手阿宝,2004年参加在我省仙居举办的首届全国南北山歌擂台赛,一举成名,成了黄土高坡民歌手的代表。

　　民歌手要有"歌"唱,歌词也要与时俱进,曲调也需要更为丰富。要引导和组织创作一批反映新时代、新生活,乡土气息浓郁、感情真挚、深受观众喜爱的作品。在这方面,还有不少差距,有待共同努力。想当年,我省音乐家周大风,在泰顺这方歌山画水之地,采风创作了经典的《采茶舞曲》,与江苏的《茉莉花》一样,在江浙家喻户晓。

　　当然,本土音乐还是要靠本乡本土的群众去演唱,才能表现出原汁原味,这种原生态的民间音乐现在是越来越难以见到,传承的人也越来越少。当务之急是要寻找和培养年轻人来学习这些堪称瑰宝的艺术。唱舟山渔民号子的洪国强、洪国壮这对60岁的老兄弟,今年"文化遗产日"开始,在浙江海洋学院给学生们上课,教唱《摇橹》和《起锚号子》,他们说:"虽然学生们学得很认真,但毕竟他们从未撑船出海过,没有体验过浪尖上讨生活的艰苦岁月,所以,不管在教室里怎么教,他们都很难唱出我们的那种味道。我们现在考虑和学校联系,多让他们有实践的机会,体验以前渔民的捕鱼生活。"虽然有音乐专业的学生愿意学,但这并不代表继承问题的解决。毕竟,原生态是植根于生活的。

传统乡土艺术的继承和发展,没有统一的模式,但有些基本规律是值得遵循的。

2007 年 7 月 30 日

# 戏没了就真的没戏了

浙江是戏剧大省,是南戏的故乡。"一部中国戏剧史,半部在浙江。"但凡说起浙江戏剧,这句话总被频频提起。

的确,浙江有越剧、婺剧、绍剧、甬剧、瓯剧等地方剧种,马灯戏、茶灯戏、菇民戏、车灯戏等民间小戏,现有列入省级非遗名录的传统戏剧 56 项,其中列入国家级非遗名录的传统戏剧 24 项。还有哪方水土有这么多的腔调?

但同时,毋庸置疑,我省传统戏剧的生存面临严峻挑战。省文化厅组织对传统戏剧生存现状进行调研,其中只有三分之一能正常演出,三分之一只能演片段,三分之一已鲜见于舞台。也就是说,多数传统戏剧项目濒临消失!或无剧团、或无名角、或无名剧,正快速淡出人们视野,甚至在其发源地,不少当地人也不知道这些本土剧种的存在。

调研和分析传统戏剧面临窘境的原因,主要有:随着电影、电视、网络戏剧的快速制作和播映,大大分流了观众;年轻人习惯于快节奏,对戏曲演出慢条斯理缺乏耐心;题材老套,与现代生活相距太远,缺少呼应;往往用方言演唱,外乡人听不懂;小剧种缺少经典剧目,没有品牌号召力;有些老年演员已无力登台演出,有些中年演员已经改行,有些青年演员技艺不够水平;学戏曲难度大,愿意学戏吃苦的人少了;演员收入不高,缺少可持续动力;看戏的白头发多,黑头发少,衰落颓败难免。诸如此类,凡此等等。

有专家断言,传统戏剧消亡的态势依然,可以说没有任何力量能阻止这一文化滑坡的趋向。

有专家预言,大剧种还死不了,不少小剧种真要没戏了。

有一句老话,说一件事没结果了,就说没戏了。说明在早年,看戏几乎是老百姓唯一的文化娱乐活动样式,看戏在老百姓精神文化生活中很重要。说没戏了,就是没希望了,没结果了。传统戏剧要没戏了,怎么办?

　　传统戏剧，有故事。或者才子佳人后花园，落难弟子考状元；或者爱恨情仇，喜怒哀乐。传统戏剧，有精神。或者真善美，礼义廉耻；或者家国情怀，忠孝节义，传递的都是正能量。传统戏剧，是综合艺术，它融文学、美术、表演、音乐、舞蹈等多种艺术于一炉，观赏性强。传统戏剧，唱念做打，锣鼓喧天，热闹。锣鼓一响，脚底发痒，哪里有戏看，哪里就人山人海。

　　抓好传统戏剧保护传承，对于传承优秀传统文化和弘扬社会主义核心价值观意义很大。加强濒危剧种的抢救保护，是我们义不容辞又迫在眉睫的责任。

　　为此，我们不能让大剧种只回响在老年人中间，不要让小剧种绝唱。

　　我们这个时代，不能没戏了，不能没戏看！

2012 年 11 月 2 日

# 濒危剧种守护，需要行动

　　2013年7月19日上午，在杭州西溪湿地蒋公祠堂的老戏台上，随着一槌悠远的鸣锣声，浙江省濒危剧种守护行动暨浙江省新生代企业家非遗保护基金正式启动。同时，一台"美丽非遗，魅力戏剧——浙江省传统戏剧折子戏精品展演"，在观众的期盼中拉开序幕。

　　对于这个活动，省领导很重视。全国政协文史和学习委员会副主任、省政协原主席周国富出席，并鸣锣宣布守护行动和非遗基金正式启动；省政府副省长郑继伟，省政协副主席、省委统战部部长汤黎路出席。

　　对于这个活动，有一个特殊群体的到场，引起媒体热切关注。省新生代企业家联谊会会长宗馥莉代表青年企业家，向社会各群体发出"关注非物质文化遗产，复兴中华传统文化"的倡议书。51个小老板、新生代企业家莅临。

　　对于这个活动，新闻媒体热切关注。省城26家中央媒体、省主流媒体记者莅临采访报道。

　　省文化厅精心筹措和策划这个活动，省文化厅厅长金兴盛出席致辞；副厅长柳河与省新生代企业家联谊会会长宗馥莉签署了《关于非物质文化遗产保护合作框架协议》。

　　省文化厅、省新生代企业家联谊会双方携手组织实施浙江省濒危剧种守护行动。新生代企业家们捐助360万资金，在2013—2015年期间会同开展"十个剧团唱新声""百场大戏送乡亲""千名弟子共传承"等系列活动。并现场捐助了首期100万非遗保护资金，支持10个濒危剧种剧团。这一举动，博得了社会好评。

　　叫好声之外，还有另一种声音：身家超亿的"富二代"，面对比比皆是的濒危戏剧，3年才捐助360万元，是不是太少了？

　　一名濒危剧种演员说，"我们演出成本很高，加上日常的运营费用，演员的工资发放，戏剧的传承发展，需要花钱的地方太多了，10万块实在做不了多少事。"

一位剧团团长说，"对我们剧团来说，外界的扶持太重要了，这简直是雪中送炭！不管钱多钱少，只要有帮助就行，积少就能成多，我相信这是一个好的开始。"

一位戏剧专家说，"新生代企业家能关注到濒危剧种，我感到十分欣慰。钱多钱少无所谓，关键是能唤起政府和社会对非遗、对戏剧保护的重视。"

列宁说：一打口号，不如一个行动。爱心只需要一个行动。浙江拯救濒危剧种，政府企业联手行动。

我们有着"同一个梦想 同一个行动"！

2013 年 7 月 19 日

# 激情唱响"浙江好腔调"

中国书协副主席陈振濂在《都市快报》"陈振濂视角"专栏,撰文《浙江好腔调》:

"一部戏剧史,半部在浙江。近日媒体大篇幅报道,回顾浙江戏曲之名角名剧及首批'剧乡',以此振兴、守护、宣传、承传,立意宏阔,可谓为吾浙立一文化丰碑、亦足为文化大省立一指标。愿此积累,年年有新招,以成项目系列,凡浙人皆有荣焉!"

陈振濂是用书法"唱新闻"。笔墨当随时代,陈振濂关注社会生活中日新月异的变化,用书法的形式记录历史与民生新闻。

传统戏剧深藏在历史尘埃中,更应当活在当下,延续在未来。

2014年春节前夕,第九届浙江省非物质文化遗产节暨"浙江好腔调"系列活动在临安市板桥镇花戏村的文化礼堂拉开序幕,唱响了此次活动的序曲。

初夏,第九届浙江省非物质文化遗产节暨2014浙江好腔调传统戏剧系列10个专场展演活动,紧锣密鼓,好戏连台,依次在浙江大地展开。5月27日晚,两场极富童趣的传统戏剧——"浙江好腔调·木偶情缘"、"皮影戏说"专场,在海宁市大脚板乐园上演。5月31日晚,"乱弹正传"专场在台州市椒江剧院唱响。6月8日晚,"目连传奇"专场在新昌县文化中心上演。6月9日晚,"摊簧悠扬"专场在绍兴市文化馆唱响。6月11日晚,"高腔遏云"专场在衢州市工人文化宫与观众见面。6月12日,"浙风越韵"专场在永康市三江广场唱响。6月13日晚,"梨园撷英"专场在金华市中国婺剧院上演。6月14日,"经典流芳"专场在金华市中国婺剧院唱响。

系列展演的收官之作——"浙江好腔调·山水依旧",于6月20日晚在拱墅区运河文化广场上演,讴歌"美丽浙江",宣传"五水共治"。

全省56个大小剧种,形态各异,顺流时光之水,粉墨登场,古老唱腔再次回响与绝唱。

近年来,濒危剧种求关注,濒危剧种更需要舞台,传统戏剧如何再现风光,这些呼吁,成为我省文化发展繁荣进程中亟待破解的重要命题。我省大力推进传统戏剧保护、特别是濒危剧种的抢救工作,政企联手启动浙江省濒危剧种守护行动,印发了《浙江省濒危剧种守护行动实施方案》,有计划有步骤地强化濒危剧种保护措施,加大对传统戏剧项目经费补助倾斜力度,对濒危剧种开展多媒体数字化抢救性记录,加强传统戏剧后继人才的培养,举办传统戏剧系列展演展示活动,推进传统戏剧融入农村文化礼堂建设,推进老戏台、书场等传统演出场所建设等,力争用政策红利和机制创新扶持传统戏剧"破茧成蝶"。

戏剧本就发源于民间,发展壮大于勾栏瓦舍。千百年来,城里乡间搭台唱戏,是中国社会一道独有的文化风景线,也是一方水土一方人民理想诉求和情感表达的最美腔调。

让戏剧根植于民间,戏剧舞台搭建在民间。

让传统戏剧真正能够活起来、传下去。

让浙江大地激情唱响好腔调。

2014 年 7 月 5 日

# 56个传统戏剧共筑"好戏浙江"

浙江列入省级非物质文化遗产名录的传统戏剧项目有56个,初步调查摸底,我省演出正常的戏剧项目17项,能够部分演出的19项,濒危的20项。大约各占1/3。

省委书记夏宝龙作出重要指示:要像保护大熊猫一样,保护传统戏剧。确保全省56个剧种(项目)一个都不能少。并强调:地方戏剧要在地方得到保护,一个剧种起码在一个村里存活,活起来、传下去。

省委书记的嘱托,成为全省振兴传统戏剧的坚实行动。省、市、县、乡、村五级联动,构建保护体系;传承、演出、创作、研究、推广、融合六大举措,健全保护制度。让传统戏剧复兴不再成为一句空泛的口号。

短短三个月,系列措施层层推进,步步深入:

首部全面介绍56个传统戏剧的大众普及读物《"浙江好腔调"——56个传统戏剧集萃》,图文并茂,编撰出版。

系列纪录片《"浙江好腔调"——56个传统戏剧微纪录》,共分56集,每个传统戏剧项目一集,每集3分钟至5分钟,在浙江电视台播出。

制定《浙江省传统戏剧之乡申报与命名办法》,注重项目的落地保护和整体生态保护,营造良好的生存空间和土壤,促进地方戏在地方发展。首批评定浙江省传统戏剧之乡22个,其中包括传统戏剧特色市2个、特色县5个、特色镇5个、特色村10个。

11月6日晚,"浙江好腔调"——浙江省传统戏剧之乡授牌暨展演晚会在建德市新叶村举行。来自各地30多个专业剧团和业余班社的300多位演员,共同上演了一台传统戏剧集萃。省领导葛慧君、郑继伟等为传统戏剧之乡授牌。

各地抓住推进美丽乡村和文化礼堂建设的机遇,修缮和建设了一批仿古戏台、地方戏剧展示厅、戏剧排练场。

省财政对 56 个传统戏剧项目的保护传承,给予特别的经费支持,每个项目每年 20 万元,一定三年。

省里将进一步研究出台传统戏剧振兴行动计划,有计划有步骤,有重点有序地推进传统戏剧传承发展。

我们要以礼敬、自豪的态度对待传统戏剧,通过"抓住不放、一抓到底"的不懈努力,让传统戏剧在这个时代更加亮丽、更加多彩。

2014 年 11 月 30 日

# 别样风情的春晚分外香

2014 浙江非遗电视春晚,留下佳话。

这台春晚,以"中国梦想、美丽浙江"为主题,唱响主旋律,体现正能量。晚会,宣传五水共治战略,彰显留住乡愁情怀,让观众望得见山、看得见水、记得住乡愁。

这台春晚,以源、寻、传、融四个字为主线和脉络,融汇自然之美与人文之美、发展之美。

源。有水的地方,就有人类居住,有人类居住的地方,就有文明。江河湖海溪,源远流长。浙江的历史文脉,源远流长。

寻。省委省政府高度重视水文化生态的保护,提出了五水共治的战略目标,各地正在寻找可游泳的河,打造可游泳的河。非遗十年,我省各地非遗工作者追寻流淌的母亲河,寻找和发掘历史文化的宝藏。

传。浙江八大水系,涓涓细流,潺潺流水,灌溉和滋养我们的生命,不让河流成为传说,是我们的责任和担当。传统靠传。传承历史文脉,传递文明薪火,传播优秀传统文化,是我们的使命和情怀。

融。万涓成水,终究汇流成河,水流千转归大海,像一首澎湃的歌。江河湖海溪,与人民群众的生活息息相关,有如鱼水相融。非遗十年,让非遗重新融入社会、融入群众、融入生活。

这台春晚,推出了五首非遗主题歌曲。与"源"字对应,一首《光阴的故事》,唱出了光阴荏苒、逝者如斯的感慨;与"寻"字对应,一首《梦寻美丽非遗》,唱出了对乡情乡愁乡音的渴望,对不能忘怀的儿时记忆、传统手艺、风土人情的思念;与"传"字对应,一首《薪火相传》,唱出了当代人对于把根留住的热切期待,对于精神家园的温暖守望;与"融"字对应,一首《非遗之光》,激昂唱响了鼓之韵、灯之情、龙之魂,激荡了观众的心怀。晚会高潮,一首《非遗工作者之歌》,唱出了非遗人"心系百花绽放、情满万家灯火"的心声,唱响了非遗人为了"中国梦想、美丽浙江"的满怀豪情,传达出催人奋进的力量。

这台春晚，编排匠心独运、另辟蹊径。扬弃了以往传统的、单一的文艺节目表演模式，引入"非遗十年"VCR纪实形式，打造第二视觉时空。现场，老底子的童玩嬉闹舞台，原生态的手工艺表演，日常生活用品成为打击乐器，这些传统的元素，经过创新性的叠加，焕发出了新的生命力。非遗，隽永如斯，美丽如斯。

这台春晚，在舞美视觉呈现上，没有用铺张华美的装饰，而是在烘托主题中强化了乡土文化元素的纯天然呈现，用简约而不简单的视觉效果，让舞台灵动绚丽，别具新意。

这台春晚，既有浓郁的地域特色，又着意构筑百姓共同的精神家园；既呈现传统社会的生活美，又凸显传统文化现代表达的艺术美；既彰显着最原始最朴实的传统年味，又极富时代感。努力传达出一种真实、一种温暖和一种接地气，沁人心脾、动人肺腑、感人心曲。

这台春晚，表达了当代人对于乡土文化发自内心的感触和感恩，展现了民间草根艺人的多才多艺和对生活的美好追求，让那些渐渐被当下的人们所忽略、漠视的乡土艺术，重新郑重地进入我们的视野，引发深层次的思考，那是今天我们所应当分外珍惜的。

这台春晚，对晚会主题的演绎和阐释，赋予传统文化应时的宣传意义。

春晚年年办，年年各不同。2014浙江非遗电视春晚落下了帷幕，也留下了许多的赞誉、感慨、话题与沉思。

2014 年 1 月 31 日

# 金华山头与天齐

2007年2月12日晚,金华体育馆上演了由金华市文化广电新闻出版局组织编排的大型民俗风情歌舞《仙山婺水·金华人》。这台统体构思、整体设计的晚会,所展示的地域风情,所具有的文化生态,所体现的艺术智慧,所表达的和谐思想,令人折服。

在看实况演出的前几天,我已经拿到节目单,金华的民俗风情特色鲜明,民间艺术琳琅满目,金华的婺剧、斗牛、炼火、十八蝴蝶名声在外,并有许多项目列入了第一批国家级非物质文化遗产。如何再度艺术体现金华最具代表性的文化符号,打造金华的城市文化标签,我拭目以待,充满期待,果然名不虚传。

我的第一个感觉是,这台晚会立意深远、构思独特。主办方立意打造一台以金华山水人文精神为主线,以金华民间歌舞艺术为表现载体,集中反映演绎婺文化精髓的剧目,宣传、彰显金华人不可磨灭的印记和美好的未来。晚会通体构思,整体设计,用男人、女人、爱情、婚嫁四个篇章,体现了人类亘古不变的主题,体现人与自然的和谐。以金华山一样的男人、婺江水一样的女人切入,通过主题线索把民间艺术展示出来。在编导的精心处理下,丰富的民间音乐舞蹈在不同时段轮流构成表演中心。在同一个块面里,又蕴含着局部的线条起伏和戏剧性对比,取得了出奇制胜的效果,构成了多样性风格色块,既保持原味,又合理地提炼加工,形成了体裁上的歌与舞,视觉上的静与动和悠深宽广与火爆热烈的气氛等对比效果。这台晚会的串联,居然没有主持人,而是采用民间艺人讲述一个故事或者演唱一段曲目来导引,通过道情、小锣书等引出场景。多数节目采用方言,体现出浓浓的乡土气息和地方风味。口头文学搬上舞台,民间艺人请上舞台,对民间艺术的展示,在形式上也是一种突破。节目是晚会式的创作,不是原汁原味的展示,保护需要原汁原味,展示的方式方法应该可以八仙过海。晚会构思可谓匠心独运。

第二个感觉是,这台晚会充分反映了金华非物质文化遗产源远流长和丰富多彩。从浦江上山文化走来的古婺文明已历经万年沧桑,非物质文化遗产如影随形陪伴着一代代金华人度过平凡或者不平凡的岁月,化为浓浓的情绪。磐安炼火、金华斗牛,让现代人透过时空隧道领略八婺大地的古朴、原始气息;婺剧、永康十八蝴蝶、浦江板凳龙,体现了金华民间文化的丰富多彩、斑斓多姿;婺州窑址、金华府酒、金华火腿,是古婺先民智慧的见证;黄大仙的传说、魁星点斗的神话、迎花烛的风俗,凝结着金华儿女的不懈追求与梦想。这台晚会主要取材于金华的民间舞蹈和民俗风情,地域特色很鲜明,晚会的许多舞蹈保持了比较统一的民族民间性特点和乡土风味,映射着金华的历史与文化。剧目选取地方的非物质文化遗产为创作题材,在我省还不多见。这是一次融传统与现代于一体的成功的艺术实践。一场艺术上较为成功、文化上积淀深厚的舞台艺术作品,绝不可能在没有任何基础的情况下,于较短时间内一蹴而就。这台晚会既是对原生态风格的挖掘保存,也是后辈对之的学习和继承。从这台晚会也可以反映出金华民族民间艺术资源普查工作很有成绩,对祖先的丰厚遗产我们应该心存感激。

第三个感觉是,这台晚会体现了金华文艺创作的实力和水平,体现了组织和编导人员可贵的艺术创造力。这台晚会并非完全是地道民间音乐舞蹈的汇集,一定意义上说是将原生态文化元素进行了二度创作,进行了舞台化表述和包装。但值得赞赏的是,在创作中比较恰当地鉴别区分和处理民间音乐舞蹈精华。这一部分原生态的音乐舞蹈,无论是在篇幅内容的裁剪,还是所出现的位置上,都经过精心安排。该剧从民间艺术项目的选择,台词、歌词的创编到音乐创作、服装设计及导演的编舞,无不体现金华最原始的民俗风情,充分展示金华地域文化的特色,贯穿着戏剧性发展的线索,体现了宏大叙事的手法,体现出构架大型场面的能力。特别是这台晚会的演员,由金华艺校学生和十几支民间演出团队构成,可以说他们还不能算是专业舞蹈演员,但经过短期的训练,这样一大帮"散兵游勇"能在比较短的时间内被培养成训练有素的演员,同时还能让其保持原有的自然、率真甚至野性,的确很不容易。这台晚会,整台歌舞表演具有相当高的艺术水准。谋篇布局,起承转合之处,亮点频现,非常出彩。

第四个感觉是,这台晚会充分体现了金华人民高昂、饱满的精神风貌,体现了金华人民对未来美好生活的追求和向往。在金华,崇文重教的遗风生生不息,耕读传家的门风世世相传。拨浪鼓和货郎担谱写金华男儿沧桑的岁月,小风炉和钢锉刀见证金华男儿艰辛的业绩。仙山巍巍,婺水长流,赋予代代金华儿女刚柔兼具的性格,造就金华人务实勤奋、敢为天下先的气魄。这台晚会,是一幕展现金华绚丽独特的风情画卷,也是一曲歌咏金华人民耕读传家、创业奋发的壮美诗篇;是一台非物质文化遗产的精品力作,也是一台金华民俗风情与人文心理的点睛之作;是一台体现金华特色的城市名片,也是一台文化与旅游互为融合的有市场前景的大众剧目。这台晚会,以独特的方式表达对生命的感悟与信仰,是金华精神的人格化。

我最后的一个感觉是,作为一场地方性民族民间艺术表演,尽管在整个编排中穿插了许多引人入胜的民间音乐舞蹈表演内容,但原生态体现不够,有些地方渲染和挥洒不够,看了不过瘾。这是这台晚会美中不足的地方。当然,瑕不掩瑜。这台晚会的成功,无疑将会对当前的非物质文化遗产保护产生健康的推动力。

2007 年 2 月 13 日

# 今夜我们在诗意非遗中陶醉

初夏的星空热烈而浪漫,每一缕清风仿佛都写满诗意。

第八个"文化遗产日"来临之际,在美丽的处州古城南明湖畔,丽水市举办非遗宣传月启动仪式暨《处州古韵》情景诗歌晚会。这台晚会,用诗意结构串起整场特别节目,用非遗诗歌朗诵配以情景演绎,用丰富多样的艺术手段,让观众如临其境地感受非遗之美、诗歌之美和诗情画意之美。

第一,处州古韵风情美。丽水山水清纯秀丽,自然风光美不胜收,人文景观风雅古朴,非遗资源丰富多彩。钱江源头、瓯江源头,千百年涛涛不息;古堰画乡、云和梯田……积淀古城的丰厚底蕴与历史遗存;龙泉青瓷,舞动一千七百年神韵;龙泉宝剑,凝聚两千五百年剑道;青田石雕,在石头上绣花,成为中国第一雕;庆元廊桥,长龙卧波,巧夺天工;松阳高腔、青田鱼灯、畲族民歌、遂昌昆曲、缙云滚叉……处处人文荟萃,遍地非遗荣光。丽水是全国最大的畲族聚居地,人们可以在这里领略到畲族的传统文化和多彩的服饰、饮食、婚嫁、宗教等习俗风情。丽水诗坛很活跃,通过诗歌朗诵会的形式,彰显了美丽的非遗,也彰显了诗意的丽水。

第二,诗歌朗诵表达美。朗诵会很成功,各位诗人、词人妙笔生花,写就了一篇篇美丽的诗篇。国石之恋、青瓷美人、剑舞龙泉、畲山歌缘、非遗人之梦、守望乡土,或者是讴歌一方水土,或者是诠释一个非遗项目,或者是宣传非遗保护传承,一首首诗很美,题材好,切入点好! 各位诗人词人,热情澎湃,激情昂扬;各位朗诵者,抑扬顿挫、有声有色、铿锵有韵、朗朗上口。优美的诗歌再加上大家充满激情、流畅的朗诵,使我们得到了精神上的洗礼和思想上的升华。

第三,形式内容结合美。非遗是丰富多彩的东西,诗歌是一个凝练的东西,两者组合,是个难点,但两者有个共同点:都很美! 非遗很美,美丽非遗;诗歌很美,诗情画意。非遗跟诗歌的结合,让我们想起"美丽"与"中国"两个词的结合,"美丽"是一个很常规的形容词,"中国"是一个伟大的名词,两个一结合,对于祖国的美好的憧憬,让国人提振精神,让全世界耳目一新。这个诗歌情景晚会,反映非遗资源的特色,诠释非遗项目的内涵,体现非遗保护的成就,抒发非遗保护的情怀,让秀山丽水更美、更有意蕴、更有诗意。晚会是最难创新的电视节目形式之一,而今晚《处州古韵》承载了丽水非遗人和晚会策划创意团队的集体智慧,他们大胆创新、锐意突破,用诗意结构串起整场特别节目,这台晚会和我省以往任何一台晚会都有所不同。

第四,诗意生活情调美。人要有点诗意才好。海德格尔说:人应当诗意地栖居。现代人很浮躁,很功利,缺少那么一种诗情,缺少那么一种情调和浪漫,缺少那么一种超越于功利的、超越于物质的精神层面的美好和世界。就诗歌晚会本身来讲,很好!因为是非遗诗歌晚会,更好!"因为非遗,我们生活更加诗意。因为诗歌,我们的生活更美好。"我们都有一颗向往美好、追逐浪漫梦想的心。非遗是乡土的民间的草根的生活的百姓的文化,对非遗的热爱,使我们近乡情更切,对诗歌的热爱,使我们渴望净化、脱胎换骨。在吟诵中,在情景中,我们将邂逅心灵的绽放。

第五,美丽非遗传承美。主题好,唤起共识。一个城市,一个地方,不仅需要大厦的高度,车道的宽度,经济发展的速度,更要有与之相匹配的软实力。一座城市,离不开"国遗"、"省遗"项目的支撑和提升。非物质文化遗产,它不仅仅是一个标识,一块牌子,一种影响力,更重要的是它体现着文化的积淀和积累,可以彰显本土文化力量,增强文化自信。保护历史根脉,留住共同记忆;共建美丽乡村,共享美丽非遗。非遗传承,把根留住,开花结果,为我们的社会撑起人文主义的浓密绿荫;非遗传承,如流淌的母亲河,源远流长,百川入海,延绵不绝。

这台晚会真好,今夜让我们在诗意非遗中陶醉。

2013 年 6 月 9 日

第五辑

一个也许非常艰难的决定

# 建立非物质文化遗产保护中心势在必然

　　有记者问文化部周和平副部长,这项工作(指非遗保护)要抓几年? 周部长答:只要人类存在,这项工作都将延续下去。周部长的理解很深远,他的回答传递的信息告诉我们,非遗保护不是阶段性、突击性的工作,非遗保护还有相当长的路要走,是一项千秋功业。

　　近年来,重视对非遗保护已成为全国上下之共识,所取得的成果也令人鼓舞。然需要保护的非遗浩如烟海,要保护的范围之广、内容之多、任务之重、工作量之大,非临时机构所能应付,非经常性的专门机构不能承担。长期的、专业的、繁重的保护工作,依托于临时性机构来组织实施,在保护工作深入深化过程中,逐步显现了其机制不顺、力量不足、后继乏力等弊端。我们的保护工作刻不容缓,我们的日常工作具体而繁杂,我们任重道远,必须要有经常性的工作机构、专门的工作力量来抓这项工作。

　　联合国教科文组织 2003 年 10 月 17 日在第三十二届会议正式通过《保护非物质文化遗产公约》,公约第十三条规定,必须"指定或建立一个或数个主管保护其领土上非物质文化遗产的机构";并强调"促进建立或加强培训管理非物质文化遗产的机构以及通过为这种遗产提供活动和表现的场所和空间,促进这种遗产的承传";又指出"建立非物质文化遗产文献机构并创造条件促进对它的利用"。

　　经中央机构编制委员会办公室批准,2006 年 9 月,中国非物质文化遗产保护中心正式挂牌成立,承担开展非物质文化遗产理论研究、科学保护、指导实践等相关工作任务。目前,经当地省编制部门批准,已有河北、河南、广东、宁夏、新疆、江西、重庆、湖北、贵州、吉林等 10 个省市区建立了省级非物质文化遗产保护中心。浙江省委办公厅、省政府办公厅印发的《浙江省文化保护工程实施方案》,明确提出建立省非物质文化遗产保护中心。浙江作为全国非遗保护综合试点省,这项工作不能再落在后面,要根据工作的必要性和紧迫性抓紧落实。

各市县也应当建立相应的常设性保护工作机构。经当地编制部门批准,我省已有临海、余杭、景宁、临安、东阳、江山、武义、松阳、遂昌、泰顺等 10 个县(市、区)建立非物质文化遗产保护中心(或保护工作办公室),作为文化行政部门领导下专事非物质文化遗产保护、研究的工作机构,均为全民事业单位,核定人员编制,财政全额拨款。

工作需要有机构去组织实施,需要有人去干。各级建立非遗保护中心,当予肯定和提倡。加快建立省、市、县三级非物质文化遗产保护中心,势在必然。

社会发展的辩证法无时无刻不在告诉我们,建立长效机制的重要性、紧迫性。尤其是在形势良好、趋势更好、社会呼声高、工作成效大、事业发展快的时候。文化遗产包括文物和非物质两方面,文物工作各级有常设工作机构负责,有一支稳定的专业工作队伍;非物质文化遗产保护工作,当下机构不清,人员身份不明,办差力量不足。目前我省非物质文化遗产保护工作主要依托各级保护工程办公室这个临时性机构具体组织实施,各市县基本上临时调用基层的同志和依靠退休的老同志具体承担这项工作。如果不切实落实和解决常设工作机构问题,将难以进行有效的工作,难以可持续加强保护工作。

保护好民族文化遗产,是各级政府义不容辞的责任。省委、省政府对非物质文化遗产保护工作提出明确要求,文化部对浙江非遗抢救保护工作继续走在全国前列寄予殷切希望,兄弟省份以浙江为先范和经验参照;我省抢救保护工作进入新的阶段,在继续抓紧抢救保护的基础上,需要不断深入深化;我省丰富多彩特色鲜明的非物质文化遗产需要更多更好地回归百姓生活,融入现代生活。但愿各地政府能够更加深刻地认识非物质文化遗产保护的重要意义,更加重视这方面的工作,加强保护管理工作机构建设,构筑起保护工作网络。

国家保护中心的建立,10 个省级保护中心的建立,我省 10 个县级保护中心的建立,无疑具有示范意义,让我们看到了一种根本趋势,也让我们看到了保护工作的现实需要。非物质文化遗产保护进入了加速期,各省在赛跑,希望各地及相关部门根据新形势、新任务、新要求,进一步把各有关措施落实到实处,加强我省非物质文化遗产保护推进的力度。

2007 年 2 月 15 日

# 浙江实现三级非遗保护中心全覆盖

2013 年 5 月 31 日,常山县机构编制委员会批准县非物质文化遗产保护中心单设,确定为全额拨款事业单位,核定编制数 6 名。至此,全省 11 个设区市,90 个县(市、区)都经当地编制管理机构批准建立了非遗保护中心。浙江在全国率先实现省、市、县(市、区)三级非遗保护中心全覆盖。

上面这段文字,传递了三个信息:

一是省市县三级非遗保护中心全覆盖,特别是市县两级全覆盖,这很不简单。

二是全部经过编制管理机构的审批,这很不容易。

三是 2013 年 6 月 1 日前实现全覆盖。这个时间节点有什么特殊意义吗? 国家《非物质文化遗产法》于 2011 年 6 月 1 日起施行,是两周年;《浙江省非物质文化遗产保护条例》于 2007 年 6 月 1 日起施行,是六周年。

非遗事业起步至今不到十年时间,能做到常设的非遗工作机构全域覆盖,这很不寻常!

地方法规《浙江省非物质文化遗产保护条例》第七条明确要求:"县级以上人民政府应当根据非物质文化遗产保护工作的实际需要,加强保护管理工作机构和专业队伍建设。"

这段表述很重要,是推进非遗保护机构建设的重要依据!

全面发动,重点突破。余杭、临安、泰顺、景宁、临海,有 5 个地方率先设立。榜样的力量是无穷的,领头羊很重要!

见缝插针,宣传鼓动。我们逢会必讲,与市县党政领导会面必谈,宣传非遗保护的重要性,宣传建立非遗工作机构的必要性。

借题发挥,趁势而上。中央和省里有相关的精神,我们及时传达传递;领导有重要批示,抓紧抄告各地。运用各种有利时机,推进非遗机构建设。

各个击破,以点带面。有条件的地方先上,没条件的地方创造条件上。11 个设区市竞相开花，各有示范，带动板块。

举一反三，触类旁通。杭州拱墅区设立了非遗中心，西湖区跟进，然后其他城区相继跟进。杭州城区当先了，宁波城区立马启动⋯⋯

比学赶超，争先创优。衢州市，江山定编4人，开化定编5人，常山定编6人，步步高，后来居上。

依法督查，注重实效。省人大常委会开展文化遗产"一法六条例"实施情况督查，督查、督办各地非遗保护机构建设推进情况，督促加大相关法规贯彻执行力度。

还有，经费挂钩，考核鞭策；动态排名，倒逼进度等。种种措施，有力有效推动了各地非遗保护中心机构建设，形成态势，形成氛围。

各地文化主管部门主动向当地党委政府领导做好汇报，与当地编办做好汇报和沟通，依法有理有据地积极争取重视和支持。各地大力贯彻落实法律法规和上级有关精神，进一步增强非遗保护机构建设，落实人员编制。

非遗保护中心的主要职能，用文件语言表达，比较概念和比较长，这里不啰嗦了。如果用工作语言，可以大致概括为：做好保存保护，强化传承传播，推进科研科技，融入生产生活，促进富民惠民等工作。

换一种通俗一点的表达：各地非遗保护中心，应当成为非遗抢救保护的"120"，成为非遗传承人的"娘家"，成为非遗保护传承的"指导员"，成为非遗展演展示活动的"导演"，成为非遗宣传普及的"百事通"，成为非遗资源开发利用的"参谋长"。

这样从上而下的非遗保护机构的建立，为非遗保护工作提供了体制保障。这是非遗事业进程中一件具有里程碑意义的事件，这是非遗全行业升级与转型时代到来的重要标志，对于促进非遗事业的快速、健康、可持续发展将起到重要的支撑作用。

2013 年 6 月 7 日

# "八大基地"下活一盘大棋

2012年6月6日,金华市文广新局举行第七个"文化遗产日"系列活动启动仪式,对被命名为金华市第二批非遗传承基地的17家单位进行了授牌,这些基地包括非遗生产性保护、非遗宣传展示、传统节日保护三类基地。

在非遗项目申报、立项之后,关键在于如何保护好、传承好、利用好。我省秉承"根植历史、立足当代、加强保护、积极利用"的原则,积极探索开展多种类型的非遗传承基地建设,让非遗保护传承落到实处。各式各类非遗传承基地,成为浙江各地非遗传承发展的重要载体和媒介。

在全省开展各类非遗传承基地建设,列入了浙江省委的重要文件。2005年7月召开的中共浙江省委第十一届八次全会做出《关于加快建设文化大省的决定》,提出实施包括文明素质工程、文化保护工程等在内的八项工程。浙江省文化保护工程明确提出了非遗保护的八项任务,对各类非遗基地建设做出部署,由此拉开了在浙江广袤大地布局布点非遗基地建设的序幕。

此后,七八年间,省文化厅或会同有关部门先后公布了一系列省级非遗基地,包括非遗传承基地、非遗传承教学基地、非遗宣传展示基地、非遗生产性保护基地、传统节日保护基地、非遗旅游景区景点、文化生态保护实验区、高校非遗研究基地。"八大基地",星罗棋布布局布点于浙江大地。

这些基地,有些由省文化厅单家公布,有些会同相关职能部门一起公布;有些公布了一批,有些已经公布了三批;有些宁缺毋滥、屈指可数,有些重在普及、适当放量;有些是省里点面结合推进,有些是全省上下联动推进。

这些基地,是非遗分类保护的一种探索。非遗种类繁多,内涵丰富,表现形式多样,每个类别的非遗都有其不同于其他类别的特点。只有研究、了解和掌握非遗项目类别的特点,因类制宜,采取有针对性的措施,探索科学的方法和途径,保护工作才能取得实效。

这些基地，对非遗进行真实、动态、整体和可持续保护，成为深化非遗保护和利用的有效途径，成为打造非遗保护升级版的重要标志。

这些基地，让非遗项目落地保护，落地生根，开基立业，开花结果。让非遗留住文脉、让城乡留住乡愁、让百姓留住记忆。

这些基地，赋予传统文化新的时代内涵，提升了传统文化现代保护能力。传统文化犹如一个个巨大的富矿，只有深入挖掘开发，才能充分展示传统文化的魅力，发挥传统文化的潜力，提升传统文化的效力，增强传统文化的吸引力，使之焕发出蓬勃的生机和活力，把丰富的文化资源变为强大的文化力量。

这些基地，让非遗得到广泛传播。非遗绝不能曲高和寡，不能成为少数人的专利，要更多地通过学校、社区等渠道推向公众，让大家喜闻乐见。提高大众对非遗的认知度和自觉参与的保护意识，是非遗保护工作的重要方面。

这些基地，通盘布局，通体构思，整体设计，系统构架，点线联动，点面结合，构成网络，形成体系，是浙江非遗工作落实"干在实处，走在前列"的重要举措。

这些基地，融入大局、融入社会、融入群众、融入生活，广泛整合社会公共资源，搭建社会保护传承平台，为非遗惠民提供越来越广阔的舞台。

这些基地，一项项保护载体的拓展，记录了浙江非遗工作者奋进的足迹。非遗，从濒临消失到扎根生活，从抢救保护到合理利用，从传统方式保护到现代科技手段保护，从项目保护到整体保护，从试点先行到全面推进。

基地模式创新，下活一盘大棋。放眼今天浙江大地，朵朵非遗之花摇曳生姿，丰富多彩，形式多样，斑斓多姿，呈现出神形兼备、丰盈充实的全域化格局。

2012 年 6 月 6 日

# 非遗馆让乡愁诗意地栖居

2014年2月24日,《中国文化报》头版头条报道《浙江步入文化"四馆"时代》,101个市县坐拥443座非遗馆,形成省域全覆盖。

浙江省文化厅厅长金兴盛在接受采访时指出,应当将非遗馆建设纳入公共文化服务体系。"以前讲抓好三馆建设:文化馆、图书馆、博物馆,现在应当再加上非遗馆,从三馆变为四馆,成龙配套,形成体系。"

随着城市化建设进入新的阶段,留住乡愁,不但成为精英知识分子的呼唤,也成为党委政府的决策,更成为人民群众的期盼。

2010年,浙江安吉县在美丽乡村建设中,率先启动乡村非遗馆建设,35个乡村非遗馆散布于青山绿水之间,成为寄托乡愁的载体,展示乡土文化的窗口,旅游的景点。当年10月,省文化厅在安吉县召开全省乡村非遗馆建设现场会,推广安吉的模式和经验。

2011年,全省不少市、县文化馆开辟了非遗展示厅,譬如绍兴市、上虞市,虽然面积不大,但在城市非遗馆建设中迈出了坚实步伐。这种没有条件创造条件上,借鸡生蛋的做法,得到省厅的肯定。这些非遗展厅,成为了孩子们乡土教育的重要的校外课堂,也掀起了当地的参观热潮。

2012年6月8日,绍兴县非遗馆开馆,这栋独立建筑,1000多平方米,虽然面积不大,但我觉得这是一个相对完整的综合性的非遗馆,也是一个我的感觉中体现了非遗特征的非遗馆。我为之兴奋,逢人便介绍和推广。

2013年,桐乡非遗馆建好了,3000多平方米,独立建筑,整个结构、功能、设计、展陈都有新意,标志着县级非遗馆建设上了一个规模、档次和水平。我为之振奋。

2014年初,各地"忽如一夜春风来",非遗展馆遍地开。瑞安市非遗馆18000平方米,已经举行奠基仪式;海宁市非遗馆12000平方米,已经动工建设;金华市结合传统街区整体布局,将老城隍庙改建成市非遗馆;特别是杭州市非遗馆35000平方米,已经建好了,正在布展设计之中。

还有,民办官助、政企合作的温州市非遗馆,总面积 8300 平方米;嵊州市非遗博览园占地 220 亩;安吉非遗博览园将投资 13 个亿……民间力量举办综合性非遗馆,热情高涨。

为加快和推进浙江文化强省建设,浙江省委、省政府决定建造一批重大文化设施项目,其中综合性的浙江省非物质文化遗产馆列入建设规划,计划建筑面积 10 万平方米。这个省级非遗综合体的正式启动,将带来的带动和辐射效应不可估量。

非遗馆建设,在浙江提上了重要议事日程,已经形成热潮。经过数年扎实的建设和经营,浙江各地的非遗馆已遍地开花。非遗馆成为浙江各地地方非遗资源集中展示的空间、非遗项目活态传承的基地;成为弘扬优秀传统文化的重要载体、大中小学生爱乡爱国教育的课堂、城乡居民寄托乡愁的精神家园,也成为现代社会文明进步的重要标志。

各级各类非遗馆的大批量、大体量建设和运行使用,成为浙江非遗保护新的现象,也形成了浙江非遗保护新的高地。但是,随着非遗保护理念的不断深化和提升,我们也清醒地认识到,非遗馆只是非遗整体性保护的重要补充,非遗保护的第一手段,绝对不是非遗展馆。没有办法了才要"馆",生长在广袤大地才是最好的。

非遗是活的,从过去传到现在,怎样让它活着传到未来? 非遗的保护,绝对不应该是类似于动物园的非遗馆保护,而应该是类似于野生地的文化生态环境的保护;非遗本身是民众的文化、生活的文化,它应该融入老百姓的生活,融入老百姓的日常生活。非遗不应该只在非遗馆里可以看到和体验感受,而应该是广袤的大地处处有非遗。

为此,我们一直在努力,我们一直很努力。

2014 年 2 月 24 日

# 非遗馆也会是海伦·凯勒的期待

当下的浙江大地,非遗馆如雨后春笋般涌现,层出不穷。2010年11月29日,省文化厅在安吉县召开浙江省基层非遗馆建设现场经验交流会,推广安吉乡村非遗馆建设模式,交流各地非遗馆建设有效做法,研讨进一步推进非遗馆建设的方法途径。

据了解,全省各地已建有不同类型的非遗馆140多个,呈现出建设类型多样、投资主体多样、非遗门类多样、功能作用多样的特点。各地非遗馆发展的成功之处,在于不拘一格,各有千秋,体现地域特色,体现项目特点,体现展示风格。通过加强非遗馆建设,促进优秀传统文化的传播。

我省基层非遗馆建设已进入快速发展时期。未来几年,预计还会新建数百上千个各种类型各种投资主体的非遗馆。这是当下突飞猛进的时代人民大众寻找心灵归宿的需要。

建设非遗馆,理念要更新。

建非遗馆与建博物馆的理念有所不同。物质遗产是文象,主要是物的展示和解读,多数传统形式的博物馆,把一些珍贵的展品放在展柜中供人观赏。非物质文化遗产是文脉,讲的是薪火相传,讲的是继承发展。因此,在非遗馆见物更要见人,要有传承人的现场演示,有非遗项目活态的展示,还要讲故事,体现民俗事象,有情景、体验、过程。这样的理念与思路,应该贯穿非遗馆建设的始终。

在非遗馆,应该看不到"请勿动手"的字样。绝大多数的项目,都是可动手操作的,可亲手触摸的,可互动参与的,应该是可看可玩,还可以买一点的。通过形象直观生动真切近距离零距离接触非遗,培养观众对非遗的兴趣,激发观众对优秀传统文化的热爱。

杭州"刀伞扇"三大博物馆,也是三个国家级非遗项目专题展示馆,建设规模很大。三馆的展示方式,既可以很传统,也可以很新潮。在剪刀馆,传统的剪刀制作技艺很吸引人,顾客买一把剪刀,可以现场免费刻花刻字。在伞文化馆,戴望舒《雨巷》中的情景恍然如梦,撑着油纸伞走雨巷,也很浪漫。此类种种动态的活态的传统技艺展示和传统生活情景展示,吸引着游客流连忘返!

时下,无论博物馆建设还是非遗馆建设,都形成了热潮。官办的民办的,综合性的专题性的,城市的乡村的,物质形态为主或非物质形态为主的,无论何时无论何地,有条件上,没有条件要创造条件上,文物部门和非遗工作部门可以花开两朵,各表一枝,工作一起做,成绩各自报。

当前的非遗馆建设,要大力宣传引导发展,要培育典型带动发展,要加强指导促进发展,要政策推动扶持发展。非遗是活着的遗产,具有传承性、更新性。建非遗馆,不仅是为了人们怀思古之幽情,而是架起一道连接过去与未来的桥梁,唤起人民传承历史文脉的情怀,创造美好生活的情愫。

美国有一位叫海伦的女作家,写过一篇自传体散文《假如给我三天光明》。文章谈道,如果出现某种奇迹,能使她有三天时间见到光明,她要把其中的一天,用来好好地端详所有亲朋们的面庞,把他们深深地印在脑海中;另一天,她要到纽约去,观察纷繁的大都市生活情景,在熙熙攘攘的人群中,度过平凡的一天;还有一天呢,她充满激情地写道:

"我要把这一天,用来对整个世界,从古到今,作匆匆地一瞥。我想看看人类进步所走过的艰难曲折的道路,看看历代兴衰和沧桑之变。这么多东西,怎么能压缩在一天之内看完呢?当然,这只能参观博物馆。……我要通过艺术去探索人类的灵魂,整个宏伟的艺术世界将向我敞开。"

这位使我们既心酸又感动很疼爱又很尊敬的海伦·凯勒,把博物馆当作人生灵魂的最终归宿。如果纽约有非遗馆,也许海伦·凯勒会把它当作人生的精神家园。

"我不在家,就是在去博物馆的路上",这是西方人的一种生活方式。也许,若干年以后,只要有空,多去非遗馆走一走看一看,也会成为国人的一种时尚,成为一种必然。

2010 年 11 月 30 日

# 一个也许非常艰难的决定

2010 年 9 月 24 日,《都市快报》报道了"诸永高速多花 1 亿为古村落改道"的事。这篇报道比火柴盒大一点,比豆腐块小一点,虽然这么"不起眼",却让我怦然心动。

请允许我将这篇报道全文引用:

"在浙江高速公路家族中,7 月底开通的诸永高速是最险的一条。"

"225 公里的高速路,隧道总长就有 63.6 公里,相当于近三分之一时间在山肚子里钻;全线有 100 多座桥;温州楠溪江段的落差近百米,相当于 34 层高楼;最长的一个连续陡坡达 15 公里。"

"诸永高速上的最闪亮明星是括苍山隧道,它的长度近 8 公里,被誉为华东地区第一隧。按照原来的设计方案,隧道长度不过五六公里。但如果高速路这样走,就必须穿过一个古村落。为古村让路,建设者选择了穿越了路程最长的山脉中央地带,不单工时翻番,造价也涨了 1 亿元。"

在中国大地到处一片拆声中,在乡土建筑锐失的形势下,诸永高速建设中不惜多花 1 亿元的巨款,为古村落让路改道,实在令人意外,也令人为之赞叹和赞赏。

随着现代化的进程,我们固有的文化正在褪色,大小城市都在用同样的灰色混凝土将传统覆盖起来。我们曾经走过路过许多的古村落、古建筑群,然而仅仅数年再来,就已经多处推倒重建,面目全非,委实令人揪心。

不知括苍山下的这座高速路建设中幸存的村落是哪一个?

我的家乡也位于括苍山下,村名岭根,隐逸于山坳中,三面秀峦环绕,一条护城溪穿过。当年,踏着鹅卵石或青石板铺就的古道,往返在迂回的走廊,跨入一扇扇高高的大门,窥看一处处阳光直射的天井,环视一个个雕刻图案的窗口,幻想着昔日的昌盛,追溯数百年来的风雨沧桑,不知不觉间历史离我们更近了。然而,现实似乎离我们渐远了。

今年元旦,村里古牌坊重建,我回了一趟家乡,却已是"旧貌换新颜"了。伯父兴奋地问我,家乡变化大吧,你都认不出来啦。伯父很兴奋,我却有点忧伤,这年少时生活过的小山村,是我心灵的归宿,是我精神的家园,我已认不出来了,也许它不再属于我了。

古村的改造,乃至古村的拆旧建新,历史的记忆就会被抹平,而历史记忆与生命的脉动,其实就蕴藏在每一个村落、每一条普通的街巷之中,这是他乡游子不肯忘怀的精神与力量之源。

虽然近年来中央反复强调,要坚持科学发展观,但一些地方的 GDP 崇拜依然存在。作为财富之母,土地具有巨大的诱惑力,谁拥有土地使用权,谁就拥有巨大商机。为此,在不少地方的新农村建设中,大呼隆,一刀切,齐步走,搞运动,异地闹革命,山乡巨变,旧貌换新颜。不少官员在其中扮演了文化遗产破坏者的角色,而受到问责和查处的却几乎没有。乡土建筑的保护问题,从来没有像今天这么严峻,严峻的不仅是乡土建筑数量锐减,还在于这种锐减之势难以遏制。

近年来,我也就古村落古街巷的保护大声疾呼。记得 2009 年 5 月,针对丽水千年古街大猷街被拆,我写了一篇《关键在于教育领导》的稿子,呼吁"推土机下留古街";2010 年元月,针对温岭温峤镇千年古街拆旧建新,龙游一 300 年老房子被毁等,写了一篇题为"老房子不能哪个想拆就拆"的稿子,呼吁紧急叫停。省非遗办下发了一个抄告单《关于尽力挽救具有重要价值的传统村落、传统建筑的紧急通知》,指出:各地应抓紧开展第四批市、县两级非物质文化遗产名录项目的申报和认定工作。其中,对具有重要价值或一定价值的传统村落、传统建筑给予特别关注和尽力保护。

建设与发展是历史的客观进步,它让百姓改善了生活品质。但是,遗产保护与建设发展之间往往是矛盾的。经济建设的眼前利益与文化遗产价值的不可估量相比,一些地方长官显然答错了题。而诸永高速指挥部还有支持留住古村的方方面面,应该打上满分。

也许诸永高速指挥部作出这一决策,是一个"非常艰难的决定"。但你们多花了 1 个亿,你们的"所作所为",值得为历史所铭记和赞美。

2010 年 9 月 25 日

# 这笔大钱花得值

2011 年 3 月 29 日,海宁市政府召开全市文化遗产保护工作会议。市长林毅在会上作主题报告。他在报告中说,市政府决定"每年从土地出让收入(实际入库数)中安排 1％的资金专项用于文化遗产保护工作,有效发挥政府主导力作用"。

据我所知,这是目前浙江各市县文化遗产保护中含金量最大的一项政策。要特别指出的是,这是一项制度性政策,每年 1％。2011 年,预计此项资金在 5000 万元以上。

记得今年年初去海宁,林毅市长说:如果让我在市长任上干一件事,我就抓好文化遗产保护;如果我在市长任上干最后一件事,我仍然抓文化遗产保护;如果让我在市长任上干五件事,第一件就是抓文化遗产保护。当时,我深为林市长的文化自觉而振奋,但也有些疑虑,想想这也许是市长的一时兴奋之言。

海宁市文化遗产保护工作会议上,市长的报告铿锵有力,思路很清晰,态度很坚决,要求很明确,措施很得力。甚至,我觉得仅此一条刚性的政策性措施,就足以证明海宁市政府在文化遗产保护上讲真干实,也足以让我们为之欣喜。

这几年,很多地方政府把卖地收入作为财政收入的重要来源,被老百姓称之为"土地财政",饱受诟病,也不断被媒体质疑。让老百姓感到不满的是,巨额的土地出让金收入,政府都用在了哪里? 有多少用在了民生上? 在一些地方,这成了一笔糊涂账。海宁市从土地出让金这块特大蛋糕上,明确切出 1％用于文化遗产保护,这是决策者的卓识远见,更是一种情怀。这一举措,无疑顺乎民意,深得民心。

这几年,在 GDP 至上的浪潮中,一些地方以旧城改造等名义,对文化遗产大肆拆毁,所谓"没有拆迁就没有新中国"。甚至拆了货真价实的文化遗产,重建一些从历史文化意义而言没有价值的假文物。这一大规模的城乡拆迁运动,已经成为不可挽救的历史遗憾。

这几年,文化遗产的保护形势虽有改善,但仍然难题不少,例如文化遗产保护资金上的严重不足。在基层调研中,各地几乎是众口一词:缺乏资金。有的县每年的非遗经费只有 10 万元,甚至不足 10 万元。其实即便是相对欠发达地区,每年掏个三五十万用于文化遗产保护,也是不困难的。一些地方缺的不是钱,而是缺乏文化遗产保护的意识和认识。文化遗产保护,也许不能给当地带来立竿见影的政绩形象,而造广场、建大楼则不然,立马就可以见成效,这是显绩,是形象工程、标志工程。因此,如果上面没有政策上的硬性规定,地方长官估计没有几个会主动拿出大笔钱来维护老祖宗的基业,用于传承历史文脉。

据介绍,2010 年,海宁土地出让成交总价款达 40 多亿元,这就意味着,即使 2011 年延续这一数字,今年可用于文化遗产保护的土地出让收入达到 4000 万元。其中如果按 7∶3 比例分配的方案,用于物质遗产保护达 2800 万元,用于非物质遗产保护达 1200 万元。如果每年照此投入,可想而知,海宁的文化遗产保护事业将出现多大改观!

1%的比例能否真正落实,这些大钱怎样用好,如何以切实有效的制度和措施进行监管,使资金发挥效益最大化,这又是一道摆在海宁政府有关部门面前的严肃课题。当然,只要我们按照科学发展的思路去解答,要做好也并不困难。

海宁市政府把文化遗产保护作为所有工作的重中之重来抓,作为建设文化名城的首要目标,作为政府"一号工程"、"一把手工程",这充分体现了执政者的历史情怀,更体现了一方长官的前瞻与卓识。文化名城也好,幸福之城也好,归根结底要留住文脉,归根结底要让人民有心灵的归宿,有精神的家园。

2011 年 3 月 30 日

# 老房子不能哪个想拆就拆

2010 年 1 月 15 日的《中国文化报》以"历史街区保护再遇难题"为题,报道浙江温岭市温峤镇千年古街老房变危房,拆旧建新,未批先建,终被紧急叫停。

1 月 17 日《钱江晚报》以"把老房子记录下来,就是保护历史的根"为通栏标题,呼吁保护传统乡土建筑。2009 年 10 月《钱江晚报》筹划建立了"老宅数字博物馆",与之同时,《钱江晚报》连续刊发"关注民间古建筑系列报道",目前已刊登《龙游一 300 年老房子被毁》《建德胡亨茂故居火灾》《浙江廊桥申遗》《衢州方氏大厅急需保护》《杭州三径堂破损严重》等十余篇报道,连续报道引起了社会的强烈关注。

老实说,对这一类的新闻,我是多少有些麻木了。2009 年 5 月,丽水市莲都区大猷街将被拆除,历史街区将在拆迁中消失。居民联名上书要求保护,终于在媒体舆论的支持下,已拆了一大半的大猷街不拆了,大猷街列入保护了。这条大猷街算是幸运的,更多的老街老房子往往退出历史舞台。

对于老街区、老房子的被拆被毁,我有点义愤填膺,当时写了一篇稿子题为"关键在于教育领导"。我虽然不知道全省还有多少传统建筑正在面临消失,但我们知道,一旦传统建筑的存在与经济利益或官员政绩发生冲突,遭受厄运的几乎必定是前者。我琢磨不透一个问题,对于传统建筑的保护,耳闻目睹的呼声不少,相应的文化遗产法规也拿得出来,却为什么在现实面前总是显得那么苍白无力?!

传统建筑是一个城市的历史证物,是标志着城市成长的印迹,对城市变迁具有符号性的意义。一个不在乎传统建筑的时代,称得上是一个不尊重历史、不尊重文化的时代。当年,大概在 20 世纪 90 年代初,杭州的庆春街被拆,庆春街改成了庆春路,羊肠小道变成了通衢大道,高楼大厦鳞次栉比。庆春路的重建,在当时成为形象工程、标志工程、政绩工程。想当年这一行为,不好说情有可原,但也算是特定年代认识有局限。而如今,仍然有城市长官打着发展经济的旗号,拆毁历史街区,毁坏城市古迹,那就真有点不可思议了。

当下,那些著名的城市文化遗迹容易受到关注。比如,舟山定海古城被拆毁,在全国引起轩然大波。再比如,杭州市保护传统建筑的意识很强,杭州历史文化名城保护规划严格规定,在老城区,50年以上的老房子都不得拆除。

而那些保护级别不高的、不那么引人注目的传统街区、乡土建筑,对待它们的留存归属,更能够检验出我们对文化遗迹的真实态度。在作出"拆"的决策的长官眼中,老街老屋早已被历史的风雨侵蚀了,可能一无是处,它象征落后,又浪费土地,并且阻碍发展,留之有何用?因此可以说,温岭老街所经受的,只是成千上万正在或即将消失的传统建筑的一个缩影。

那曾经寻常可见的令人品味无穷的小街、窄巷、大杂院、砖瓦房、石板路、石子路,许许多多已经没了踪影。我们或许还能见到若干很热闹的老街区、老房子、旧景致,但很可能是借古城传说而新建造的假古董。这些年来,有些地方旧城改造变成了旧城拆迁,新农村建设变成了新村建设,想拆就拆,拆就拆个爽快。因此,全国城乡逐渐变成了一个长相,千城一面,千篇一律。

旧城改造依然一浪高一浪,据说,是为了改善当地居民生活条件,也据说是因为丈母娘的需求拉动了房地产;也听说,那是因为有些政府要靠卖土地过日子,开发商要靠卖地盖房子。房子要永远盖下去,可土地哪有这么多,于是拆老宅盖新房,拆平房盖楼房,于是旧城也就不断被改造。

诚然,一座城市没有文化,也能生活下来,但可能生活得档次低下,更可能生活得缺少素养,可能变得粗俗,变得庸俗,甚至变得恶俗。一个国家一个民族,要保护和延续自己的历史,一个城市其实也是一样的。而国家、民族的文化,何尝不是涓涓细流汇聚而成。

《钱江晚报》老宅数字博物馆的一位网友说,"我没有能力来阻止它们的消失,但我可以把它们记录下来。"而我想说:逝去的已经逝去,但能够保护的我们一定要尽力保护下来。

如今已经是法治社会,我们可以拿起法律武器,保护老房子,保护文化遗产。但愿老房子成为永远的风景,但愿保护文化遗产成为时代最强的舆论。

2010 年 1 月 18 日

# 像呵护土地那样珍爱文化遗产

党的十八大提出了"建设美丽中国"这一充满诗意的愿景,全国人民都很兴奋。

建设"美丽中国"的难点和重点在农村。距党的十八大胜利闭幕后 10 天,2012 年 11 月 25 日,浙江省文化厅在桐庐县召开浙江省美丽乡村建设中非遗保护工作现场推进会。这次会议,以"守护美丽非遗,建设美丽乡村"为主题,认真贯彻党的十八大提出的"大力推进生态文明建设,努力建设美丽中国,实现中华民族永续发展"的重要精神,认真落实省委、省政府推进美丽乡村建设的有关部署。

浙江首创美丽乡村建设,是"美丽中国"建设的先行者。在深入实施"千村示范、万村整治"工程的基础上,2010 年,浙江省委、省政府进一步作出推进"美丽乡村"建设的决策,一场造福千万农民的变革由此再次掀起高潮。截至 2012 年底,浙江全省已经完成了 2.6 万个村的环境综合整治,培育美丽乡村创建先进县(市、区)24 个。

土地是农民的根,文化是民族的魂。非物质文化遗产之于美丽乡村,相当于珍稀物种之于大自然,体现着乡村的个性和乡村文化的生机盎然。如果没有了非遗做支撑,美丽乡村建设就如没有了灵魂一样变得没有生命与情趣,毫无特色可言。

各地在美丽乡村建设过程中,不搞一刀切,不搞大拆大建,注意挖掘各个村落的文化个性和特色,因势利导,推动村庄形态、人居环境的和谐,传统文化与旅游开发的结合,人文民俗与生活方式的相得益彰。

参观桐庐县美丽乡村建设,除了被处处优美整洁的村庄环境吸引外,印象最深刻的是对于传统村落的保护利用。桐庐充分发掘和保护深澳、荻浦、环溪等古村落、古建筑、古树名木等文化遗迹遗存,不断挖掘和开发山水文化、农耕文化、人居文化、民俗文化中丰富的传统文化表现形态,打造和培育了一批特色文化村。正是这份独特的文化魅力,让桐庐在美丽乡村建设中独树一帜。

十八大报告发出了建设"美丽中国"的号召,"美丽中国"不但有生态内涵,也有文化内涵,既要美在环境,也要美在文化。文化部门在生态文明建设的过程中,既要重视生态文化的宣传,也要重视文化生态的保护。

省文化厅厅长金兴盛指出:建设美丽中国,要从建设美丽乡村开始;建设美丽乡村,要从保护好乡村的文化遗产做起。

浙江省是国家级"非遗"最多的省份,绝大多数"非遗"都属于当地的农耕文化,但是随着城市化进程和农村改造的加快,农民生活方式正在改变,传统农耕时代遗留下的"非遗"亟待保护。

村落是农耕文明的精粹,是生于斯养于斯的故土情结,是铭记历史传承文化的精神坐标,也是田园生活的守望地。珍惜文化遗产,就是守护我们的精神家园。

文化部门应当从全局和战略高度,把美丽非遗乡村行动作为当前和今后一个时期文化工作的主旋律,集中力量,全力以赴,抓紧抓好。让美丽非遗在浙江大地落地生根,开花结果。

参加全省美丽乡村建设非遗保护现场会的20个村村支书、村主任向全省2088万农民朋友发出倡议:"农民是和非遗最亲近的人,是非遗保护的最大受益者,也应该从我做起,从点滴做起,从今天做起,保护非物质文化遗产。"

2012 年 11 月 26 日

# 漫说民间艺术之乡

2008 年 11 月上旬,文化部公布了重新复核和命名的"中国民间艺术之乡",浙江有 40 个民间艺术之乡上榜。其中有久负盛名的长兴百叶龙、余杭滚灯、永康九狮图等表演艺术项目;有尽显浙江"百工之乡"精湛技艺的青田石雕、东阳木雕、乐清黄杨木雕、象山竹根雕;有散发着泥土芬芳的普陀、岱山、嵊泗渔民画,秀洲、柯城农民画;有风情独具的西湖蒋村龙舟胜会、开化苏庄草龙会;有欢腾喧闹的嵊州吹打乐、舟山锣鼓、临海上盘花鼓等。这些民间艺术之乡,有着鲜明的地域性,体现出典型性和代表性,焕发着民间文化的活力,呈现着经久不衰的魅力,具有品牌辐射力。

我国大概从 20 世纪 90 年代初期开始评选"中国民间艺术之乡",迄今年份已不短,有些被命名单位红火依旧,有些在现代化浪潮的冲击下已是影响式微。为此,这次文化部要求重新申报和认定,对于民间艺术之乡的健康发展有着现实的意义。

所谓"民间艺术之乡",是文化部为推动具有地域特色的民族民间文化发展繁荣、丰富活跃基层群众文化生活而设立的一个文化品牌项目。凡是能称为"民间艺术之乡"的社会文化现象,一般具有以下四大特色:

首先表现为"民族特色"。民族文化艺术是一个民族的根本特色,是民族精神、民族心理、民族情感的外化形态。譬如,龙是中华民族的图腾。每逢传统佳节和重要节庆,到处都能看到"龙"的身影。仅浙江,上榜中国民间艺术之乡的就有长兴百叶龙、奉化布龙、开化苏庄草龙、乐清首饰龙。龙的精神,在每一个中国人身上都能得到体现,都应得到体现。

其次表现为"民间特色"。一般地说,文化现象的民间特色,往往是通过群众喜闻乐见的形式,通过风俗习惯体现出来,成为人民群众的精神文化生活形态。譬如,传统戏曲为广大人民群众所喜爱,戏文里的忠孝节义、奸佞忠良,悲欢离合、世态炎凉,人间百态、儿女情长,起到了伦理道德和人情世故的教化作用。

再次表现为"地域特色"。俗话说:一方水土养一方人,百里不同风、千里不同俗。同样的民间文化艺术形态,表现的手法、技法却又千差万别、风格各异。譬如,同样是木雕,东阳木雕、乐清黄杨木雕,那自然是各有千秋;同样是剪纸,乐清的细纹刻纸、浦江的戏曲剪纸、桐庐的风光剪纸、缙云的民俗剪纸,形式多样;同样是民歌,嘉善田歌、台州山歌、景宁畲歌、舟山渔歌,自成一家、毫不雷同。唯我独有、唯我独特,就是民间特色文化现象。

然后应体现出"时代特色"。这是指具有时代气息、能反映时代本质特征的文化现象。譬如,衢州柯城沟溪乡农民画,粗看起来,不过是一些农民兄弟用自己习惯的审美方式,描绘山乡风情、写意日常生活、抒发思想情感,谁曾想,那些近乎笨拙的绘画"技法",却是独树一帜,其画作在省城展出,反响竟是如此浓烈。

那些被称为"民间艺术之乡"的社会文化现象,原来都是不大被人重视的,或许是因为"不识庐山真面目,只缘身在此山中"。经济发展了,人民的文化生活水平提高了,弘扬民族优秀文化才成为一个时代的热门话题。

有了中国民族民间文化艺术之乡的金招牌,还要擦亮"金"字招牌。不仅使一方乡土文化具有了地标意义,更具有核心的竞争力。

2008 年 11 月 15 日

# 生态意识的觉醒给象山带来了什么

在 2010 年 9 月 16 日上午举行的第十三届中国开渔节开幕式暨开船仪式上，象山县被文化部正式授牌"国家级海洋渔文化生态保护实验区"。象山由此成为继闽南、徽州、阿坝州等之后的第七个国家级文化生态保护实验区。

所谓文化生态保护区，是指在特定区域及环境中，以保护非物质文化遗产为核心，对历史文化积淀丰厚、存续状态良好，具有重要价值和鲜明特色的文化形态，进行整体性保护，使其维持原生态，保持旺盛活力。

象山石浦是我国 6 个中心渔港之一，以石浦渔港为中心的象山海洋捕捞业，历史悠久，而且至今仍很红火。象山海洋渔文化特色鲜明，历史遗存、遗址、遗迹丰厚，古街、古庙、古貌丰富，保存相当完好。原生态的文化俯拾即是，有渔船、渔场、渔港、渔汛、渔谣、渔谚、渔歌、渔曲、渔灯、渔鼓等等；三月三、妈祖巡安、开渔节、谢洋等渔家民俗节庆活动，全年不断。

象山人尊重历史沿袭下来的生产生活方式和风俗习惯，通过各种民俗文化节庆，特别是开渔节这一载体，让散落在渔区、海岛、渔民生活中的踩街、对歌、抬阁、挂鱼灯、舞龙灯、跑马灯等一系列古老的民间活动重新焕发出活力。文化生态意识的觉醒，渔文化的保护，海岛文化的守护，海洋文化的维护，无一例外都体现出发展模式的转换，带来产业的升级和社会的进步。

象山县政府即将颁布《海洋渔文化（象山）生态保护实验区规划纲要》，将对象山整个区域内与渔文化相关的自然生态、历史遗迹，特别是以活态存在并传承的各类非物质文化遗产进行保护和建设。对于象山，表达的是一种保护文化生态的决心，更是要探寻一条新的文化发展道路。

"保护海洋就是保护人类自己。"自 1998 年起，象山渔民在连续十三届开渔节上提出的口号，表现了象山人利用海洋、保护海洋、感恩海洋的心情。近几年，象山在发展海洋经济的过程中，牢固树立生态优先的理念；在维护海洋自然生态的同时，着力保护文化生态。以海为伴、以海为生的象山人民，善待海洋，树立"蓝色国土"观念和海洋文化生态保护理念，赢得了新的发展优势和动能。

浙江是一个海洋大省，拥有辽阔的海疆，漫长的海岸线，众多的岛屿，丰富的渔业资源。浙江海洋渔文化生态建设的空间是很大的。象山入围国家级文化生态保护实验区，其意义不可低估。对于象山，这是海岛渔村适应新发展的现实选择，更是立足自身优势、寻找发展新高地的一个战略选择。对于浙江，这是加快海洋非遗保护优化升级的重要措施，也是加强海洋文化生态环境保护和建设的重要机遇。

保护海洋渔文化生态，是一个深奥的科学命题，单靠我们非遗工作者现有的知识水平难以交出合格的答卷，有时候能尊重其自身的发展规律就不容易。象山修复非物质文化传承链和整体保护文化生态的理念与实践，给我们以启迪，也让我们对做好全省海洋渔文化生态建设有了更多的期待。

2010 年 9 月 18 日

# 潮起海宁潮涌浙江

科学发展观的贯彻落实,需要各地创造性地开展工作,这样才能形成一个具体的目标、思路、机制和政策。推进非遗保护事业,同样需要发扬创新的精神,提出可度量、可检验、可比较的目标任务和政策措施。

海宁市政府 2009 年 5 月出台《关于加强非物质文化遗产保护工作的意见》,这个"意见",立足现实,体现前瞻,具有针对性,富有实效性,支持力度很大,含金量很高。相信这个文件的出台,将为海宁的非遗保护注入持续动力。

我将这个文件作一解读,供各地借鉴。这个文件具有若干鲜明的特点:

一是突出目标引导。文件明确提出了到 2012 年,构建较为完备的非遗保护五大体系,即资源保护体系、传承展示体系、宣传推广体系、合理利用体系和政策制度体系,使非遗得到全面抢救保护和有效传承弘扬。

二是突出政府责任。文件明确,市政府成立非遗保护领导小组,统一协调非遗保护工作;各镇(街道)要成立相应的机构,确保非遗保护工作顺利开展。文件明确,为长期有效地做好非遗保护工作,成立海宁市非遗保护中心,落实专职人员,切实做好非遗保护的协调、指导和挖掘工作。文件明确,建立市、镇两级非遗名录体系,同时积极做好国家级、省级和嘉兴市级非遗名录的申报工作。对列入各级名录的非遗项目,都要制订科学的保护计划,明确保护责任主体,落实保护经费,加强保护工作的指导、检查和监督,进行切实有效的保护。文件明确,对在非遗保护工作中有突出贡献的单位和个人,给予表彰奖励;对不履行职责,保护不力的行为,按照有关法律法规给予严肃处理。

三是突出政策扶持。文件明确,设立海宁市非遗保护专项资金,市财政每年按照 1.5 元/人的标准安排非遗保护专项资金,实行年度项目预算和审核审批制。各镇(街道)财政也要安排一定的经费用于非遗保护工作。文件明确,设立政府津贴,加大对非遗项目代表性传承人的扶持力度,除上级政府给予的津(补)贴外,市政府对代表性传承人、民间老艺人给予 1000～3000 元/年的补助。鼓励海宁市级以上的代表性传承人和民间艺术家带徒传艺,培养传承人;实施学徒补助机制,对学徒期满五年的,给予不少于 6000 元/人·年的补助。文件明确,对列入上级非遗传承基地、传统节日保护基地、文化生态区试点的保护责任单位,给予 4000~10000 元/年的补助。

四是突出工作重点。文件明确,认真开展非遗普查工作,运用文字、录音、录像、数字化多媒体等各种形式,对各类非遗进行真实、系统和全面的记录,建立非遗档案资料库和电子数据库,及时征集非遗典型实物和文献资料,搞好保护。文件明确,加大非遗项目研究力度,编辑出版海宁市非遗文献资料丛书。加大非遗整体性保护力度,积极做好国家级、省级民间艺术之乡、生态保护区、非遗传承基地、传统节日保护基地和嘉兴市级文化特色镇命名及创建工作。文件明确,创造条件建立海宁市非遗展示中心,对重要的非遗进行集中静态实物展示和动态传承保护。

五是突出品牌优势。文件要求,大力挖掘非遗中蕴藏的文艺创作素材,努力运用其中优秀的文艺表现形式,繁荣文艺创作,不断推出新的文艺精品。文件要求,充分利用硖石元宵灯会、观潮节、民间庙会等传统习俗活动,大力发展非物质文化旅游,打造新的文化旅游品牌。文件要求,做大做强传统特色工艺产业,将硖石灯彩、海宁皮影戏作为重点开发项目,发展成为传统工艺美术优势产业。文件提出,积极组织优秀非遗项目走出国门,或到港澳台演出,加强对外文化交流和宣传。

六是突出实践特色。海宁市政府的"意见",体现了对非遗保护的高度认知和前瞻思考;体现了对非遗保护工作方针的全面贯彻;体现了政府作为非遗的保护者、推动者的责任;体现了从实际出发,实践第一,破解难题,推动保护,促进发展的自觉;体现了以人为本,以传承人为保护主体,尊重人民群众的历史创造,保护成果由人民共享的理念;体现了把握机遇,凸显特色,培育优势,打响品牌,增强软实力的意识;体现了优化政策环境、强化政策的刚性,以制度为基础,促进非遗保护事业又好又快发展的科学方法。

海宁的文件,把上级的决策部署和海宁实际结合起来,把开拓创新与科学务实的精神结合起来,体现了解放思想、实事求是、与时俱进的思想路线。海宁的文件,在理念上是领先的,为其他县市区贯彻落实非遗保护工作方针,制订非遗保护指标体系和保障机制,提供了重要的经验和参考,提供了一个可复制的样板。

钱江潮,又称海宁潮,以"一线横江"被誉为"天下奇观"。非遗保护事业风生水起、风起云涌,有如钱江潮,潮水前来后涌,后浪赶前浪,一浪高一浪,永不懈怠,奔腾不息。

2009 年 5 月 30 日

# 钱塘江源头前浪引后浪

钱塘江是浙江第一大河,开化县是钱塘江源头。

近年来,开化县非遗保护工作快速崛起,成绩卓著,走出了一条又好又快的路子,各项非遗工作主要指标均位居衢州首位、全省榜首或前列。

为什么一个普通的山城,会在全省非遗保护热潮中快速崛起,声名鹊起,亮点纷呈,脱颖而出,崭露头角,领跑全省?

2012年4月19日,省文化厅在开化县召开浙江省县级区域非遗保护工作现场会,将开化的经验概括为八点:目标定位高,政策措施硬,为民理念强,干事劲头足,破难思维新,开放意识活,保护成效好,社会氛围热。

在开化召开现场会,就是要充分研讨开化现象,总结开化经验,推广成功做法。

关键在于有一个好的领头羊——县文广新局局长方金泉。我对一个人的最高评价,就是像打了鸡血。方局长就像打了鸡血一样,充满激情,有着昂扬的斗志。方局长对非遗事业充满激情,对工作充满热情,对这片土地充满深情,对人民大众充满感情,是个"四情"干部。

开化的文化干部精神状态好。开化相对经济欠发达,但是开化人不比基础比精神,不比条件比干劲,自加压力,负重奋进。前些年的开化工作不显山不露水,这几年年年有起色,有进步,就是靠这种精神干出来的。

在开化召开现场会,就是要像开化文化工作者那样,有着超常的干劲,把一项项规划构想转化为工作实践,把一个个工作思路转化为具体行动,通过苦干实干巧干,把许多看似高不可攀的发展目标变成现实。

在开化召开现场会,就是要学习开化在奋进中突破,在赶超中崛起的精神;就是要提倡一马当先,敢为人先,奋勇争先的精神;就是要弘扬有第一就争,见到红旗就扛,创先争优的精神。全省17个试点县,要像开化文化局那样,向最好的学,向最快的学,力争上游。

在成绩面前,开化没有停止前进的脚步,而是不自满,不停步,大踏步,不断地追求更高的发展目标,再接再厉,再立新功。这就是开化之路。

开化在全省树立了一面旗帜。开化的现象令人瞩目,开化的经验令人寻味,开化的实践也令人鼓舞。开化经济相对欠发达,开化的文化资源不具优势,开化能做到,其他县市区也能做到,开化能做好,其他县市区也一定有条件或者创造条件做好。

钱塘江浪打浪,前浪引后浪,后浪推前浪。全省涌现学习先进、争当先进、赶超先进的热潮,形成比学赶帮超的热潮,推动非遗事业不断掀起新高潮。

2012 年 4 月 20 日

# 要发挥好利用好展会的优势叠加效应

当下,浙江的传统手工技艺展会成为热点,很活跃。每年,省文化厅举办中国(浙江)非遗博览会,省经信委举办中国·浙江工艺美术精品博览会,省委宣传部举办全省"千镇万村种文化"民间民俗工艺美术展示会,浙江老字号企业协会举办中国中华老字号精品博览会,杭州市举办中国工艺美术大师作品暨国际艺术精品博览会,河坊街举办中国民间艺人节,义乌文博会配套设立浙江省非物质文化遗产精品馆。再加上各地举办的冠以全国性或全省性的传统手工技艺展会,可谓"你方唱罢我登场"。

手工技艺展会密集,一方面,说明了这项工作得到了政府部门、行业组织、社会各界的重视,大家都出于保护传承民族手工技艺的责任和义务,踊跃办展,搭建平台,促进非遗产业发展,促进非遗融入生活。另一方面,会展业也在政府部门的主导和倡导下,承担着城市"名片"的功能,对于扩大城市影响力,提高城市知名度、美誉度有着明显的作用。

这些年,会展以它的发展潜力和对相关产业的带动作用,以及环保、低碳、无污染的优点,被誉为 21 世纪的无烟产业和朝阳产业。对于非遗来说,借助这一平台,传统手工艺产品和相关企业获得生机,优秀传统文化艺术得到传播宣传。应该说,这些展会总体上的效果是好的,是有前景的。但是如何促进传统手工艺展会可持续和健康发展,有些问题还是很值得研究和探讨。

纵观当前我省手工艺相关展会,内容大同小异,形式简单重复,呈现出审美疲劳。有的展会办展成本很高,动辄上百万,而实际人流量不大,成交量也不大,没有达到预期的效果,也逐渐影响了传承人和手工艺企业参展的热情。有些展会办展质量不高,没有体现传统手工艺活态展示的特点,仅仅成为有关厂商卖产品的摊位,有变成展销会和交易市场之虞。有的展会,单纯为办展而办展,为完成年度工作任务而办展,甚至为填满会展中心而办展;有的城市,为成为会展城市而大办会展。

还有一个问题也值得引起足够重视,这些展会名称差不多,参展对象也几近同一批人,展览套路同质化。同样一件事,举办单位多头,各自为战,各唱各的调,相互之间缺少协作和联动,有点各占山头的味道。说句重一点的话,这是对社会资源的浪费,有些劳民伤财。长此以往,会展会变成鸡肋,食之无味,弃之可惜;会展会变成负担,虽大动干戈,但劳而无功。

要促进会展的可持续和健康发展,要对会展有清楚和清醒的认识。政府部门要进一步更新办展观念,理清办展思路,调整会展的结构,提升统筹水平,探索协调机制,探索办展新模式,提升会展的含金量,塑造会展的品牌。我也在思考这个问题,能不能整合各方面的力量和资源,搞成真正具规模、有影响、上档次的展会,做大做强,做成大品牌?能不能"一年大,一年小",一年搞全国性的,促进全国之间的交流,一年搞全省性的,促进全省的民间工艺美术业的发展?能不能各相关展会错时进行,一年四季不断,内容各有侧重?能不能各展会功能区别,分工协作,根据行业特点和优势,搞成专门性展会,优势互补?还有,展会办展的主体应该是谁?是否一概由政府来主导主办?随着展会的不断培育和不断成熟,政府部门是否也应该逐渐退出对展会的承办,把展会运行工作还给市场?

促进展会健康发展和真正发挥展会成为传统手工技艺发展的重要引擎作用,绝非朝夕之功,我们还需要付出更多的努力。政府在展会发展中应该是发挥引导、扶持、管理和统筹的作用,这样才能发挥好和利用好展会的优势,发挥优势的叠加效应,这样的会展发展和管理格局才是科学发展。

既然政府和各相关主管部门对举办非遗展会的热情如此之高,能不能各方形成合力,干脆就搞"永不落幕"的展会?譬如抓紧筹办浙江省非物质文化遗产馆,使非物质文化遗产的展览、展示、展销经常化、日常化、平常化。

2011 年 4 月 22 日

# 城市礼品应体现文化特质

2010年1月6日,《钱江晚报》在不同的版面刊登了两篇内容相近的报道。一是杭州市品牌办举办"城市礼品设计国际大赛",以百万重金向全球征集杭州的城市礼品。二是宁波市举行"港口文化节",也征集代表宁波城市文化的礼品。

礼品设计,要求作品创意新颖、独特,主题突出,有丰富的文化内涵,有鲜明的地方特色,有特定的纪念意义,并且符合社交、礼仪以及市场礼品的基本要求。

这大概在于杭州、宁波两市都缺乏能够代表城市形象的文化礼品,另一方面也在于两地打造城市文化名片、开发旅游商品市场的需要。城市礼品,大有潜力可挖,潜力不可估量。

城市文化礼品关乎一座城市的旅游形象。在旅游途中,买几件特色礼品作为对于一座城市的纪念,已逐渐成为人们的习惯。国内外许多著名旅游城市,都有属于城市特质的文化礼品,时刻提醒人们记住那座城市和那份回忆。

事实上,近年来我国旅游业得到迅速发展,但旅游纪念品始终是一个薄弱环节。许多地方的旅游纪念品市场已陷入困境,一方面旅游商品遍地皆是,另一方面游客难以买到称心如意的旅游商品。譬如,在北京旅游,随处可见杭州的手工艺特色商品,檀香扇、天堂伞、丝绸品;在宁波也能买到嘉兴的五芳斋粽子、金华的酥饼;杭州的河坊街,更是南北旅游商品大荟萃,样样不缺。游客购买城市礼品或旅游商品,希望有地域特征有文化有味,希望有创意有新意好看。但传统的旅游商品形式老套、内容难有新意,且价格不实惠,因此不能吸引游客。

相信许多游客都有过这样的经历,到一个知名的景区旅游,很想买一点具有地方特色的旅游商品留作纪念,特别是那种既有纪念意义又物有所值的特色旅游产品,但多数时候不能如愿,空手而回,或是抱着一种聊胜于无的心态,随意挑它一件。

旅游商品应具有纪念性、艺术性、实用性、收藏性等基本特征,应能真正代表和表现当地的文化特色,具有不可替代性,才具有纪念意义和收藏价值,游客才会买。

报载绍兴新推出鲁迅纪念酒。这一产品采用陶器包装,整个酒瓶如同一尊鲁迅先生的青铜塑像,古朴、庄重,正面有纪念鲁迅等字样,背面则是鲁迅先生最著名的两句诗:横眉冷对千夫指,俯首甘为孺子牛。其内容则是精心酿制的上等陈年花雕。这种精心包装的瓶装上等花雕,无论功能还是外观形式,无论内涵还是地方特色,都是相辅相成的,可以代表绍兴这座城市的礼品。

据了解,海宁市重点推出硖石灯彩,推陈又出新,既有传统造型的灯彩,又创意制作各种精致小巧的紫砂壶款式的灯彩,供不应求;象山县开发具有海洋文化特色的贝壳、珊瑚类纪念品,市场前景看好;桐庐县合村乡恢复绣花鞋制作工艺,设计各种新款式,特别是虎头小绣花鞋,销售业绩可观。

杭州、宁波不约而同推出城市礼品设计大赛,佐证了旅游商品开发意识的增强。我们相信只要真正重视旅游商品的创新开发,通过旅游业界、文化艺术界、工艺创意界的共同努力,旅游商品千篇一律、缺乏特色、质量低下的总体形象,必定会在不久的将来得到明显改善。

2010 年 1 月 7 日

# 没有品牌的城市没有生命力

　　嘉兴端午搞大了，品牌打响了。2010年6月13日至18日，由文化部和浙江省政府联合举办的中国嘉兴端午民俗文化节隆重举行。作为我国端午习俗的重要传承地区，端午习俗，在嘉兴不断得到发扬光大。

　　端午的内涵丰富，表现形式可以多样。对于喜欢运动的人来说，端午节就像是体育节，全国龙舟邀请赛，吸引了来自各省份的26支队伍600多名运动员参加。对于文艺界的人来说，端午节好比是诗人节，爱好文学的人在节日期间聚在一起，传承朗诵诗歌、欣赏美文、纪念伟大诗人的传统。对于社会大众来说，端午也是个狂欢节，民俗文化踩街应该是最受年轻人喜爱的。当然端午也是个粽子节，据称，今年上半年，嘉兴五芳斋的粽子销量达到2亿只。大家对端午节的意识越来越强，对粽子的需求也越来越大了。端午是一个民俗节庆，嘉兴端午祭礼，以及民间的吃五黄（黄鳝、黄鱼、黄瓜、咸鸭蛋蛋黄、雄黄酒），挂菖蒲、挂香袋等传统习俗得以复兴。嘉兴市的端午文化，一个节派生为五个节，端午文化更加多元化，也变得更加时尚。

　　嘉兴的每个县（市、区）都有一两个特色文化节庆活动。抓节庆，打品牌，成为一个共识。海宁市做好"硖石灯会"文章，迎来了"江南第一灯市"的美誉，硖石灯会有彩车巡街、灯彩展示、灯舞表演、灯影（皮影戏）演出等，形成了灯的系列，形成了灯的海洋。另外，秀洲农民画艺术节、秀洲网船会、海宁观潮节、平湖西瓜灯节、嘉善田歌节、桐乡蚕花水会等节庆，植根传统，延续文脉，彰显特色，异彩纷呈。这些节庆，对于提高当地知名度、扩大影响力，发挥了重要作用。

　　城市的发展，要有记忆，有历史文脉，才有永续发展的生命力。城市的发展在于其特色，在于其个性，才有别开生面的竞争力。一个城市也如一个人，有了精气神，才有旺盛的生动的魅力。

　　资料表明，我国近600座城市，南北一样，形象趋同，千城一面。"有区别才有存在，没有区别将丧失存在"。这个简单的道理是城市生存的哲学。历史文化的继承、演进与创新，是一座城市的灵魂，也是一个城市得以区别于其他城市的标识。因此，只有构建城市主题文化，才能使城市形象目标明确，特色彰显。城市要追求的目标是个性魅力，而不是排行榜。

当前，我省的城镇化进程，正由单一的经济目标指向，走向生态化、非物质化、知识化、服务化的阶段，走上一条科学、协调、和谐的发展道路。城市现代化不应该只体现在建筑的叠加与罗列，道路的延伸与交叉，而应该体现出城市的经济建设、自然环境、建筑艺术、市民素质等诸多要素的和谐统一，应该体现出城市的传统风情、现实生活和文化创造的和谐共生。在科学发展观理念的引导下，各地政府逐渐认识并重视城市文化的发掘、保护与发展，并且取得了成效。

嘉兴市将城市文化的发展提到了前所未有的高度。特别是嘉兴市领导提出了"政府办节，老百姓过节"的口号，提出了"传统文化，现代表达"的理念，发掘打造多层次的民俗文化，促使更多的年轻人参与到和民俗有关的活动中来，进而提高他们对民俗文化的认识，并享受到传统文化带来的身心愉悦。民俗文化本来就是百姓文化，就是生活文化，让老百姓成为民俗节庆的主体，让老百姓来享受文化遗产保护成果，这体现了嘉兴市领导的群众观点和一腔情怀，体现了城市发展的人文关怀和人文精神。

城市是一个有生命力的载体。城市发展需要文化滋养，需要文脉的承递。非物质文化遗产是城市活力的源泉，是一座城市可持续发展的不竭源泉。有历史传承和有文化品牌的城市，才是一个有品质的城市，才是一个有影响力的城市。

2010 年 6 月 18 日

# 谁来给学生斑斓多姿的人生体验

2010 年 8 月,浙江省文化厅、省教育厅发文公布了 62 个首批省级非遗传承教学基地名单,其中高校高职 16 个,职业中专、中学、小学、校外教育单位 46 个。

长兴百叶龙、余杭滚灯、硖石灯彩、余姚木偶摔跤、嵊泗鱼类故事、传统纺织技艺、民俗动漫,乃至杭帮菜烹饪技艺、邵永丰麻饼制作技艺等等,这些具有浓郁地域文化特色的非遗项目,在各类学校以各种别具一格的形式,播下种子,开花结果。

2007 年颁布实施的《浙江省非物质文化遗产保护条例》第二十四条明确提出:鼓励支持教育机构将非物质文化遗产纳入教学内容,开展普及优秀非物质文化遗产知识的内容,建立传承教学基地,培养非物质文化遗产传承人才。依照这一精神,省文化厅、省教育厅启动了非遗传承教学基地申报工作,这项工作反响热烈,各地积极创建,大力推进非遗进校园、进课堂、进课本。

中国教育普遍的一个现状,应试教育是“根本”,“考考考,老师的法宝”,对学科知识抓得紧,各类奥数竞赛搞得红红火火,但对素质教育重视不够。学校的课程包罗万象,但是独缺乡土文化。学生们便因此被搁在高高在上的象牙之塔。

当下的学生,尤其是中小学生,压力很大,书包比背包重,眼镜比玻璃厚,晚上 11 点后睡觉,早上 7 点前到校。中国人的勤劳智慧,大概就是在这种紧逼的学习模式中形成的。

今天的应试教育已误入歧途,虽然各界呼吁要向素质教育转换,而且呼吁了不止三五年,但总不见实质性的举措。高层日益认识到问题的严重性,学校仍然有心难为,学生当然更是有切肤之痛。于是,教育部号召京剧进校园,还有传统美德教育、乡土历史校本教材等不一而足,也算顺乎民心民意了。

在当下学生在校还不能彻底摆脱应试教育的情况下,可以也应该考虑引进乡土文化内容使学生的学习生活变得丰富些,特别是课余时间、校外空间,要发展学生自己的爱好,而不是学校的超级作业和家长想当然的学习项目安排。要让学生在承受艰巨的被动的学习压力的同时,有可以向往的自由爱好空间,从而实现被动发展与主动拓展的结合。

各地开展非遗进校园活动,通过组织传承人进课堂演示,举办比赛,设立展示厅、编写校本教材、参加体验采风活动等形式,让学生赏析非遗,让学生了解地方传统文化,认识地方风俗习惯,感受民俗文化的魅力;让学生动手动脑,激发想象力、创造力;让学生真切、形象、生动地体验体会,丰富心灵感悟,促进学生爱家乡、爱祖国的思想情感。这才是目的和意义所在。

非遗进校园,无疑对于非遗保护传承是有益的,而且更进一步的意义在于,也许将会成为学生今后人生的核心人文竞争力之一。

2010 年 5 月 8 日

# 以青春的方式致意传统

　　牵挂"非遗"的,不只是写满沧桑的面孔。在浙江大地上,便有许多年轻人,他们跋山涉水,走村串户,为的是追寻与守护烙有民族记忆乡土情结的文化方式……

　　浙江省高校大学生"走访非遗传承人"出征仪式在浙江大学紫金港校区进行。浙江大学、浙江工业大学、浙江理工大学、浙江工商大学等 10 所高校大学生参加出征授旗活动。

　　2012 年暑期,全省各高等院校的大学生将深入基层采风,记录非遗传承人及其技艺,挖掘传承人的事迹和业绩,报道宣传传承人的突出贡献,学习和传扬传承人自强不息、坚韧不拔的精神。

　　实践是传承文化的最好方法,亦是感悟文化传承的最好方式。大学生的田野调查,也许并不周全,甚至还稍显稚嫩,成果也非意义重大,但他们毕竟在流行文化喧嚣的当下,迈开了自己青春的脚步,以坚实的姿态向传统文化表达着他们的深深敬意。

　　由浙江省文化厅、省教育厅、团省委、浙江日报、浙江广电集团共同组织开展的以"传统的青春,青春的传统"为主题的第七届浙江省非物质文化遗产节暨浙江省非遗进校园活动季,在第七个"文化遗产日"拉开序幕。来自全省各地的非遗表演项目和专题展览大规模齐聚浙大校园,让学生们打开眼界,大开眼界。

　　浙江省非物质文化遗产进校园活动季,"非遗走进校园"与"大学生走出校园体验非遗"相结合,"大学生走访传承人"大型主题访问活动,"在杭高校大学生龙舟赛"等相继展开;教育普及与学术研究、学科建设相结合,评选和公布第二批浙江省非遗传承教学基地,并新公布了浙江海洋学院、温州大学为高校省非遗研究基地,举行浙江省非遗学科建设研讨会;非遗知识传播与非遗保护理念探讨相结合,举办校园非遗讲座、"大学生非遗辩论赛"等活动,普及非遗知识,增强大学生非遗保护意识,凝聚大学生对非遗的共识。

随着经济和社会的急剧变迁,非物质文化遗产的生存、保护和发展存在着许多新的情况和问题,面临着严峻的形势。非遗保护的根本出路在于唤醒全体国民,特别是广大青少年的文化自觉。学校在优秀传统文化传承发展中起到重要的作用,从学校教育入手,从青少年抓起,对于非遗传承具有重要的战略意义。

浙大青年学子自发组织了"传承中华文脉,守护精神家园"签名活动。大学生们踊跃在横幅上签上名字,表达了他们的支持。这看似是一个简单的行为动作,但里面所包含的是大学生们对传统文化的认同,体现了大学生热爱非遗的情怀,还有弘扬和传承中华优秀传统文化的责任担当。

当传统邂逅青春,兴趣是最好的切入点,其实很多学生对非遗是有兴趣的,我们要做的只是寻找一种通道,让他们有机会接触和认识非遗,并懂得欣赏。学生们第一次认真打量和感受近在身边的非遗,从好奇到惊讶,再到惊叹和感慨感染,渐渐滋生成一种力量。

无需"使命"、"责任"这样宏大的语汇,当朝气蓬勃的青春遇见历经沧桑的非遗,一切追寻与唤醒,都是发自心底的自觉。传统文化,薪火相传 从青春开始。

2012 年 6 月 10 日

# 让打动人心的作品更多些

传统表演艺术,作为非遗重要组成部分,保护现状如何? 存在哪些问题? 怎样才能保护得更好?

2010 年 8 月中旬,浙江省传统表演艺术精品培育工作会议暨第六届浙江省非遗保护论坛在温州举行。专家学者和实际工作者围绕传统表演艺术的现实处境和发展趋势,由古及今,由内而外,层层分析,探讨和提出当下的传统表演艺术怎样才能健康良性地发展,怎样推出一批具有影响力的精品力作。

今年浙江省文化厅举办第五届浙江省非物质文化遗产节,围绕传统表演艺术做系列文章,打组合拳:传统音乐展演由省群艺馆承办,传统舞蹈展演由杭州市承办,传统戏剧展演由绍兴县承办,传统表演艺术绝技绝艺展演由永康市承办,传统表演艺术系列讲座由浙江图书馆承办,加上开幕式和"风雅颂"杭州传统表演艺术专场演出,集中呈现,整体推出,系列展示,检阅成果。

浙江传统表演艺术资源丰富。传统音乐方面,山歌、田歌、畲歌、渔歌,鼓乐、瓷乐、竹乐、打击乐、吹打乐,不一而足;传统舞蹈方面,仅龙舞有三四十种,仅临安市先后走出国门赴国外展示的有十三四个传统舞蹈项目;传统戏剧方面,越剧成为全国第二大剧种,婺剧、甬剧、瓯剧等地方剧种各有特色。众所周知,嵊州是个戏窝子,嵊州人人人会唱越剧,哪里有越剧团哪里就有嵊州人。其实这样的戏窝子还不算少,温州永嘉的应坑村有 6 个乱弹剧团,据说这个地方连公鸡打鸣都有乱弹味。传统曲艺方面,仅绍兴市就有莲花落、平湖调、词调、宣卷、摊簧"五朵金花"上榜国家级非遗,杭州的小热昏、宁波的唱新闻,想必当年也就是当今的"海派清口"。传统绝技绝艺方面,五花八门,单是拳术就有岳家拳、水浒名拳、船拳、十八般武艺等。我省有大批量的传统表演艺术项目列入各级非物质文化遗产名录,各地组织的展演活动,经常人山人海;各地建立传承基地,应者踊跃;各地推陈出新,精品不断涌现;各地表演艺术节目纷纷出省出国,载誉无数。

音、舞、戏、曲、杂等传统表演艺术,在丰富多彩的生活中,无处不有。观看一幕幕或美好或伤感的场景,带给我们美妙的享受,让我们在感知感悟中梳理生命历程的坎坷和曲折,提高文化涵养,丰富精神世界,触及灵魂深处。传统表演艺术犹如一颗颗璀璨的珍珠,无时无刻都在焕发夺目的光彩!

当下的非遗保护正在不断加大力度,但当今这个社会,文化娱乐生活日趋丰富多彩,人们审美观念也不断发生变化,审美情趣发生多项选择,传统表演艺术已失去原有的地位和魅力,受到了严重的挑战。

有着悠久历史的传统表演艺术,在今天,既充满危机,也正酝酿着变革。认为传统表演艺术美妙无比,为当前某种表面繁荣所陶醉,因而否定危机的观点是不可取的。认为传统表演艺术作为传统文化表现形式,已经不适应时代的发展变化,任其自然演变、自生自灭的观点,同样是不可取的。处在未死方生间的传统表演艺术,人们期待着它的变革和新生;处于蜕变期的传统表演艺术,如何拓展自己的生存空间,在新的时代勃发生机焕发活力,需要理论指导,更需要大胆实践探索。

为此,浙江省文化厅在"十二五"期间,将重点培育打造 100 个具有传统文化元素、体现时代精神、反映社会生活的传统表演艺术精品;培育 100 个各类传统表演艺术精品项目的孵化基地;培育 100 个传统表演艺术活动品牌;培育 100 个传统表演艺术优秀新生代传承人。

新时代需要不断涌现精品力作,传递传世之作。也许,现在还没有谁能说清未来的表演艺术将是什么样子,但作为一种有着深厚根基的民族艺术,其既源远,当必流长,它将找寻到自己适当的生存方式,甚至很可能是一种凤凰涅槃式的蜕变。

2010 年 8 月 15 日

# 给非遗资金的使用提个醒

　　国家非遗专项资金"十一五"期间主要对西部地区及中部地区加强扶持。"十二五"以来,国家财政对非遗的投入力度不断加大,对东部地区的非遗保护也增加了投入。浙江省级非遗专项资金也从"十一五"的每年 1500 万递增到"十二五"的每年 2500 万元。

　　经匡算,2010 年至 2012 年 3 年间,国家财政对我省补助达 4200 万元,省财政合计补助 5200 万元,合计 9400 万元。这笔资金主要用于非遗项目、代表性传承人、非遗中心、非遗基地、非遗馆、非遗信息化、非遗丛书等。这笔资金,虽然分年度、分地区、分到具体项目,资金或许极为有限,但总量总盘子上还是可观的。而且不管大小,都是财政资金,都是纳税人的钱,必须用好,必须有个交代。

　　为了切实加强对全省非遗保护专项资金的监督管理,保证专项资金的合理有效使用,提高资金使用绩效,浙江省文化厅联合省财政厅于 2013 年 7 月组织对 2010—2012 年国家及省级非遗补助资金使用情况进行检查。省里下发了通知,各市县依照要求及时进行了全面自查,省里进行抽样检查,重点检查面不低于 20%,共 15 个市县被列为重点抽查检查单位。

　　由浙江之江、新华、同方 3 家会计师事务所共同承担非遗专项补助资金检查工作。经实地认真检查、对账、会审,形成了《关于 2010—2012 年中央、省级非遗专项补助资金使用情况的检查报告》,审计报告很认真,很详尽,篇幅达 1 万多。

　　从总体上看,各地对非遗专项资金的使用管理很不错。检查报告指出,"基本符合专项资金管理办法规定的开支范围和财务规定制度,没有明显的不合理支出和违规违纪情况。""这些补助资金,对于各地的非遗保护传承工作起到了重要的鼓励促进作用。"

　　各地利用上级补助资金,搭建了各类非遗保护传承平台,积极开展各种非遗展演展示活动,宣传展示非遗成果,加强非遗传承基地、传承人队伍建设,收集、整理各种非遗历史资料,推动了各级非遗名录项目的保护,促进优秀传统文化的传播弘扬,也推进了当地经济和社会发展,取得了突出的成效。

同时,在审计中也发现,各地程度不同存在一些问题:部分专项资金,当地财政部门、文化主管部门未及时足额拨付至项目单位;部分专项资金使用率偏低,进度缓慢,有些使用不及时资金被财政收回,有些项目尚在实施过程中或尚未正式实施;有些对专项补助资金未按项目单独核算,未设置专账项目核算,并入日常经费核算;专项资金未真正做到专款专用,存在统筹使用、变更资金用途的情况;部分项目实施单位对专项资金的核算欠规范,财务监督有待进一步加强;有些地方项目配套资金未落实;有些地方既没有非遗保护专项资金,也没有项目配套资金。

主动审计专项资金使用情况,是为了发现基层真实存在的问题。发现问题、深入跟踪并分析问题,是为了解决问题。发现问题,折射的是一种态度,彰显的是一种自信,体现的是一种责任和担当;发现问题,是为了加强非遗保护专项资金使用管理,提高使用绩效。

钱怎么用才能用好?

不要克扣银两。各市县财政局、文广新局要按照"及时拨付、足额拨付、专款专用、加强监管"的原则,及时足额下拨专项资金,加快资金拨付进度及项目实施进度。

钱要用得明白,摆得上桌面。账本身要清,公私分明,不要一笔糊涂账,要小葱拌豆腐,清清爽爽,明明白白。保证专项资金做到专款专用。要搞清楚底线,严守底线、不越红线,不要触犯高压线。

要打好算盘,一分钱掰作两分花。国家资金或省资金不可能每年都对一个项目连续给予补助,毕竟僧多粥少,补助经费的使用要增强计划性,要省着用,精打细算,该花的花,不该花的就不花,办大事不一定需要钱多多。

要抓重点,好钢用在刀刃上。要做的事很多,要确保重点。关键是搞清楚什么是重点,找准重点,把重要的事做好,事半功倍。既要锦上添花,更要雪中送炭。

要讲绩效,四两拨千斤。这与物理学里的杠杆效应、蝴蝶效应相同,就是用很小的力量解决很大的问题。小的事也能引发很大效果。建立专项资金使用绩效评价制度,力求工作业绩的最大化,力求社会效益的最大化。

要把蛋糕做大。无论国遗项目还是省遗项目,关键是做好落地保护。主要保护责任在保护地,当地财政的财力保障是前提,是基础,是坚强后盾。设立非遗保护专项资金,落实项目配套资金,积极吸引民间资金的参与。

既要输血,也要造血。输血是救急的、暂时的,自身造血是健康可持续的。要重视非遗项目的培养造血功能,增强自生能力,增强自身实力。

扎好制度的笼子,念好紧箍咒。不断健全完善非遗专项资金使用和监督管理机制,建好细密、结实的"篱笆";另一方面,加强对制度贯彻落实情况的监督检查,确保各项制度令行禁止,执行制度没有例外。

2013 年 12 月 31 日

# 为浙江非遗网开通叫好

在第三个"文化遗产日"到来之际,浙江非遗网开通。之前,宁波、嘉兴、余杭等地先后开通了非遗网。可以想见,年轻的网络,与五千年文明的结缘,将使非遗保护事业增翅添翼。

互联网的新闻宣传,集文字、视听、图像等多种传播方式于一身,几乎囊括了其他媒体的全部传播方式,而且比其他任何一种传媒方式都更直接、更迅速、更经济、更方便、更有效。新时期,非遗宣传工作如何充分运用互联网这一新领域,是个重要课题。要认识和掌握网络特点,讲究宣传艺术,提高时效性,扩大覆盖面,增强吸引力、影响力,使之成为非遗保护工作的新载体,公众参与保护的新途径,服务公众的新平台,弘扬优秀文化的新渠道。

要发挥好非遗网站的作用,有几个方面的问题值得注意。

首先,要认真研究互联网的规律和特点。网络宣传具有超时空性。其他媒体的传播范围往往受到地理空间和人为思想束缚的制约,而互联网的传播则不可阻挡地覆盖了全球。同时,它具有互动性,它使传播者与受众之间的关系发生了变化,新闻的接受者有着更大的主动性,不仅可以自由选择浏览新闻传播的内容,而且可以自由方便地发表自己的观点和意见。互联网既有优势,也有局限。要从传播学的角度加强对这方面的研究,加强对网络和网民的研究,增强舆论引导的能力,增强宣传工作的吸引力。要运用互联网呈现的大视野,运用网络的巨大影响,拓宽表达渠道,重视交流对话,显现互联网的力量。

第二,要找准自己的定位。作为非遗网站,要普及非遗知识,增强人民群众抢救保护意识;要向公众展现斑斓多姿的非遗,丰富群众精神文化生活;要吸纳广大群众对非遗保护的意见建议,为相关部门提供决策依据;要弘扬优秀传统文化,提升非遗的影响力;要加强保护工作的信息沟通,推进保护事业的健康发展。一个网站的优势和特点,与所依托的业务范围,与所拥有的技术装备,与所运用的方法手段,有着直接的关系。要利用和发挥自己的条件,坚持有所为有所不为,把网站做准、做特、做活、做强。

第三,要加强信息内容的开发和利用。互联网的发展和运用,实质上是一次信息革命。它丰富了信息的表现形式,提高了信息的储存性能,加强了信息的传播速度,方便了信息的检索方法。非遗,体现文化的多样性,表现形式极为丰富,非遗网站可以办得很多彩。中国美术学院在杭州南山路办了一个皮影艺术博物馆,共有45000多件皮影作品,1700多册影卷,但平时到皮影馆参观的人并不多。为此,将皮影博物馆搬到了网上,建立了数字皮影馆,展示皮影剧目、皮影制作方法,还有皮影知识介绍等,观众可以上网免费观看。新奇精彩的网上皮影戏,吸引了许多网友,特别是中小学生的热捧。网上皮影馆的效应,应该对我们的工作有所启迪。我们应该逐步把传统表演艺术、传统手工技艺、乡土民俗等等,整理和开发出来,在网上展示出来,使非遗宣传更加新鲜活泼,更加丰富多彩,更加亲切感人。网上能够包容海量信息,而且低成本,不利用白不利用。尤其是网民以年轻人为主体,许多年轻人已习惯通过网络了解各种信息,应该主动、有为地运用互联网,展示非遗资源,传播非遗知识,表达保护主张。

第四,要下力气办好精品栏目和专题。要花工夫、花力气对一个时期的报道计划、报道重点进行研究,精心组织专题专栏,精心策划热点话题,精心开展网页设计,形成自己的精品栏目、专题。既要通盘反映,又要聚焦重点;既要多一点即时通讯,更要注重长期积累;既要开展在线交流,也要搞些连续报道;既要争取更多点击率,又要培养和形成读者群。浙江非遗网,要办出名牌,办出特色,办出水平。

第五,要加强横向联系与纵向协作。全省文化系统、各高校非遗研究基地等相关单位,有着共同的目标,承担着不同的任务,既有各自特点,又是一个整体,要密切协作,形成合力,优势互补,资源共享,使具有的整体优势得到充分发挥。杭州、衢州等地依托当地政府网站、文化网站、文化信息资源共享工程及QQ群等信息交流载体,建立普查工作的网络交互平台,以方便普查员下载阅读文件,交流互递工作信息,修改文字表格,上送普查材料等,使网站有了更多的受众,更大的影响,更便捷的服务,更好的效果。

网络已经成为今天社会的时尚,据相关统计,我国网民总数达到2.3亿人,中国网民人数为世界第一。而我们许多搞传统文化工作的同志,对鼠标、键盘还不习惯,或者刚刚涉足。我们要迎头赶上、奋步疾行。我们要认真研究上网技术,踊跃触网,做一个积极的网民。如果我们能够把握好这个因互联网而分外开放的时代,非遗保护工作将更为精彩,人民群众的精神生活也将更加精彩。

2008年6月16日

# 我期待中的浙江非遗网

2011年元旦,重新定位和扩容改版的浙江非遗网重新推出。我心目中、设想中、期待中的浙江非遗网,与你打开网页所感受到的,是否一致呢? 是否有共鸣?

首先是版式美。

版式是门面,是第一印象,一打开网站,要感觉很美。体现在网页设计美、栏目设置美、图文并茂美,美不胜收不敢说,虽不是最美的,但可以是最可爱的。

一个门户主站,开设的栏目不能太多,也不能太少,不多不少刚好。栏目设置,要结构清晰,层次分明。非遗网滚动的画面、跃动的栏目,要整齐而不失活泼,简洁中带有疏朗大气。

网站要有非遗特色,有现代特征,当然还要有浙江特点。有网站的共性,但更有鲜明的个性,要雅俗共赏,老少咸宜,要给人留下特别的印象。

其次要内容多。

因为是省非遗办官方网站,掌握的资源得天独厚,要充分运用和利用。我们坚持"以公开为主体、以不公开为例外"的原则,尽可能详尽地公布公文、简报,发布各级非遗项目、各类非遗基地、各种非遗活动的信息,包括文图音像。不是为装点门面,不是例行公事,而是为人民服务。

同时,以省网为龙头,市县网为依托,相关网站的链接为延伸,构成门户网站群。打开一幅浙江地图,联接11个市,延伸90个县(市、区),实现省内互通,全省协作。

设想中的非遗网,覆盖全面,一应俱全,堪称非遗领域的大观园,或者说一部详实周全的非遗百科全书。只要你打开这个网站,让你目不暇接,让你有意想不到的收获,让每个网友都可以各取所需。

三是更新快。

提供最新的材料,才可称为信息。一个好的网站,当然应该信息天天更新,各种文件实时转发,权威信息适时发布,新闻动态及时报道,上传信息即时编发。如果能够现场报道,那自然是最好不过。

喜新厌旧,喜欢新颖的东西,喜欢原创的内容,是人的天性,也是网友的上网动力。网站需要新鲜的血液注入才会更精彩,如果搜索引擎过来扫描,发现网站内容依然如故,没有更新没有变化,他就会把你遗弃,不再光顾。

四是互动好。

开展网络问政,实现网上办事,是我们的努力方向。网络已不仅是网民意愿表达的重要渠道,而且也成为网民的问政平台和政府履行公务的场所。如果能够善用网络开辟绿色通道,达到一站式服务、网群式服务,那不仅是行政成本的节约,更是对民声舆情的尊重和真切关心。

当然还要建立网上信访制度。网上信访快捷高效,方便人民群众反映问题。对网上信访,或咨询,或投诉,要坦诚相对,热情回帖,有问必答,及时释疑解惑,温馨提示,真心实意为群众排忧解难。

网上论坛要贴近群众。论坛在网上开,问题从网上来,观点在网上谈,疑难在网上解。与网友在线交流,平等交流,是了解民情、倾听民声、汇聚民意的好方法。

五是人气旺。

网站有生机活力,才会点击率高,跟帖量多,才能聚人气。

要不间断组织热点话题,大家讨论,各抒己见,畅所欲言,集思广益。要多组织一些专题活动,征集创意点子,破解疑难杂症。组织开展摄影、征文活动,组织驴友摄友考察观摩,把网上的交流延伸到现实生活中。组织开展网上非遗专项评选活动,招揽人气,聚焦眼球。注意力就是生产力、影响力!

浙江非遗网,是非遗工作政务载体,是非遗工作部门与网民之间的连心桥,是非遗工作者的帮手,也是非遗传承人宣传展示的平台,是专家学者研究的宝库,是网友运用非遗资源的向导。这是艺术和科技的结合,这是设计者与建设者共同呕心沥血的结晶。

"人人参与,人人共享",是我们的宗旨。我们在浙江非遗网站的建设上做了一些探索,效果如何,请网友提出批评意见和建议。愿你打开浙江非遗网,有意想不到的收获。

2011 年 1 月 2 日

# 浙江非遗网的变与不变

2014 年新春,问候各位网友新年好!

您打开浙江非遗网,已经注意到,新年伊始,网站面容已焕然一新。我们重构了网页板块结构,通过对版面区间的分割,体现出较强的空间逻辑性。版面编排力求时尚大气、活泼灵动、清新明快、图文并茂,突出色彩、线条等版面语言。栏目设置也更丰富更多元,特别注意贴近受众的阅读、欣赏习惯,更注重对读者视觉的引导效果。与之前相比,变得好看了,那是肯定一定必定的。

做出变化,是基于这样的判断:网络时代,人们更多从网络获取信息,而且也希望在网络中获取思想。网站竞争中,信息量是关键,实用性是根本,对于能够引发思想和思考的信息要求也会越来越高。基于上述判断,我们下决心推出非遗网新版。

这种变化并非是对之前编采思路的否定,而是一种基于现实的完善。现实之一是,我们的非遗网版面、栏目设置,已二三年时间未有变化。"多年一贯制",容易让人产生"审美疲劳"。再好吃的饭,天天吃也会吃腻。此时,保持原有定位的基础上进行版式创新,呈现新的风格,让您有一些新鲜感,这是我们作出变化的初衷之一。

新版非遗网,还特别注重内容的丰富和更新。新版纵向设置了十个板块,其中的"非遗新闻"和"热点专题"板块,反映了全省各地热浪翻滚的工作动态;"非遗传人"和"我们的身影"板块,彰显非遗人的梦想追求和人生出彩;"非遗项目"和"保护载体"板块,传递出浙江非遗十年的坚实足音;"非遗悦读"和"非遗视界"板块,展现了浙江非遗保护成果的丰盈多彩;"非遗论坛"和"在线互动"板块,体现了服务非遗工作者、服务网民的宗旨。各版互动互补,形成整体联动效应,使非遗网发挥出更大效能。

在"快阅读"时代,如何增加网站信息含量,增强版面吸引力,让读者在更短的阅读时间里得到更多信息,是网站编辑部所要解决的至关重要的命题。浙江非遗网,是省级文化主管部门的官网,要充分彰显权威网站的优势和特色,积极探索更多表现形式。在非遗网上,您可以由点及面,便捷检索。譬如对非遗项目的检索,我们按级别按类别分别设置,点击进去有介绍、有图片,不少项目还有专题纪录片,可以深入了解和形象感受;譬如对于浙江各地丰富的传统节日,我们绘制了分布地图,可以按图索骥;譬如浙江非遗代表作丛书,我们制作了电子书,可以在网上逐页阅读;譬如非遗电影、非遗专场演出,都可以在非遗视界中观赏;再如要深入了解各地的非遗资源和非遗保护情况,可以通过非遗网专门设置的各地非遗网站地图进行点击和链接,从而达到深阅读、系统化、慢思考的效果。

说了"变",再说说"不变"。无论版面、栏目如何变化,"为非遗梦喝彩,为追梦人加油"的网站宗旨不会变;以受众为本、更加贴近网友关注的热点的办网理念不变;推进非遗事业发展和行业建设的追求不变;传承弘扬优秀传统文化、守护精神家园的社会责任和满腔情怀不变。

如果说有什么让我们感到欣慰,那就是,我们从没有停止过为非遗保护摇旗呐喊,为传承文脉推波助澜,为留住乡愁不断呼唤,为唤起民众自觉鸣锣开道,为守护精神家园努力奋斗,为非遗人的真善美讴歌点赞。宣传非遗人追梦和出彩的人生,是我们不懈的追求;反映非遗事业广阔和壮丽的画卷,是我们责无旁贷的责任。

如果说有什么让我们感到释怀的,那就是,我们从没有停止过对滥用公权力破坏文化生态的监督,没有停止过对严重阻碍传承人传习活动行为的批评,没有停止过对非遗传承人雪中送炭的呼吁,没有停止过对非遗保护者的声援。其间,虽然也有很多不足和遗憾,但相信我们共同的努力不会没有结果。

建网六年来,始终有越来越多的网友与我们一直相伴,参与网站建设,使我们日臻完美,令我们由衷感怀。只要我们不放弃应当的坚持和坚守,相信您就不会放弃我们。网站是开放的,网站的建设靠你我他。我们努力做我们能做的,而您的围观,就是对我们最大的支持。浙江非遗网盼望:不管是谁,再次拿起你们的鼠标,举起你们的相机,打开你们的电脑,绽放你们的热情吧。

雪尽更显马蹄轻,春来更好有花枝。浙江省非遗网将因你们的激情而永葆青春靓丽,因你们的图文而光彩夺目,因你们的劳动而满园春色、姹紫嫣红!

2014 年 1 月 18 日

# 让非遗插上信息化翅膀腾飞

　　2011 年 12 月 20 日，浙江省文化厅召开全省非物质文化遗产信息化建设推进会。这次会议，标志着非遗信息化建设从混沌探索到成熟构架再到部署实施，实现全面转型升级；标志着全省非遗信息化"六六工程"（六大数据库、六大平台）建设正式全面启动。这是一个具有里程碑意义、具有战略性的会议。

　　在此之前，省文化厅布点开展非遗信息化平台试点建设。公布了 17 个试点市县，各试点单位结合当地实际，或综合性或专题性开展数据库、公共平台、应用系统、信息门户网等多层次的非遗信息化建设探索。绍兴市、杭州余杭区、泰顺县、磐安县介绍了非遗信息化建设的有效做法和宝贵经验。

　　在此同时，省文化厅开展省级非遗数据库系列构架的建设，包括普查资源、项目管理、事业管理、集成志书、影像资料、管理平台"六大数据库"。每一个模块的设置，都是浙江非遗保护工作实践经验的总结和数据表达。

　　信息化浪潮一波接一波，在方方面面改变着人类的社会生活，也为非遗事业的蓬勃发展提供了更多的机遇。在此背景下，非遗领域如何借势而上，在信息化浪潮中有所作为，有哪些问题需要关注和破解？

　　我们构想，以"统一规划、分步实施、加强应用、整合资源、共享数据"为指导思想，以"先进性、标准性、开放性、实用性、安全性"为基本原则，规划设计技术成熟、灵活可扩展性较强的非遗信息化网络。数字化非遗是完整而全面的体系，其建设又是分阶段、分层次的。

　　运用数字化手段，全方位、多角度、立体化地采集数据，为我们留下生动直观、形象真切的普查资源原貌。海量的文字、图片、语音、视频，分类存储。为历史作证，为未来建档。

　　以应用为核心，主要是传承、传播、管理、服务四大应用系统建设。藏是为了用，建是为了用。资源要盘活，要再利用。我们海量的资源庞大的资源，要充分展示利用,要增值开发。

信息化使上传下达更直接,可以一竿子到底,大大减少中间环节;使信息收集、处理、传递和沟通更为快捷,更为经济,更为有效。数字化手段的充分运用,将大大地解放生产力,大大提高我们的办事效率。

非遗信息化建设,宣传展示平台建设很重要。要充分运用门户网的作用,整合现有的非遗资源,发挥各自的优势,办出成效、办出特色、办出品牌、办出影响。当前,微博一石激起千层浪,微博时代人人当记者,自媒体时代,非遗宣传要革新,要主动出击,让口碑传播扩大我们的影响力。

构建非遗数据存储、应用管理、服务共享、宣传展示、文化惠民、电子商务"六大平台",形成覆盖全省、互联互通的信息化网络体系,立体呈现非遗传承发展成果。

充分发挥信息化"引擎"作用,创新非遗保护保存、传承传播理念和方法途径,推进非遗管理信息系统建设,促进非遗事业转型升级。通过信息开放共享,更好地服务社会、服务群众。

这个社会进入了信息化时代。当一个时代势不可挡来临的时候,我们应该顺势而为,趁势而上,跟上时代的脚步,跟上时代的潮流,才能在其中谋得更多的生存空间和发展机会。

信息化我们要领先一步,必须增强紧迫感。从总体上看,非遗领域对数字化工具有所应用,但是在信息化进程中我们是滞后的,已经落后了。

信息化我们要领先一步,必须有信息化思维。非遗信息化,不仅代表着先进的技术,而且也代表着一种新思想新思维。这是一场观念革命,观念一变天地宽。

信息化我们要领先一步,必须加快行动步伐。"十二五"还有四年,我们能否提出非遗数字化建设的四年目标:一年打基础,两年见成效,三年大变样,第四年形成非遗数字化浙江样板?!

信息化先行。在非遗事业快速发展的进程中,信息化将成为非遗事业跨越发展的重要支撑,成为非遗事业腾飞的"加速器"。让非遗插上信息化的翅膀腾飞,让非遗信息化点亮非遗梦想。

2011 年 12 月 22 日

# 回望一路坚实的足迹

# 法的力量在于运用

现代化进程催生非遗保护,非遗事业发展催生法律。

2007年5月25日,浙江省第十届人大常委会第三十二次会议通过了《浙江省非物质文化遗产保护条例》(以下简称《条例》)。《条例》共7章48条,2007年6月1日起施行。

《条例》把近年来国家和我省有关非物质文化遗产保护工作方面的基本政策和重要措施,以及实践中的成功经验和做法,上升为法令规范。《条例》的出台,为加强我省非物质文化遗产保护提供了有力的法制保障。

这部地方法规,在全国各省份非遗地方法规中出台不是最早,从时间先后上排在第七,但是这部法规是全国各省份非遗法规的集大成者,先行的各省份地方条例中只要有利于非遗事业发展的内容、规定和要求,浙江的这部地方法规都给予采纳和体现。这种拿来主义,打开了浙江《条例》的思维,丰富了浙江《条例》的内容。其他省份法规中没有的但应该有的内容,浙江《条例》都有体现,在表述上也尽可能明确,在保障上强化刚性和力度。

在有法可依的条件下从事非遗工作,必须遵循"依法"的要求,依法行政,合法行政,在学法、普法、用法、效法、守法、执法、礼法、乘法八个方面积极探索,大胆创新。

学法。有句话,教育者先受教育。教育者不仅是教育的组织者、实施者,也是受教育者。教育者只有先受教育,才有思想觉悟的提高、感同身受的体验、不令而行的示范效应。非遗工作者不能"以其昏昏,使人昭昭",应该先学一步、多学一些、学深一层、学透一点,做先学先行者,做好示范。

普法。要搞好《条例》的解读、宣传和培训,广泛进行宣传,让大家知晓、掌握新法,让传承人了解有什么权利、义务和责任。除了法规单行本,省文化厅还专门设计印制了一套四幅招贴画,各有一句宣传标语:"非物质文化遗产您关注了吗?""非物质文化遗产是您心灵的故乡""非物质文化遗产是人类共同的精神家园""保护非物质文化遗产我们一直在努力!"要宣传法规,宣传非遗、非遗保护和非遗保护成果,宣传非遗保护理念。

用法。有位领导人说过,"精通的目的全在于应用"。法的运用,主要体现在两方面:一是依法保护;二是依法保障。

《条例》第八条规定了县级以上人民政府文化行政部门应当履行非物质文化遗产保护的职责,有六款。这是我们的工作依据,是我们的工作职责,要认真领会和贯彻落实。依法保护,就是要采取切实可行的措施,推进非遗事业的发展。

工作保障很重要。关于非遗保护机构、保护场所、非遗经费等人财物保障,兄弟省份的条例中在表述上都比较概念化。我省的《条例》最大的特点或者说最重要的特点,在于非遗保护人财物上的明确表述和刚性要求。《条例》第七条规定:"县级以上人民政府应当根据非物质文化遗产保护工作的实际需要,加强保护管理工作机构和专业队伍建设。"第九条规定:"各级人民政府应当保障非物质文化遗产保护所需经费,保护经费列入财政预算。县级以上人民政府根据需要设立非物质文化遗产保护专项资金。"第三十条规定:"非物质文化遗产丰富的地方,县级以上人民政府应当建立专题博物馆,收藏、保存和展示当地的非物质文化遗产。"第七、九、三十条,是解决当前非遗保护政策瓶颈各项问题的关键,是当下推进非遗事业发展的第一要务,要抓住这个关键,依法认真落实各项保障措施!

效法。效法就是学习人家的长处,仿照人家的做法去做。各地在学法、用法、执法上都应当有自己的生动实践,有自己的创造,要相互交流,互相促进,比学赶帮,共同提高。

守法。《条例》在非遗项目,非遗传承人,非遗基地申报、评审、命名、管理等方面作了业务和行为规范,要合法行政,依照条例的规范来规范我们的工作。同时,《条例》提出了若干注意事项,如第三十九条规定:"利用非物质文化遗产进行创作、改编、表演、展示、产品开发、旅游等活动,应当尊重其原真性和文化内涵,不得歪曲滥用。"又如第三十一条、第三十二条规定,列入非物质文化遗产名录的表演艺术、传统工艺和制作技艺等,属于国家秘密的,属于商业秘密的,属于应当纳入知识产权保护的,要按照国家有关法律、法规执行。我们在日常具体工作中,要注意不要好心办坏事,不要触碰红线!

执法。有法可遵循了,就有个执法的问题。《条例》第三十一条规定:"境外团体和个人到本省行政区域内对非物质文化遗产进行学术性考察与研究,应当事先报县级以上人民政府文化行政部门备案;对具有保密性非物质文化遗产进行学术性考察与研究,应当报经省人民政府文化行政部门会同有关部门批准。"国外机构对我国非物质文化遗产很关注,甚至进村入户考察,我们要依法办理,依法执法,公正执法。

礼法。这里的礼法,是礼仪法度的意思。作为国家工作人员,不履行职责的要受处罚。《条例》第四十六条规定,不按照本条例规定履行保护管理职责,造成后果的;没有采取科学有效保护措施,造成濒危非物质文化遗产失传的;没有履行好审核、申报职责的;违法实施行政处罚的;以及其他违法情形,将给予处罚。第四十二条规定,对国家所有的非物质文化遗产资料、实物保护管理不力的,造成遗失或者严重损坏的,要给予处罚。履行职责,做好工作,是应当的;怠于职责,造成后果的,要甘受处罚。

乘法。从哲学角度解析,乘法是加法的量变导致的质变结果。《条例》第五条,对发展改革、财政等部门按照各自职责做好非遗保护工作,文联、社联、科协等组织按照各自章程和职责做好非遗保护工作,宣传、新闻出版、广播电视等部门做好非遗保护宣传工作,培养全社会非遗保护意识,作了强调和要求。《条例》点了十七个部门、单位,以明确责任主体和职责要求。《条例》第五条第四款特别指出:"任何单位和个人都有保护非物质文化遗产的义务。"也就是你我他,全包含,全覆盖!我们要依法动员,唤起民众千百万,同心干。

有法可依是前提,有法必依是关键。《条例》的颁布,仅仅是依法保护、依法振兴非遗事业的第一步,最重要的是要有效地落实施行。法令实施不了,就是废纸一张。

法的力量在于运用,法因应用而精彩。我们要把依法行政作为履职基本方式,自觉运用法规要求想问题、作决策、办事情,将"形式的法"变成"实在的法",使法的条文绽放芬芳,使法的精神放射光芒!

2007 年 6 月 1 日

# 好与快的辩证法

"好"字当先,是持续健康发展的关键,"快",是我们的迫切要求。"好"与"快",是对经济发展一种通俗的说法。非遗的普查,同样要强调"又好又快","好"讲的是普查的质量,"快"讲的是普查的进度。"好""快"兼备,在当前的非遗普查实践中,具有很强的针对性。

非遗普查应实现"五好三快"。

所谓"五好":

一是宣传发动好。余杭建立三级普查网,召开动员会,精选普查员,招募志愿者,形成一支自觉保护非遗队伍。宁波通过电视台、电台、互联网、报刊等媒体,开展搜宝大行动。景宁拍摄系列电视专题片,介绍畲乡非遗重点保护项目和民间艺术家,普及非遗知识,增强群众抢救保护意识。淳安等地还通过张挂宣传标语、印发宣传单、设立宣传栏、广播宣传、电视滚动标语等形式开展宣传。通过宣传发动,使非遗普查工作深入人心,掀起广大群众踊跃提供"宝藏"线索的热潮,营造保护非遗的社会氛围。

二是组织保障好。各地建立领导小组或联席会议制度,下发普查实施方案,安排相应资金,配备照相、摄像、录音等必要的器材设备,通过签订任务书、责任书等办法,推动普查工作的落实。玉环普查工作由县府办牵头协调和督查,10余个相关部门及各乡镇明确职责分工,形成合力抓普查。仙居、武义县政府召开普查动员会,县四套班子领导出席。台州各县为乡镇配置数码相机、录音笔等设备,其中三门、天台为每个乡镇配置电脑,用于普查数据库录入。遂昌为普查指导组配备车辆和摄像机等设备,局领导的3台笔记本电脑调给指导组使用。衢江全旺镇以每月200元为基础工资发给普查员补贴,另每普查出一条有价值的项目材料,奖励200元。

三是指导督促好。台州建立105人的专家库,保证每门类有7个以上专家,建立专家咨询制度。台州建立各县每月例会制度,景宁建立普查进度月报制度,遂昌普查指导组建立"晚间一会"制度。景宁县委办、县府办出面对乡镇普查工作进行书面督查和短信督查。衢江区建立普查领导小组成员分片督查制度。淳安县政府将普查列入乡镇精神文明目标责任制考核,采取一票否决制。三门把非遗列入乡镇"两个社会"的年度考核内容,对完成年度工作的乡镇给予分值加分(2分)。

四是质量成效好。各地采取专题调查和全面普查相结合的方法,进一步了解和掌握非遗资源的种类、数量、分布状况、生存环境、保护情况及存在问题,并运用现代科技手段,对非遗进行真实、系统和全面的记录。

五是资源利用好。各地精心组织文化遗产日系列活动,举办了一系列具有影响的、具有一定规模的非遗活动,展示非遗保护取得的丰硕成果,让人民群众领略博大精深的民间传统文化,感受民间传统文化的魅力与风韵,使具有历史、文化和科学价值的非遗得到传承和发扬。

所谓"三快":

一是进入角色快。各地从试点入手,积极探索非遗普查的有效途径,取得经验,及时召开现场推广会,以点带面,典型引路,示范引导。特别是试点地区,切实贯彻省里的部署,强化走在前列意识,解放思想,实事求是,开拓创新,积累经验,探寻规律。

二是普查速度快。这项工作时不我待,老艺人大多年事已高,人老体衰,有些项目的普查采录工作和抢救工作,如果耽误了,就无法弥补了。我们要与时间赛跑,要加快节奏、加快进度,有计划、有步骤地推进,有重点、有序地推进。

三是抢救保护快。各地在抓好普查的同时,建立名录体系,加强对重要项目的保护和传承,制定实施传承人命名制度和传承计划。发挥社会教育和学校教育作用,积极创造条件在学校建立艺术实践教育基地。征集了一批资料和实物,整理出版了一批书籍和音像制品,建立了档案资料库。调动新的民间资本,建立了一批专题非遗展示馆。

好与快是有机的、辩证统一的整体。对普查来说,"好"是基础,"快"是关键。好,就是保质保量完成普查工作,数量是前提,质量是根本。快,在于非遗的保护刻不容缓、时不我待,没有一定的速度,将延误时机。实现"快"不容易,达到"好"更难。只有用"好"来统领"快",好快结合,才符合科学发展观。只有"好与快"的结合,只有踏踏实实地做工作,才能在日积月累中实现从量变到质变的飞跃,才可能真正实现"又好又快"。

2007 年 10 月 20 日

# 办法总比困难多

当前,各地开展非遗工作的热情高涨,发挥主观能动性,发挥聪明才智,勇于实践,积极探索有效做法,创造了许多新鲜的经验。省文化厅先后陆续下发文件,予以推广。

非遗工作是一个新的领域,没有多少经验可以参照。我省作为全国非遗保护的综合试点省,作为先行省份,遇到了兄弟省份没有遇到的问题,必须"不唯上、不唯书、只唯实";必须胆子大一些,步子快一点;必须先干不争论,先试不议论,先做不评论;大胆突破一切不利于事业发展的条条框框,大胆试点,勇于探索,推出创举。

各地在非遗工作实践中,从实际出发,从急需解决的问题入手,摸索工作规律。宁波市创造了村查线索、乡查项目、县做申报文本、市里统一汇编出版的工作模式;上虞市向全市中小学生发出倡议书,小手拉大手,十万个孩子和十万个家庭参与非遗普查;余杭区、开化县、洞头县建立非遗保护志愿者协会,动员社会人士参与普查和保护工作;衢江区非遗工作领导小组成员单位各联系一个乡镇,全程介入指导和督导;武义县政府与各乡镇(街道)签订普查工作任务书,列入主要领导年度考核重要内容;景宁县由县委办、县府办督查非遗普查工作,强化推动力度;海宁市文化局分别与非遗项目代表性传承人和传承基地签订协议书,明确责任和奖惩政策;南浔区编制非遗分布图;杭州市探索非遗数据库的建设方案;鄞州区出台政策,以奖代补,鼓励引导各类民营非遗馆建设;余杭区将文化遗产日延伸为非遗保护月;上虞市坚持每月非遗工作小结和通报制度等等,这些都是非遗工作实践中结出的丰硕成果。

我省出台非遗保护地方法规,非遗保护政策性文件,非遗保护五年规划;命名省级传统节日保护示范地,推进传统节日的恢复和弘扬;开展创建非遗旅游经典景区活动,推进文化与旅游的结合;给传承人颁发终身的政府津贴,开展服务传承人月活动,开展三必访五必报制度,营造尊重传承人、关爱传承人的氛围;编纂浙江省非遗代表作丛书,每个国遗项目一册,形成系列,普及非遗知识;开展非遗普查十大新发现评选、非遗保护十大新闻人物评选、非遗保护年度十件大事评选,促进社会各界关注关心非遗保护事业;开展非遗宣传报道三好(好专题、好专栏、好文章)评选,推波助澜,鼓励新闻媒体重彩浓墨宣传非遗工作。

各地的成功实践,给了我们这样的启示:只要信心不滑坡,办法总比困难多。诸多创举,给了我们这样的启发:思路决定出路,思路一变天地宽;脑筋急转弯,豁然开朗。各地出成绩出经验,我们大力宣传和推广。

改革开放三十年,贯穿始终的一个精髓,就是:解放思想、实事求是、与时俱进、开拓创新。我们要继续把这一思想路线贯穿于非遗工作的全过程,继续聚焦和抓住制约非遗保护推进的重点难点问题,争取在一些关键环节上攻坚克难,取得突破。我们要坚持马克思主义实践第一的观点,尊重基层首创精神,充满活力和富有效率地开展工作,一步一个脚印地推进事业发展。

非遗事业,没有终点,只有起点。在浙江大地,不断上演着新的创造故事。

2009 年 7 月 20 日

# 好方法往往最简单

如果说宁波非遗工作取得了突出成绩，取得了宝贵的经验，我认为其根本之处在于创新思维，知难而进。

非遗大普查怎么搞？

非遗普查为新的事物，缺乏参照。涉及18个门类，而且要求做到不漏村镇、不漏种类、不漏项目、不漏艺人"四个不漏"。怎么普查，怎么入手？宁波市作为省普查试点，在实践中创造了"村报普查线索，乡查重点项目，县做申报文本"的普查模式，使普查工作从最基层的村落（社区）做起，从提供简单的普查线索做起，从动员广大群众参与做起，为全省推开普查工作提供了有效示范。浙江省文化厅在宁波召开现场会推广，文化部在浙江宁波召开现场会推广。宁波模式，变为浙江经验，变成全国的行动。

非遗保护怎么着手？

宁波市提出"三位一体"的保护模式。就是将非遗项目、代表性传承人和传承基地"捆绑"保护，使三者由松散型转为紧密联结型，成为互相依存、互为条件的传承整体。"三位一体"建设，已成为宁波非遗保护工作的一个基本抓手，渗透到各项非遗保护工作中。这一模式的推行，有力和有效促进了保护传承工作的持续发展。

宁波的非遗普查模式和保护模式，抓住要点，破解疑难，简明扼要，简单实用。把复杂的事情简单化，是一种本领，是一种水平。

很多时候，我们常常被事物的复杂表象所迷惑，以为只有复杂的方法才能解决复杂的问题。我们对最简单的答案，往往想都不敢想。好办法与蠢办法的区别，不在于简单与复杂，而在于谁搞清了问题的本质。透过现象看本质，抓住了问题的症结所在，抓住了问题核心，一切就迎刃而解了。其实，问题往往没有我们想象的那么复杂。许多事情，都是做完了或者做成功了才觉得很简单，而实际上，几乎所有的问题，在你做之前，就已经是很简单的事情了。

好的解决方法看似很简单,却饱含着深层次的思考和对问题一针见血的认识。抓住问题症结,就能用看似简单的小办法办成大事情。宁波正是抓住了问题的症结,所以具有四两拨千斤的效果。

非遗工作的推进,每一步的深入,都面临着新问题,面临许多可以预料或难以预料的困难和挑战。这是发展中的问题,需要在发展中解决,需要科学的思维,需要各地的创造,迎难而上,迎接挑战。有道是:山重水复疑无路,柳暗花明又一村。

2010 年 7 月 28 日

# 万事从小事做起

浙江省非遗事业"十二五"发展规划是纲,纲举目张。具体的非遗工作很庞杂,千头万绪,任务很重,要求很高,责任很大,要做好这些工作不容易。

老子曾言:"天下大事必作于细,天下难事必作于易。"民谚说:泰山积小土而高,大海汇细流而深。不积跬步无以致千里,不积小流无以成江海。要做好工作,必须从大处着眼,小处着手,不能总是抬头看天,还得低头赶路。

回首这些年非遗保护事业的历程,可谓是积沙成塔,积水成流。

非遗普查从小处入手,从点滴做起,一条一条地找寻,一项一项地记录,也许"鸡毛蒜皮",也许不足为奇,但就是这一点一滴,汇成了270多万条线索,累积起15万多个项目。这是非遗抢救保护不可缺少的基础,是成就大业的基石。

记得2006年首个"文化遗产日"前夕,新昌调腔列入了首批国家级非物质文化遗产名录。新昌县文化局召开了一个座谈会,讨论研究新昌调腔的振兴。至今,新昌调腔已恢复排练了六个传统剧目,每年演出上百场,并多次参加全国和全省性戏剧、非遗展演活动。新昌调腔与绍兴艺校合办了一个中专班,新招了30多位学员,传承后继有人啦。除了政府投入支持,还建立了新昌调腔保护与振兴基金会,募集了400万元的资金。新昌调腔"活"了,这些年来我省的一个个濒危的非遗项目"活"了,一个个重现生机,重放光彩。

大约五年前,我去舟山普陀区展茅镇调研,认识了可敬的镇文化站站长,他自觉地挨家挨户一件件地收集老物什,那年居然收集了数百件,整整堆满了三个房间。去年再去展茅,镇已改称街道,这个街道建了个"五匠馆"。船匠、木匠、泥匠、竹匠、石匠等"五匠",为传统渔农村劳动力的重要代表。这个"五匠馆",展出藏品近千件,布置得也颇见匠心,再现了五匠传统文化的闪光点。全省各地已建起了140多个各类非遗展示馆,可以想见也都是靠这种聚少成多、逐年累积,才有丰厚的展品,才有立体的呈现。

　　我省的一个个传统节日恢复起来了,从重要的民族传统节日到各地色彩各异的地域性节会,逐个逐个激活和活跃起来。刚从报上看到,杭州将恢复中断已久的花朝节。据称,当年杭州作为南宋都城,赏花活动十分丰富,每逢农历二月十五日,民间多用丝绸结扎成各种花形,挂在树梢,以示庆贺百花诞辰,祈求百花繁荣、人间团圆,城区百姓也纷纷赴郊外欣赏盛开的百花,所以花朝节也被称为"百花生日"。这个节日,到了民国逐渐荒废了。现在,杭州市西湖区文化部门将恢复花朝节提上了议事日程,如不出意外,我们将再次目睹南宋花朝节的热闹景象。一个传统节会活动的恢复和活跃,让非遗融入生活,融入群众,融入社会。

　　一件件小事是构成大事的根本,没有小事,就成不了大事。没有平淡无奇和艰苦细致的工作,一件一件地办,一点一滴地做,就难以成就如火如荼的"运动",就难以成就轰轰烈烈的壮举。

　　时下的人,往往习惯于大而化之地提出一些振奋人心的目标,满足于一般口号,但如果不细化在每一天、每一件事或每一个过程中,目标就会变得很虚、很空洞,就无法达到预期的目的。只有把总目标细化为子目标,把工作任务落实到具体的环节,一抓到底,才是真功夫。有道是:不达目的不罢休,不见成效不收兵。

　　伟大是细节的积累。我们做好每一件事,不断地添砖加瓦,终将构筑起中华民族共有的精神家园。

2010 年 6 月 15 日

# 寻访即将遗落的文化记忆

"走遍浙江——寻找即将遗失的文化记忆"，2007 年 4 月下旬，由浙江省文化厅、钱江晚报、元通汽车车友会联合发起此项车友大型采访活动以来，距今已半年许。浙江热心文化遗产保护的"有车族"发出的声音，广为媒体关注。

本次活动以自驾游为载体，向社会招募了一批文化遗产专家、文化名人、摄影家、作家、媒体记者以及元通汽车车友会的会员，自费自助，寻遗访遗，为浙江非遗的宣传和保护尽一份绵薄之力。

非遗，有着悠久的历史，但随着社会现代化进程的加快和外来文化的冲击，正日益受到损害和破坏，有的濒临灭绝。车友会期望通过这项活动，呼吁社会、呼吁民众，爱护、珍惜我们民族民间的文化珍品，不要因为我们现在的忽略与漠视而让这些美好的东西真正离开我们。

期间，车友会组织了 5 次自驾车"寻遗访遗"活动，先后组织到景宁考察畲族风情，到温州欣赏米塑、竹丝镶嵌、发绣等传统手工技艺，到天台了解济公的济世故事传说、"干漆夹苎"造像艺术，到仙居感受皤滩古镇风貌和针刺无骨花灯，到龙泉领略青瓷宝剑的遗韵，到泰顺探访药发木偶戏、提线木偶戏。车友们对沿途的非遗的现状及传承情况进行细致采风和纪实性记录。

这种以"组织"的形式推进公众参与的独特做法，提供了一种公众参与非遗保护、宣传非遗的渠道。这个活动简朴务实，突出公益，注重实效，也反映了车友对文化遗产保护的一种真诚，给生活在城市中的人们带来心灵的共鸣，唤醒公众对文化遗产保护的关注和支持。

非遗保护事业，本质上是"公共事业"，离开了公众参与便行之不远。近年来，日益严峻的文化生态问题促使越来越多的国人关注，公众文化保护意识急剧上升为一种热切关注、积极参与的热情。不少社会人士、大学生和媒体、群众团体通过多种途径表达意向，这点从"走遍浙江"寻遗访遗活动报名的踊跃和第二个"文化遗产日"浙江万众签名活动的热潮可见一斑。公众对非遗的关注,表明非遗保护事业发展面临着一个"一呼百应"的机会。

但同时,我们不得不正视这样一个问题:公众参与热情高而参与能力差,绝大多数群众不知道以何种方式参与文化保护。这意味着,如果我们不能及时引导呼应公众参与非遗保护的殷殷期待,我们将失去借助"群力"推进文化遗产保护事业的宝贵机会。

公众的心理决定了大众的关注点常常是随着事件的发生不断地变化,文化遗产保护问题也是这样。"韩国端午祭"事件,让大家意识到节日传统保护的危险;易中天、于丹的讲座,让大家进一步关注历史;《云南映象》,让大家关心关注原生态民族民间文化的魅力;黄帝陵、大禹陵祭典,让大家强化了对民族身份的认识和认同。但在目光向外关注突发性事件及热点之外,我们又该如何引导公众目光向内,在生活里、在行动中将保护文化遗产的理念一以贯之? 换句话说,如何在日常为公众提供一种可以参与的渠道?

成功的公众参与活动往往具有三个特点:一是倡议要切实可行,这样公众才愿意参与;二是要最大程度地引入一些激励机制,吸引群众乐意参与;三是要通过某种载体、某种形式,将零散的个人自觉、隐藏在百姓内心的文化自觉,演变为一种组织自愿。

元通车友会的倡议和实践,为我们提供了一个很好的视角:它所提出的设想并非高不可及;以社会群体为基础的组织形式和适当的机制,让公众的参与更加可行,更加有效;政府主管部门参与协调和必要的引导,更保证了执行的可持续性。其实,这种文化保护活动并非什么新鲜事,在一些国家,企业的参与已经成为一种必需,有的更有法律要求社会各界参与。

元通车友会寻访非遗活动,每年将遵循不同的主题、不同的线路,继续走下去,继续他们的文化保护之旅,领略更多的精彩。车友会寻访活动,具有示范意义和可学性,给我们提供了一种新模式。

2007 年 10 月 25 日

# 每一个发现都令人欣喜

发现，是人类社会的一个永恒的话题，人类只有不断地有所发现，才能有所进步。法国雕塑家罗丹有句名言："对于我们的眼睛不是缺少美，而是缺少发现。"

哥伦布发现新大陆，人们才会移民去澳洲，才会有今天蓬勃而生机的澳洲；居里夫人发现了镭元素，科技才会有了新发展；牛顿头上掉下一个苹果，发现了万有引力；阿基米德……发现，是人们独到的眼光之一，也是人们智慧的一种独特表现。

发现不仅在科技领域，不仅在地理界。当今开展的非遗大普查，就是"发现之旅"。非遗，就在我们身边。它可能是一个被忽略的历史片段，一种即将消失的游艺，一门一脉相承的手艺，一种传世经年的拳术，也可以是一处遗迹的传说，一段曼妙的民歌，一口唱尽千古事的戏曲，一场传统的婚礼，一种生活方式。它们也许归于沉寂，也许鲜为人知，也许流传范围较小，但在这次非遗大普查中，一一重现身影。这些历经数百年上千年的文化表现形式，传统生产生活方式，蕴含着最朴素的思想和情感，呈现出种种历史的本源。

发现之难，不仅难在追溯其历史渊源，更难在把握非遗项目之表现形式，发掘其深厚的内涵，鉴别其独特的价值。衢州市衢江区举村乡的"喝山节"，古已有之，但只有当我们放眼葱茏的满目青山，才能顿悟其所承载的当地民众千百年来爱护大山、保护森林，人与自然和谐的价值；今天的人们往往惊讶于三寸金莲的精美绝伦，却不知当年妇女缠足之苦，更少有人深思三门"缠足苦"这一红军时期的舞蹈对于妇女翻身得解放的革命意义。象山石浦如意信俗与台湾富岗海神庙供奉的都是如意娘娘，两地竟然同姓同族同祖，其祭祀仪式之祭日、祭具、祭品、祭月，有的完全一致，有的大同小异。浙江省非遗普查"十大新发现"评选，让人们深切关注浙江10万平方公里的土地上，七千年的历史遗存下，还藏着哪些秘密和奇迹。

发现，是需要劳其筋骨的；发现，是需要智慧的。只要有心，只要用心，你就会发现身边的人、身边的事、身边的物，原来也很有历史，也很有故事。非遗，可能很

"宏大",可能很"微小",但同样有价值,有启示意义。

马克·吐温的《傻子出国记》,有段话:"天底下什么样的人最高尚？天底下什么样的事最使人感到可贵？是新发现。晓得自己走的路,是旁人从未走过的;晓得自己看到的东西,是他人从未见过的;晓得自己呼吸到的空气,是他人从未呼吸过的。"这话令人寻味。

在全省甚至全国蓬勃开展的非遗大普查,让我们不断有所发现。不断地发现,不断地寻访,让我们有机会重拾那份美好,让我们体验那份心灵的震撼。这种感受,化成行动,化为成果,就是心灵的充实和快乐,就是活着的历史和财富。

2009 年 6 月 6 日

# 一个都不能少

全省非遗普查宁波试点模式推广会后,各地非遗普查由点及面铺开。省文化厅明确要求做到四个不漏:"不漏村庄、不漏艺人、不漏项目、不漏线索";要求纵深到底、横向到边,地毯式、拉网式地进行;要求普查工作既轰轰烈烈,又扎扎实实。

我想起一部叫做《一个都不能少》的电影。片中的主人公是一所民办小学的代课教师。因为村子太穷,以前的老师都呆不下去。于是,学校里28名学生,只有她一位老师。她的责任就是在她代课期间保证28名学生都能上学。在她任教的过程中,有一名学生由于家庭困难交不起学费,退学到城里打工。女老师经历了千辛万苦,凭着不一般的精神力量,最终找回了退学的学生。

一个从未离开过农村的姑娘,徒步百十公里,来到对她而言完全陌生的城市,在茫茫人海中,寻找丢失的学生。是什么力量支撑着她?是责任。

我们各位基层普查员,同样要有"一个都不能少"的责任意识,承担起一项分量极重并具有十足挑战性的任务。责任的意思是应当承担的任务或应当承担的过失。工作就意味着责任,每一个职位、岗位所规定的工作任务就是责任。有责任感的人,总是不计较利害,不计较得失,以自己的奉献彰显情怀,以自己的贡献担当责任;有责任感的人,总是在努力工作中得到快乐,在丰硕的成果中得到满足;有责任感的人,总是任劳任怨,无私无畏,兢兢业业,勤勤恳恳,体现出超于常人的素质和品质。

全省23万普查人员认真负责,夜以继日,连续作战,吃苦耐劳,不计报酬,为此次普查做出了卓越贡献。省、市、县三级非遗办的许多干部,在普查资料整理阶段,连续数月每天工作十三四个小时,甚至吃住都在办公室。不少普查员带病带着疲倦坚持工作。特别是一些参加普查的老文化员、退休老教师、老干部、老村民,不顾年老体弱,翻山越岭,走村串户,调查访问。也正是因为有了这样的责任感,他们的生命之舟满载星辉,人生之树根深叶茂,非遗普查硕果累累,我们的精神家园得以滋养和有这般温馨。

中华民族一向崇尚"国家兴亡,匹夫有责"。国务院、国办相关文件要求,要从对历史和民族负责的高度,重视和抓好非遗工作。"一个都不能少",这是责任,是每一位非遗普查员都应该承担和肩负的责任!

2007 年 8 月 23 日

# 感谢这数字的力量

浙江省 23 万人参与非遗普查，这在新世纪是一个壮举。浙江省文化厅仅将这 23 万普查员的名字和单位汇编成册，就有厚厚三大册、洋洋 230 万字。

浙江非遗保护风起云涌、如火如荼，盘摸出非遗线索 270 多万条，重点调查 15 万多个项目，其中新发现 5 万多个项目，汇编成材料 3200 多册。这些数字的背后，又蕴含着什么呢？数字给人的感觉往往是枯燥、单调、干巴巴的，但这组数字又该是多么生动形象，富有感染力。这些数字，为过去数年来浙江全省非遗大普查画上了圆满句号。这串数字的背后，是浙江非遗工作者呕心沥血、筚路蓝缕的历史见证。对这些数字的解读，使我们得以知晓浙江非遗资源的家底，得以知晓非遗事业前进的步伐。

23 万人！这些业绩的取得、事业的创新，凝聚着 23 万普查员的智慧和心血，凝结着普查员们的坚守和奉献。23 万人拧成一股绳，心往一处想，劲往一处使，让我们深切地感受到集体的能量，体会到团结的力量。没有集体的力量，没有群众的智慧，再高明的人也难以有所作为。23 万普查员，可以说这数字本身就是一种令人震撼的力量。

非遗大普查，非遗保护的大业，到了论功行赏之时，但不可能每个普查员都榜上有名。省文化厅公布了 800 位全省先进非遗普查员名单。我们将 23 万普查员名单汇编成册，列入全省非遗普查"英雄谱"，显然是对这一广大参与者不辍劳作的认可，是对他们无私付出的尊重，是对普查员们同心协力创造业绩的客观承认，是对其所取得成绩成就的归纳和汇集。也许我们无法用更多的文字记录他们、描绘他们，但我们希望借此保存一份新世纪初非遗事业的人物志汇编。

我们既要关注那些非遗保护新闻人物、典型人物，也要关注关心那些在一线默默辛苦工作的广大的普查员，他们同样是有功之臣，他们同样值得我们尊敬和铭记。我们要铭记他们为人类文明传承所做的贡献，让他们平凡的身影在我们的心中定格为一张张永不褪色的相片,让我们将热烈的掌声献给这 23 万普查员,以此来表达我们由衷的感激之情。

在这些年从事非遗保护工作的历程中,我结识了许多专家学者,也结识了一大批基层默默无闻的非遗工作者、志愿者,特别是乡村"五老",我时时为他们抢救保护非遗的干劲和情怀所感动,为他们的精神所感动。他们奔走于乡间田野,专注于青灯黄卷,记录着、思索着,整理了大量的流失在民间的资料,让我们城乡瑰丽的文化宝藏走进更多人的视野。是他们让浙江的文脉不断、根脉不断、气脉不断;是这些无数的"小人物",汇成了一个可感可叹的大成就。他们以执着的姿势将身影刻写在浙江历史的一隅,让我们深切感受到那份感动与震撼。

人生原本没有价值,但我们可以给它创造一笔价值。每个人不一定能使自己伟大,但一定可以使自己崇高。相信这 23 万普查员对民间文化的关注不会停止,对民间文化悉心呵护的襟怀不会改变。相信若干年之后,我们的数字会更加丰富和丰硕,将更加生动地展现非遗事业的景象。新的旅程已在眼前,让我们继续相伴同行。

2009 年 9 月 22 日

# 回望一路坚实的足迹

2008年11月下旬,全国非遗普查现场经验交流会在我省象山县召开,会议获得强烈反响。与会代表有的说,浙江的工作两个字:感动、震撼!有的说三个字:了不得、不得了!有的说四个字:叹为观止、做到极致!

文化部周和平副部长说,每个省抓一个试点、树个典型、搞个花瓶,都搞得出来,只要集中人力、财力、物力,给予重点支持。但像浙江这样所有的村、所有的乡镇全覆盖、均衡化,每个乡镇都有一本厚厚的普查资料汇编,不简单、不寻常、不容易,足见浙江的工作精神、工作作风、工作状态。

原先浙江非遗工作做得好,兄弟省评价一般是两句话:浙江领导重视,浙江有钱。这次会上,省文化厅杨建新厅长用数字说话:我省非遗普查工作历时两年,取得了突出成效。全省直接参加普查人员达到23.33万人,普查覆盖面达到全省所有乡镇、街道及行政村的100%,全省共上报非遗普查线索271.9万条,实地调查非遗项目15.63万项,整理汇编了3260余册普查资料。全省真正做到全面深入的大普查,对祖先留下的宝贵精神财富进行认真细致的大盘点。

在这次会上,我省配套举行了规模宏大的全省非遗普查成果展,用事实来说话。这个展览分为两个部分:一为非遗普查工作图片展示,分为领导重视、全面普查、抢救保护、继承发展、社会共识五个板块,70多块高2米多的图板,500多张照片,丰富生动的瞬间,珍贵的图文资料,形象、生动再现了浙江非遗普查的实践历程。展览第二部分为普查成果实物展示,以11个设区市为板块,90个县(市、区)分别为展示单位,1516个乡(镇、街道)为展览单元,3260余册普查汇编资料,洋洋大观,蔚为壮观,直观、真切、形象、生动地展示了两年来全省非遗普查取得的丰硕成果。这个成果展,是浙江非遗普查和保护生动实践的记录和再现。

在省委、省政府的重视下,在文化部的指导下,浙江非遗保护工作者大胆探索,开拓创新,尊重基层首创精神,遵循非遗保护规律,走出了一条成功之路。回望一路走来留下的足迹,坚实而又坚定。这不仅体现在 270 万条非遗线索的总量上,体现在独占鳌头的国遗上榜数量上,体现在富有成效的一系列探索上,更体现在非遗保护工作者的高度自觉上,体现在焕发生机的传承人面貌上,体现在人民群众一点一滴的热情参与上。新华网评论:叹为观止的浙江非遗保护现象,成为研究我国非遗保护历程的一个经典样本。

两年的光阴匆匆而过,两年的成绩令人欣喜。两年,只是一段征程,我们曾经的一段创业历程,值得铭记的岁月;两年,或许是一个标杆,更是一个新起点。

2008 年 11 月 30 日

# 这一段经历令人难忘

本着为历史留证的精神,浙江省文化厅组织了"亲历普查"征文,应征文章如雪片样飞往省非遗办,一篇篇稿件记下了一页具有特殊意义的历史,谱写了一曲普查工作者奉献的绚丽的篇章。

阅读征文,我饶有兴趣地品味着普查成果背后的新闻和故事。我们在充分领略每个非遗项目的精彩之时,对于每一个有价值的项目的发现发掘,其背后的故事了解得很少。在普查中,是哪一个项目点亮了你的眼睛?哪一幕情景振奋了你的心灵?哪一声唱腔吸引了你的耳朵?哪一处民俗让你流连忘返?哪一门技艺让你惊叹?哪一次采访访谈让你受到心灵的激荡?在这些征文中,我们真切体验每一次的发现,咀嚼普查的每一个过程。作者的记忆是鲜活的,其亲身经历是生动的,情景的回忆是甜蜜的。

文稿中,不仅有对普查现场的真实记录,对传承人天才创造的感佩和惊叹,也记述了普查员在普查过程中的多彩表现。有原汁原味的写真,有深入的采风实录,有发现重要线索时的惊诧和激动,有硕果累累的欣喜。普查员们爬山涉水、走村串户的身影,他们废寝忘食、夜以继日的形象,他们乐于奉献、勇于牺牲的精神,我深深为之感动。付出多少心血、多少汗水,也就有几多欢欣、几多收获。

阅读这些文章,使我不由得回想起那激情燃烧的日日夜夜,想起连接我们和基层普查员的那一份份文件、简报,那一个个标志着工作转段节点的会议。从那一篇篇征文所记叙的种种,我们看到了普查员们所拥有的高度责任心,触摸到普查员们昼夜奋战、忘我工作的动人事迹,领略到普查员们倾情投入的情怀。那一篇篇征文,真实、充分地反映了我省非遗保护的轨迹和脚步,形象、生动地记录了这场风起云涌的运动。

人在普查,有着看不完的景致,走不完的路途,说不完的感受。岁月如诗,收获如歌。大家在普查第一线上,在工作的探索实践中,知识领域在发现中拓展,能力水平在磨砺中提高，心灵境界在工作深化中升华。我们的心中由此有太多的喜悦，我们的工作由此而丰润，我们的人生也因此鲜亮。

　　为了不让这段感人而又具有特殊意义的历史随着时间推移而淡化，我们将优秀来稿集结付梓。可以说此书的编纂，是对非遗普查集成志书的补充和延伸，是对普查工作者精神层面、情感层面、心灵层面的感知和解读，是对一个可敬群体的探踪和刻写。

　　我们重新回望寻根之旅，重新体悟艰苦而美好的奋斗历程，我们说，我们无愧于历史，无愧于这个时代。

　　这份记忆，将超越时空……

2009 年 11 月 11 日

# 坚持是一种积极的本质

2008年2月17日的《钱江晚报》刊登了一篇《110本日记书写农家变迁》的报道。74岁的衢州衢江区大洲镇五十埂村老人吴高海,只有小学四年级文化程度,却坚持不懈地写了52年的日记,从20世纪50年代的愁吃愁穿,到前两年周游全国,直到现在参与非遗的普查。52年,110本日记,100多万字。吴高海说:"我的日记只有很少一部分记自己的事,大部分是记村里的事。"

110本日记书写农家变迁,百万字实录生活沧桑。从2007年开始,老人的第111本日记成了非遗普查的专题,专门用来记录村里的非遗。"真是忙啊,天天没得空。我重点调查五十埂村的非遗,我走遍了全村每一户人家,所有的老人都采访过了,他们谈到村里的地理、民俗、传说甚至婚丧嫁娶的每一个细节,我都记在日记里,报给普查小组。"

许多伟人名人都有记日记的习惯。毛泽东有每天写日记的习惯;鲁迅也是,出版了3册《鲁迅日记》;李鹏将日记分类整理,已出版了《众志绘宏图——李鹏三峡日记》、《市场与调控——李鹏经济日记》。伟人们每天历经大事要事,事关国计民生,事关国家利益,事关时代风云变幻,每天的工作记叙,有重要的历史价值、人文价值。小人物每天经历的都是平凡琐事,仍然坚持记日记,更令人感叹。吴高海老人50多年如一日,兴趣盎然,不厌其烦,不容易,不简单。老人也许一生平凡,但人生并不平庸。吴高海老人50多年的日记,既是一个人、一个家庭、一个村落历史变迁的记录,也是乡土中国的缩影,是国家大政方针在民间的反映,在百姓心中的回声。

每天记日记是个很好的习惯。每天问问自己做了什么,人生就会变得积极起来。每天记上两三笔并不难,只要养成习惯,坚持下来,过若干年之后,拿出来看,很有意思,也很有意义。写日记很简单,但能坚持下来的人很少。我在20世纪80年代末期调进省文化厅工作,记了十五六年日记,大概也有个五六十本吧,但后来几年终于没能坚持下去。与吴高海老人相比较,甚为汗颜。我要恢复记日记这个好习惯。

这几天,临睡前翻阅《梁漱溟评传》。梁漱溟每一天都坚持学习,他从八九岁开始自学,直至九十岁高龄辞世。在近 90 年间,他一直以书籍为友,以报刊为伴,特别是在奠定其学问基础的青少年时期,梁漱溟更是孜孜不倦地勤于自学,没有一天间断过。他读书看报已经成瘾,以至于每天不看报"则无异于未曾吃饭饮水"。大部分人读书最多的时候是在学校里,而有所成就的人多数则终身都在读书。

毛主席说:"一个人做点好事并不难,难的是一辈子做好事,不做坏事。"人这一生,总要找一两件无论如何都要坚持的事情,坚持做下来。每天记点日记、读点书,也是一种坚持。如果你能做到每天坚持写 2 页日记,看 10 页书,日积月累,积沙成塔,功夫将不负有心人。

荀子说:"不积跬步,无以致千里。不积细流,无以成江海。"做事从来都不是一蹴而就的,有很多人非常急躁,做事总想一蹴而就,一步到位,其实没有什么事情是可以速成的。不少人大事坚持不了,小事不愿坚持。如果连写日记、每天读点书报都不能坚持,还能坚持什么事呢?还能会有多少成就呢?

正如罗素所言:"伟大的事业根源于坚韧不断的工作,以全部精神去从事,不避艰辛。"坚持是一种态度,更是一条道路。朝之于既定目标,行之于纤微之事,既重结果,也重过程,不达目的,绝不言弃。记日记,每天看点书,是一种韧性的积累,通过一种方式培养自己的恒心和毅力。有这种毅力,人们就不会向挫折和困难低头,在坚持中展现出惊人的力量。

一个人生命的意义就在放弃与坚持之间。坚持的前提是这件事有意义,如果是一件没有意义的事情,那么放弃就是最好的选择。放弃与坚持的选择,结果就是人生。

2008 年 2 月 18 日

# 督查就是抓落实

2008 年 4 月,省文化厅组织非遗普查工作督查组,抽调了基层 25 位同志参加,分成 5 个小组,分赴 11 个市,对各地的普查工作进行全面检查。

督查中,着重检查各地对非遗普查工作的重视程度、保障力度、普查广度、项目调查深度、总体进度和社会参与的热度。各督查组通过听、问、看、议等方式,了解普查工作动态和进展情况。听,听取自查情况汇报,掌握面上情况,发现经验和问题;看,查看文件资料等台账,并随机抽样,实地勘察,到第一线,到现场,了解汇报情况的真实度,掌握第一手过硬材料;问,触及问题,抓住盲点,主动提问,追踪查问,听到问题讲不透的,要问,看到现场不正常的,要问,不但问其果,还要问其因;议,客观评议,肯定成绩,鼓劲鼓励,发现亮点,提炼经验,指出问题,提出建议。

督查,顾名思义,就是督促检查,根据决策目标、工作安排,对各地工作进程、工作成效等,进行督促检查。督查,是推进工作的重要手段,是保证决策目标和任务实现的一条重要途径,也是抓落实的行之有效的方法之一。

督查,对推进工作有着积极的意义。通过督查,引起重视,施加压力,加大力度,加快进度。通过督查,进行有效的调控和指导,紧扣目标,结合实际,有秩序、有节奏、有成效地推进工作。通过督查,找出问题,发现工作中的薄弱环节,对目标偏向、行为偏道、动作迟缓、进展缓慢、成效不明显的进行敦促,推动工作向前。通过督查,研究采取补救、平衡措施,从而全面推进、整体推进工作。

全省非遗普查工作总体进展比较顺利,成效显而易见。但毋庸置疑,在督查中发现还存在着不少问题:一些地方对普查工作重视不够,有关领导既不认真组织,也不亲自参加,该管的事不认真管,该干的工作不主动干,该完成的任务不用心完成,该负的责任不自觉承担;有的地方不认真领会上级精神,不按客观规律办事,胸无良谋,手无良策,工作思路和步骤不清晰,整体进度比较缓慢;不少地方普查的涵盖面不够广,重点项目没有进行深入的挖掘,普查手段较单一,工作不实,措施不力;有些地方形式主义现象突出,坐而论道,敷衍了事,决心在嘴上,行动在会上,落实在纸上。

辩证法认为,问题是客观存在的,有问题是正常的,没有问题才不正常。问题又是相对的,小问题可以酿成大问题,大问题也可以化作小问题。对大问题非常重视,采取措施解决它,大问题就化为小问题进而化为没问题。从此角度看,有问题不可怕,可怕的是对问题缺乏警觉,有问题却不正视问题,躺在问题上盲目乐观或甘于后进。

近年来,浙江非遗工作走在全国前列,成为标杆,不少同志自我感觉良好,只愿意讲成绩,不愿意讲问题。无论汇报还是总结,讲起成绩来,大一二三四,小1234,罗列得详详细细,分析得头头是道,可一讲到问题,轻描淡写,几笔带过。只讲"过五关、斩六将",不讲"走麦城",已成为一种通病。似乎说问题就有问题,不讲问题就没有问题了,就可以高枕无忧了。我们不能掩盖问题,自欺欺人。

为了强化督查效果,充分运用督查成果,推进工作,我厅综合各督查组反馈的情况,编发了督查通报,直截了当,开门见山,做到有喜报喜,有忧报忧。报喜,是主导,把各地贯彻落实保护工作方针、政策过程中探索的好路子,取得的成功经验,给予肯定,进行宣传和推广。在报喜的同时,实事求是,及时、准确、全面地反映问题,绝不粉饰太平,掩盖矛盾和问题。督查通报,全面、正确地反映事物的本来面目,表扬好的,批评差的,提出改进工作的意见和要求。督查通报抄送各市、县(市、区)政府。

2008年5月上旬,吕祖善省长在省作协代表大会暨省记协理事会上强调,要增强忧患意识,清醒地看到日趋激烈的国际竞争带来的严峻挑战,清醒地看到前进道路上的困难和风险,未雨绸缪,把问题解决在萌芽状态,我们才能不断地前进和发展。反之,如果对问题缺乏警觉,熟视无睹,当问题慢慢积聚,将误了事业。

对问题保持高度警觉,实际上是在激烈竞争中防范最不利可能,争取最有利结果的一种科学态度,一种清醒的预见意识,一种进取精神,一种强烈的社会责任感和历史责任感。

空谈误国,实干兴邦。没有高度的责任感,就不能聚精会神、一心一意抓落实。不敢拉下脸来抓工作,多栽花少栽刺,得罪人的事不干,就不能很好地抓落实。开展督查,就是为了抓落实,检查做了哪些工作,办了哪些实事,发挥了哪些作用。开展督查,就是为了促进各地千方百计,不遗余力,切实把工作抓紧、抓实、抓好。

2008 年 4 月 30 日

# 但愿诸君心无旁骛抓好落实

　　2011年6月21日,省委书记赵洪祝对我省入选国家级非遗名录项目蝉联"三连冠"作出重要批示。第三批国家级非遗项目颁牌仪式在京举行,我省载誉归来。10月6日,赵洪祝书记再次作出批示:"我省在第三批国家级非遗名录项目中获得新成果,可喜可贺,要继续努力扎实做好工作。"赵书记的亲切关怀和勉励,给全省非遗工作者以极大的鼓舞。

　　曾记得2008年,赵书记批示,要继续把非遗保护工作向前推进一步。2009年,赵书记批示,要继续努力抓好。今年6月赵书记批示,要切实把文化遗产保护好、传承好、利用好。10月6日,赵书记又强调,要继续努力扎实做好工作。作为省委主要领导,统揽全局,协调各方,当然是工作繁忙,但赵书记始终把非遗工作放在心上,给予关心。

　　作为非遗人,我们要不辜负赵书记的期望,以赵书记的指示为指导,进一步鼓足干劲,力争上游。把眼光变成思路,把思路变成决策,把决策变成措施,把措施变成行动,把行动变成成果。千方百计把难得机遇转化为非遗事业保护发展的实际成效。做到观念上有新变化,工作上有新套路,实践上有新成果,作风上有新转变,成效上有新突破。

　　作为非遗人,我们要珍惜干事创业的平台。非遗事业风生水起、风起云涌,我们躬逢其盛,肩负使命,要恪尽职守,自觉担当,不断提高素质和本领,施展才华,建功立业。要不辱使命,不负重托,立足本职岗位,脚踏实地,抓好落实。要把非遗工作当做事业,当做学问,当做人生追求去做。

　　作为非遗人,我们要在非遗保护实践中更加奋发有为。今日非遗,正处在历史上最好的发展时期之一,各地呈现出百舸争流、千帆竞发的良好态势。好形势来之不易,好机遇稍纵即逝。我们要拿出不断自我超越的勇气和气魄,在各自的岗位上努力工作,争先创优,比学赶帮,鼓实劲、想实招、干实事、求实效,一步一个脚印地抓落实,为保持和扩大非遗良好发展势头、一步步实现非遗事业发展目标贡献力量。

　　只要我们乘势发展,奋斗不息,只要我们心无旁骛,同心协力,我们的既定目标就一定能达到,非物质文化遗产事业真正意义上的花枝招展、花繁果硕、花团锦簇,也就为期不远了。

2011 年 10 月 10 日

# 在不断总结经验中前行

2009 年 12 月中旬，文化部王建刚副司长率全国非遗保护第七督导组来浙，在检查上虞市非遗保护工作时，对上虞市实行非遗工作每月小结通报制度大加赞赏。王副司长指出：每月非遗工作小结通报制度好，它既是工作通报，也是工作交流，更是对工作推进。

从 2007 年 12 月开始，上虞市非遗办每月进行非遗工作小结，至 2009 年 12 月，共编发了 25 份小结材料。上虞每月如实记录全市非遗保护工作情况，通报普查和抢救保护工作进度，介绍先进做法，解答工作案例，对每个阶段工作做得好的乡镇（街道）给予肯定表扬，对后进的直截了当提出批评。该小结通报，每月以简报的形式送至市委书记、市长以及各乡镇（街道）党政主要领导与分管领导手中，便于各级领导掌握工作进展情况，督促指导工作开展。

每月非遗工作小结通报制度，引起了各乡镇（街道）领导的高度重视和关注，尤其是一些思想上重视不够、工作力度不够的乡镇（街道）颇感压力，他们及时采取措施，调整力量，改进工作，有效地促进了工作进展，提高了工作效率和质量。

省非遗办转发了上虞市文广新局《总结每月非遗工作，推进非遗传承保护——上虞市实施非遗每月工作通报制度的体会》。文件指出：任何事情贵在坚持，也难在坚持。上虞市非遗工作坚持每月小结通报制度，持之以恒，坚持不断，形成为一项常规性的工作制度，难能可贵。这一制度的实施，体现了上虞市文化主管部门勇于担当的责任意识，大胆探索的创新勇气，真抓实干的进取精神和持之以恒的不懈努力。

当前已是 2009 年年末，各地、各单位都抓紧对年度工作进行总结，计划安排2010 年工作。已近在眼前的 2010 年，是全面完成"十一五"规划任务的年份，也是谋划规划"十二五"目标任务的年份。各地、各单位也将对第十一个五年计划阶段的工作进行全面回顾和总结，对第十二个五年计划期间的工作进行前瞻性的思考和设想。及时认真地总结非遗工作中创造的新鲜经验和获得的新认识,是发现亮点、破解难点、探索规律、启示未来的重要手段和途径。

总结工作最主要的是从中悟出经验教训。工作中的经验和教训往往是并存的,经验是前进路上的指向标,教训是前进路上的警示牌。经验凝聚着集体的智慧,是宝贵的财富,吸取经验有助于更好地掌握业务工作的特点规律,提高工作能力;教训同样也是财富,吸取教训可以防止迷失方向,可以少走弯路。

我党历来重视总结经验。毛泽东曾说过,人类总是不断地总结经验,有所发现,有所发明,有所创造,有所前进。邓小平也曾指出,我们讲的、做的究竟能不能解决问题,问题解决得是不是正确,关键在于我们是否能够理论联系实际,是否善于总结经验。我们要深入总结实践经验,发现新的思想理论观念,找到新的方式方法,掌握新的领导本领。

实践证明,能否及时创造、总结和推广新经验,决定着能否把握工作规律、完善目标方略,决定着工作能力的提升,决定着工作的深入深化和能否卓有成效。

2009 年 12 月 28 日

# 祖国，我能为你做些什么

# 祖国，我能为你做些什么

国家非遗保护中心副主任、博导田青先生，应邀为浙江人文大讲堂作讲座。2009 年 9 月 16 日的《钱江晚报》专版作了报道和介绍，通栏标题为"我们拿什么爱祖国——保护身边的非遗"。这个标题是引用了田青先生的一句话。田青先生在讲座中阐述道："爱祖国，先要熟悉祖国的文化，因为是我们中国的文化才决定了你是一个中国人。"这是一句多么简单又多么动情的话！一句话埋在心里，只是一个想法，把它说出来，就会变成一种力量！

祖国是一个族群的、文化的概念，一个"祖国"之内的族群成员，由共同的文化所凝聚，有共同的心理特征和情感方式。在英语里，"祖国"是 motherland，由"母亲"和"土地"两个词根组成；而我们中国人也常常用"祖国，我的母亲"来表达和祖国的血肉关系。对祖国的热爱，对生于斯、长于斯的土地的热爱，是恒定的、久远的。

祖国在我的心中，不仅是连绵的群山，是黄土高坡，是江河湖泊，是辽阔的大海，是肥沃的田野，是累累的硕果，是纵横交错的高速公路，是乘风破浪的战舰，也是万家灯火，是龙腾狮跃、龙凤呈祥，是春节、清明、端午、中秋，是山歌、渔歌、信天游，是生旦净末丑，是书画篆刻、青花瓷，是蚕桑丝织，是中医药，是张灯结彩、锣鼓喧天、鞭炮齐鸣，是芸芸众生的世间百态，是姹紫嫣红的非遗。

田青先生呼吁："如果你爱国，那就保护好非遗。"非遗是民族文化的精华，是民族智慧的象征，是民族精神的结晶，也是民族历史的见证，民族血脉的基因，民族身份的标志。保护好非遗的意义，在于维系历史的完整性和真实性，从而使国民心中具有历史信念。国民具有一定的历史信念和文化自觉，这个国家才有未来。

当我们为中华数千年灿烂文化而骄傲而沾沾自喜时，却回首，随着历史的涤荡，风流总被雨打风吹去，民间文化的根基仿佛风化已久，在不可遏制地瓦解着。当一些古建筑衰败的模样进入我们的视野，当民间老艺人沧桑的唱腔低沉地回荡，当文化工作者遍访一些古老的民俗而无获,当我们强烈地感受到这些文化面临的困境,我们共同承担起责任,一起来慷慨激昂、大声疾呼,一起来抢救保护。

全国的非遗大普查风生水起,规模之大、涉及面之广、任务之重,令人难以想象。其中,仅浙江省就有23万非遗工作者、志愿者参与普查和收集整理,发现线索270多万条,调查项目15万多个,汇编资料3200多册,构筑先祖先民的浩荡根谱,取得了新世纪以来非遗保护事业的斐然成就。可以说,这是我国民族文化保护史上的空前壮举。

祖国,我能为你做什么? 保护身边的非遗,体现了国民对民族文化保护的历史担当,体现了我们的奋斗有着不同寻常的意义。

人人有一颗拳拳报国之心,人民对国家的那份忠诚和热爱,是固有的,也是高尚的。只有一个国家拥有那些能够寻求真理的人,能够独立思考的人,能够记录真实的人,能够不计利害为这片土地付出的人……只有一个国家拥有这样的头脑和灵魂,我们才能说我们为祖国而骄傲。只有一个国家能够尊重这样的头脑和灵魂,我们才能说我们有信心让明天更美好。

2009 年 9 月 17 日

# 谁触动了我们心灵深处最柔软的地方

中国象山开渔节,历经 3 个月伏季休渔的渔民,翘首迎来了开渔的日子。象山石浦渔港人山人海,两千余艘大马力渔轮整装待发。红旗招展,锣鼓喧天,鞭炮齐鸣,指挥长下达开船的命令,喜庆的红绸舞起来,远航的汽笛响起来……

观摩开渔节的一位记者说,看着千帆竞发,突然心里有一种想哭的感觉;边上的另一位记者说,我也有想哭的感觉!

是什么触动了我们心灵深处最柔软的地方?

浙江非遗电视春晚录制现场,有一幕场景:台上的孩子们穿着老底子的衣服,滚着钢圈、跳着格子、玩着沙袋、踢着毽子……在现场观看演出的省政协海外委员,心潮起伏,澎湃不已,眼眶盈满了泪水。非遗勾起了乡愁,触动了海外游子心灵深处最柔软的地方。

浙江是戏剧大省,被誉为中国戏曲的摇篮,"一部戏曲史,半部在浙江"。数据显示,浙江列入省级非遗名录的戏剧项目 56 项,其中列入国家级非遗的戏剧项目 24 项。然而,当下真正可以登台表演的剧种,仅剩 17 项。

这些优美的戏剧,有许多日渐衰落,苦苦支撑,濒临消失。缺少职业剧团,演艺人才匮乏,保护经费不够,观众少,社会影响力小,几乎是这些传统戏剧项目共同面临的现状。

有一个词汇叫"没戏了",要是这些戏都没了,我们的传统文化就真的没戏了。

"戏没了,就真没戏了。"这句话,打动了浙江省新生代企业家联谊会会长宗馥莉,她决定参与濒危剧种守护行动。

中央电视台播出的《舌尖上的中国》,这部"让人流口水"的纪录片,引发全民追捧,引发全国美食热潮,也引发了全民纪录片热潮。

《舌尖上的中国》为什么会那么火?《舌尖上的中国》不仅讲食物,更多的是在讲食物背后的情感。《舌尖 1》让你流口水,《舌尖 2》是让人流眼泪的美食片,不仅刺激到大家的味蕾,还引起了全民怀旧,从舌尖弹跳到你柔软的心脏,乡愁打动人心。这部纪录片的后续效应,经久不退,方兴未艾。

行走在欠发达地区一些明清时代遗留的传统村落里,每个人的内心深处都会遭到强烈的撞击:原本富丽堂皇的深宅大院早已人去屋空,原本画梁雕栋的青砖木脊也已破败不堪,墙倒屋塌映射了一个时代的终结,规制依然严谨的街巷格局却掩不住"落花流水东流去"的哀伤。

传统村落,是中华民族的美丽乡愁。传统村落消亡,"乡愁"何处寄托?只有保护传统村落,才能留住我们的"乡愁"。现代文明摧毁传统村落,古村落保护与推土机赛跑,拯救传统村落,重唤美丽乡愁,形成全民共识。财政部近期信息,未来3年中央财政将统筹整合专项资金,投入100多亿元集中保护传统村落,留住乡愁。

中央城镇化工作会议提出,城镇化建设"要保护和弘扬优秀传统文化,延续城市历史文脉""要让居民望得见山、看得见水、记得住乡愁"。显然,传承弘扬优秀传统文化,已成为中央高层的决策,已是当下的共识。

"为什么我的眼里常含泪水?因为我对这土地爱得深沉……"是什么触动了我们心灵深处最柔软的地方,是非遗,是乡愁。

2014 年 4 月 30 日

# 让小微非遗感受春天的力量

2014 年春天，杭州萧山湘湖景区举行"金沙戏水萤飞夜"主题活动，游客因萤火虫数量稀少未达到主办方所承诺的观赏效果而引发双方冲突，上演万人齐喊退票。景区部分设施被打砸。在黑夜中观赏漫天飞舞的萤火虫，好浪漫的事变成了一场闹剧。

一个小小的萤火虫，一场观赏萤火虫活动，上万人买票赶赴热闹，因为什么？小小萤火虫，早年夏夜随处可见，一闪一闪，好神秘、好情调，今天到处都无缘看到这种场景和意境了。有景区举行"萤飞夜"活动，触及了人们心灵的柔软之处，勾起了人们对久远了的乡愁的美好回忆。

萤火虫虽小，也是一个物种，是生物多样化万紫千红中的一朵。还有蜻蜓、蝴蝶、小蜜蜂、小蚂蚁等等，这些小生物体，是多么可爱，多么美好。即使是苍蝇、蚊子、"小强"之类人类不喜欢的小生物，也是与人类世代共生长，是生物界的构成，有它继续延续下去的权利，我们不能以自己的喜恶来判断和判决它的生命。

联想到非遗领域，也有许多小微非遗项目，在今天濒临消失，岌岌可危。小微非遗，有几种类型：一是历史上曾经很大或者很普遍，今天因为生产生活方式改变已经不需要了，用不上了，变小了，譬如东阳傩戏、打草鞋、打铁、箍桶；二是生来就很小，一直很脆弱，传承困难，如萤火虫、蜻蜓、蝴蝶一样，譬如宁海耍牙练成难度大、磐安炼火、桐乡高杆船技危险性大；三是制作技艺很复杂，技术要求很高，譬如泰顺廊桥、药发木偶、乐清龙档。还有一种"小强"一样，虽小但生命力很顽强。非遗不论大小，都能促发心灵。

政府往往只重视大项目，工作上出彩，可以作为产业，可以作为品牌，而且有经济效益。对于大项目，关心的部门很多，企业本身也有积极性，做好引导和政策支持就行了。非遗保护不能只见大树，不见小草。我们既要做锦上添花的事，更要做雪中送炭的事。那些脆弱的非遗项目，说没就没的，政府要特别重视，譬如我省启动浙江省濒危剧种守护行动。"保护为主、抢救第一",这是非遗工作最根本的职责。政府这个"守夜人"和市场的职责必须清楚,各自的分工更要明确,做起事来只有旗帜鲜明,才会成本低、效率高,也才能更好地体现非遗保护的宗旨。

有人说,兴衰存亡,优胜劣汰,适者生存,这是"森林法则"。有人说,非遗项目濒危,通过文字、照片、录像数字化记录和保存,也是保护,该项目消亡了,以后有需要再把它照样恢复回来。这些话,好像有点道理,实际上似是而非。非遗保护事关把根留住,事关传承文脉,事关守护精神家园。如果一个小剧种消亡了,再依照影像之类恢复,那是痴人说梦,失之毫厘,差之千里啊!

我们主张,要拨打120,救死扶伤,留住小微非遗的生命,一个都不能少,不抛弃,不放弃。要根据非遗项目特性,把基因保护传承好,争取千秋万代薪火赓续。

当然,非遗的保护传承也应当多向思维多种途径,譬如与文化创意结合,传统文化现代表达,给非遗创造新的发展空间,让它赢得新的生机和生命,因此柳暗花明、曲径通幽、别有洞天、豁然开朗。小项目搞搞成大项目,这才是非遗保护。

2013年12月,中央城镇化工作会议在京召开,习近平总书记强调,要"让城市融入大自然,让居民望得见山、看得见水、记得住乡愁"。这样诗情画意的话语,撩拨全国人民的心弦。各地党政领导纷纷强调"留住乡愁",为非遗保护特别是小微非遗的保护带来春的气息,带来新的希望,带来发展的活力,也将带来无尽的生机。

2014 年 5 月 2 日

# 非遗与文化礼堂的美丽契约

"美丽非遗百村行"开始啦！

2014年2月28日下午，金华市金东区澧浦镇琐园村，村里的广场上搭起了舞台，由金华市文化广电新闻出版局主办的"婺风——美丽非遗百村行"启动仪式在这里举行。

金华道情、乌龟端茶、婺剧、兰溪滩簧、义乌小锣书、浦江滚地龙、永康十八蝴蝶等非遗节目轮番上演，不断点燃观众的激情，现场掌声欢呼声响成一片。

金华市非遗项目图片展板、金华市非遗保护宣传片也同时在琐园村文化礼堂展示宣传。

美丽非遗百村行活动，主要是为了宣传、展示非遗保护成果，传承优秀传统文化，丰富老百姓的精神文化生活，提升农村文化礼堂内涵。这次活动将持续一年，金华每个县（市、区）各选取10个已经建成农村文化礼堂的村，举办100场活动。琐园村是第一站。

金华的举措很有意义，也很有成效。金华的经验具有普遍推广的价值。

2014年5月，浙江省委宣传部、省文化厅、浙江日报报业集团、浙江广播电视集团联合印发了《浙江省"美丽非遗进礼堂"系列活动实施方案》。以"美丽非遗进礼堂，精神家园更芬芳"为主题，在全省部署开展美丽非遗进农村文化礼堂活动，包括：非遗基地进礼堂、非遗传承人进礼堂、非遗演出进礼堂、非遗展览进礼堂、非遗馆进礼堂、经典祖训进礼堂、人生礼俗进礼堂、非遗信息化进礼堂。

美丽非遗八进礼堂，多层面、多角度为传承文脉搭建了平台，为"留住乡愁"提供了场所，为村民构建了"精神家园"，为游客体验乡土风情增添了好去处。

今年是农村文化礼堂建设的第二年，省政府继续将此项工作列入十件民生实事。根据2014年省政府工作报告，今年要"新增1000个农村文化礼堂"。

省文化厅金兴盛厅长指出："农村文化礼堂项目要体现'设施为基，内容为王，管理为重,人才为要',打造真正的农民精神家园。"文化礼堂造好了是硬件,而软件甚至更为重要。要有内容,要有精神内涵,要有人才,要有人气,要有节目演出,要有各种活动……把文化礼堂用活,真正把村里老百姓带动起来,让老百姓真正享受到文化礼堂带给他们的福利。

"美丽非遗"进文化礼堂,是一项具有长期性、系统性的民心工程。应当整合当地丰富的非遗资源,将美丽非遗与文化礼堂结合,开拓非遗保护途径,实打实地与基层群众文化生活中的所需所急尽可能契合,从而进一步推进非遗保护整体进程。

文化礼堂,让群众唱主角,让草根当明星;文化礼堂,让美丽非遗落地生根,开花结果;文化礼堂,充分发挥优秀传统文化充盈心灵、感染熏陶的作用,弘扬真善美、传播正能量。

2014 年 5 月 30 日

# 为文化长城添砖加瓦

2014 年 6 月 14 日，文化部主办的"中国非物质文化遗产保护出版成果展"在国家图书馆举行，1800 多种非遗图书、音像出版物集中展出。"浙江非遗代表作丛书"129 册在展览上亮相，成为亮点。

2006 年以来，国务院先后公布了四批国家级非物质文化遗产名录，我省蝉联四连冠，有 217 个项目上榜。这些国遗项目，不但是浙江传统文化的一颗颗明珠，也是我国传统文化的瑰宝。为了全面、系统地搜集记录项目资料，整理散落的文献，吸收专家的研究成果，做好国遗项目的宣传传播，浙江省文化厅、省财政厅联合编撰"浙江非遗代表作丛书"，已先后编撰出版 159 册，还有 58 册也正在部署和抓紧进行之中。

上榜国家级非遗的项目，都有典型性、代表性，都有重要的历史、文化、科学价值。民间文学流传广远，动人心魄；传统音乐别致多样，风貌独特；传统舞蹈丰富多彩，摇曳生姿；传统戏剧经久不绝，缤纷优美；曲艺乡情乡音，泥土芬芳；传统美术淳朴天然，精美绝伦；传统工艺匠心独具，精湛美妙；传统医药悬壶济世，利泽生民；民俗岁月留痕，风情浓郁。这些中华文化符号，就在我们身边，都可以感知，可以赞美，可以惊叹；都让我们深感留住文化记忆、延续民族文脉、维护精神家园的意义和价值。进一步将这些优秀的非遗保护、传承、利用好，是我们的使命和责任。

这套丛书，为每个国遗项目一项一册单独设卷，对项目进行生动而全面的介绍。每一本书目从自然环境、历史人文、艺术表现、传承谱系、代表人物、典型作品、文化特征、民俗生活等全景全息全纪录，图文并茂、通俗易懂、深入浅出，力求体现知识性、可读性、史料性和权威性。

这套丛书，成书一批，出版一批，形成系列。旨在深入挖掘非遗代表作的丰厚底蕴，盘点优秀文化的珍藏，梳理历史传承脉络，再现百姓文化创造的生动故事，解读一方水土一方文化的基因密码，增强非遗知名度和辐射力。

这套丛书,既是一次全面系统、翔实具体的文化抢救,一次荟萃保护成就、品尝丰收成果的胜利阅兵,一次全省非遗整理研究工作古为今用、推陈出新的经典集合,又是一次反映浙江国家级非遗项目全貌,填补浙江民间文化历史空白的有力之举。

文化的传承需要一代代后来者的文化自觉和文化认知。愿这套丛书的编纂出版,使广大读者特别是青少年了解和掌握更多的非遗知识,从优秀的传统文化中汲取营养,感受优秀文化的独特魅力,激发全社会参与非遗保护的文化自觉,树立传承优秀传统文化的社会责任感,投身于守护精神家园的不朽事业。

编纂这套丛书,是功在当代、利在千秋的文化工程,我们要出有品位、有内涵、有价值的书,要将它做成一套颇为经典的书,一套能与非遗事业共存的书,增强我省非遗保护工作的竞争力和影响力。我们也希望这套丛书的编纂体例和工作模式在全国树立一个榜样。

当我们登上一段经历了千百年岁月洗礼的长城时,我们无法抑制身为一个中国人的骄傲和自豪。非遗保护,也是构筑我们新的长城,如果能够有幸在这座恢弘的长城上添上一块砖一片瓦,那是我们的责任和荣幸。编撰浙江非遗代表作丛书,正是这样添砖加瓦的工作,我们没有理由不为此而竭尽绵薄之力。

我们相信,时间越久远,我们工作的意义就越深远,我们工作的价值就越彰显。

2014 年 6 月 15 日

# 美丽中国需要美丽非遗

2013 年 6 月 28 日，中国非遗保护中心、中国文化报社、浙江省文化厅和杭州市委、市政府联合举办以"美丽中国与美丽非遗"为主题的中国非物质文化遗产保护（余杭）论坛。来自全国各地的专家学者和非遗保护工作者，一起探讨了"美丽非遗"在推进"美丽中国"建设中的地位、作用和担当。

中国非遗保护中心副主任罗微致辞："美丽中国"是党的十八大提出的美好愿景，是"中国梦"的重要组成部分，美丽非遗是"美丽中国"的重要内容。"美丽中国与美丽非遗"的主题在余杭论坛提出和研讨，意义深远。

中国文化报社副总编徐涟指出："美丽中国，不仅是自然生态上的天高云淡、风清气爽、绿意盎然，还包括人文生态上的诚信向善、公平正义、文明和谐。美丽中国，应当展示诗意田园的自然之美，也应当展示温暖感人的人文之美。"

中国民俗学会荣誉会长乌丙安作了主旨演讲，他举例说："要歌颂祖国，我们会说'锦绣'河山，但是'锦绣'正是手工技艺。我们的日常用语中处处体现着非遗，语言的根基便是非遗，它具有强大的软实力。"

"我认为美丽非遗不在于它美丽的外表，在于表现出强大的软实力。"乌丙安说，以真善美三位一体凝结成的精神动力作为强大的推动力，使得非遗在保持其原真性和维护其美好道德准则的根基上得以传承下来。中国好形象源于中国好精神！

中国艺术研究院曲艺研究所所长吴文科说：当下的非遗保护就是对于传统的美好精神图景与美好心灵品性的传扬与承续，对于当前人心扭曲和人性迷失的矫正与救赎，对于真正人的生活的切实追寻，也是对于"建设美丽中国"理想愿景的最好响应。

国家非遗保护专家委员会委员刘锡诚认为，非遗作为文化的一部分也好，作为国学研究对象也好，它的价值并不比所谓"大传统"中的文人文化传统、儒家文化传统之类的国粹来得小。

"地球人现在都碰到一个问题,那就是资源紧缺。"南京大学教授徐艺乙认为,在非遗保护传承工作中,要"以质求量",要重新认识自己的传统,才会有美丽非遗。

文化部非遗司原巡视员屈盛瑞指出,我们在看到已取得的成绩的同时,也必须清晰地认识到当下非遗保护工作所面临的严重挑战。近年来,我国平均一天消亡1.6个传统村落,这些村落的消失对非物质文化遗产的破坏非常巨大。"我们现在住的都是洋楼,穿的服装都是西装,能够看到我们自己东方文化特色的东西吗?这些问题不值得我们深思吗?"

"有一位德国历史学家针对中国的旧城改造说过,'我们现在有的,你们将来也会拥有,而你们曾经拥有的,我们永远不会有。'"屈盛瑞表示,要实现美丽中国和美丽非遗,我们必须看到这一严重的挑战。"在21世纪国际化的背景下,历史文化名城的安危不仅在于城市特色,而且在于中国的根的存在,因此我们必须全面参与非遗保护。"

德国人的话也引起了吴文科所长的思考,他认为:"推土机和水泥板所代表的现代化已经带来了文化的'替代性置换',我们的传统已经出现了'抛弃性断裂'。单纯的'GDP主义'功业观和价值观使文化不再属于追求的目的,而成为挣钱的手段,人类又从社会文化动物'蜕化'为自然经济动物。"

国家非遗保护专家委员会副主任委员周小璞指出,文化生态保护要由政府主导,但主导不等于包办,不能越位,专家学者、社会团体等社会力量的作用不容忽视。文化生态保护区建设要正确处理好政府主导与民众主体作用、保护区建设与经济社会发展、文化遗产保护与利用、非遗保护与发展文化产业这4种关系。

杭州市余杭区文广新局局长冯玉宝结合自己的工作实践表示,社会力量参与非遗保护是建设优秀传统文化体系中不可或缺的重要力量,只有政府主导和社会力量参与无缝对接,非遗保护的目标才能更早、更好地实现。

与会代表发出了《非遗让美丽中国更加美丽》的余杭倡议。共同呼吁全社会应自觉把非遗保护事业融入美丽中国建设之中,实现共有的"中国梦"。

代表们呼吁,美丽中国,这一诗意的愿景,需要实实在在的路径去实现;美丽非遗,这一浪漫的事业,需要真真切切的行动去施行。珍惜文化、保护文化,将文化传给子孙后代,是我们应有的责任担当和历史使命!

2013 年 6 月 30 日

# 把"美丽非遗"品牌打得更响

浙江的"美丽非遗"品牌已经火了!

网络搜索"美丽非遗"词条,前几十页网页信息几乎为浙江"美丽非遗"相关活动信息所覆盖。

2012年底至今,浙江省举办的一系列"美丽非遗"活动,因其丰富多样与精彩频现引起广泛关注。

2012年11月,党的十八大提出了建设"美丽中国"的美好愿景,全国人民都很兴奋。2012年11月26日,浙江省文化厅在桐庐县召开全省美丽乡村建设中非遗保护工作现场会,提出了"美丽非遗"的概念。会上,省文化厅厅长金兴盛提出"美丽中国要从美丽乡村开始,美丽乡村要从美丽非遗开始"的重要理念。

这次会议,拉开了浙江打造"美丽非遗"品牌的序幕。

2013年,浙江省文化厅举行以"共享美丽非遗,梦圆美丽浙江"为主题的第八届浙江省非物质文化遗产节,集中各种资源和力量,推出"美丽非遗"主题系列活动,多渠道对"美丽非遗"概念进行推广,打好推广与宣传的"组合拳",打响"美丽非遗"品牌。

1月1日,省文化厅与省委党刊《今日浙江》(半月刊)联办的"美丽非遗"专栏开办,每年24期,每期2个版面。

1月27日,浙江省文化厅与浙江电视台合作,在钱江都市频道开设"美丽非遗"栏目首播,每周一期,逢周日17:30分播出。

2月4日,由浙江省委宣传部、省委外宣办(省网信办)、省文化厅、省广电集团联合主办的2013浙江省"美丽非遗"电视春晚,在浙江电视台举行。

6月8日,第八个"文化遗产日",当晚,第八届浙江省非物质文化遗产节主场城市活动在金华市开幕。

6月28日,举行以"美丽中国与美丽非遗"为主题的中国非物质文化遗产保护

(余杭)论坛。与会代表发出了《非遗让美丽中国更加美丽》的"余杭倡议"。

7月19日,以"美丽非遗 魅力戏剧"为主题的浙江省濒危剧种守护行动暨传统戏剧经典剧目展演启动。

还有,以"彰显美丽非遗,定格美丽瞬间"为主题的浙江省"美丽非遗"摄影大赛;以"唱响美丽非遗,讴歌非遗风采"为主题的浙江省非遗主题歌曲征集和评选活动等依次展开。

锣声紧,鼓点密,快节奏,高频率,形成系列,形成声势。

全省呼应联动,高潮迭起。在"美丽非遗"总品牌下,各地结合本地特色,进一步推出二级、三级非遗宣传品牌,形成全省"美丽非遗"品牌宣传系列。如:"非遗十年 美丽绍兴"系列活动月;"生态丽水 美丽非遗"丽水非遗宣传活动月;余杭"美丽非遗与多彩美丽洲"非遗展示活动月等。仅2013年6月,浙江各地开展"美丽非遗"活动320多场。

媒体高度关注,全方位、多视角、广渠道地深入挖掘和展现美丽非遗的内涵与魅力。"美丽非遗迎新春","美丽非遗在身边","美丽非遗进农村文化礼堂","美丽非遗 我们的精神家园","美丽中国需要美丽非遗","美丽非遗为建设美丽中国锦上添花"。不断升温的舆论宣传,不断提升了"美丽非遗"这一品牌的美誉度和社会知晓率。

《浙江日报》2013年10月25日开辟专栏"浙江文化新新现象观察",开篇为《浙江:非遗大美 拾遗十年》。

《中国文化报》也凑巧于10月25日这一天开辟了"美丽非遗基层行"专栏,以"美丽非遗浙江行"为开篇,头版头条发表《非遗十年 浙江写下精彩》。之后,该报对浙江非遗工作进行全景式、连续性的追踪报道。

中央电视台旅游频道2013年10月17日《文明之印》专栏,专题播出"美丽非遗浙江行",时长35分钟。

人民日报记者深入我省采访,于2014年1月2日刊发了专题报道《守住我们的精神文化 浙江建构"美丽非遗"进行时》。

"美丽非遗"已成为浙江文化的重要品牌,也成为"美丽中国"的亮点。

一个品牌的塑造,要靠一个系统、一个行业整体的努力,更需要新闻媒体的推波助澜,在社会形成良好的舆论氛围。

一个品牌的塑造过程,实际上就是一项事业全面推进和发展的过程。

一个品牌的塑造与提升是一项长期工程,不能一蹴而就。品牌打造注定是一场马拉松赛，"美丽非遗"品牌的推广和塑造，也需要日积月累。

美丽非遗，浙江绽放。全省非遗系统要继续践行"美丽浙江、非遗先行"的理念，在以往工作的基础上，精心策划和持续开展"美丽非遗"系列展示宣传活动，把这块金字招牌打得更响。

打造和打响"美丽非遗"品牌，把这块金字招牌打得更响，是对建设"美丽中国"愿景的最好响应！

2014 年 1 月 2 日

# 文化强国要做好"海文章"

2014年9月17日,由中国文化报社、浙江省文化厅和舟山市委、市政府联合主办的第三届中国非物质文化遗产保护(舟山)论坛,在浙江舟山市岱山县举行。本届论坛以"文化强国与海洋文化"为主题,来自全国18个省市区的代表齐聚一堂,共同研讨海洋文化建设和非遗保护的有效途径。

党的十八大提出了"扎实推进社会主义文化强国建设"和"建设海洋强国"的战略部署。这次论坛,是响应和贯彻这一部署的具体举措。

我国是一个大陆国家,也是一个海洋大国,不但拥有广袤的大地,还拥有辽阔的海疆,漫长的海岸线,众多的岛屿;不但拥有丰富的海洋自然资源,也拥有丰富的海洋历史人文资源。

纵而观之,我国的海洋商业文化源远流长,海洋信仰文化积淀深厚,海洋军事文化浩气长存,海洋历史文化熠熠生辉,海洋民俗文化多姿多彩,海洋饮食文化独具魅力,海洋旅游文化丰富多彩;祖国海疆从南到北,每一座沿海城市都有着自己的历史积淀和文化特色,中国历史上也曾有过很多震撼人心的历史篇章。

但从现实情况来看,随着现代工业文明的发展,海洋生态环境和自然资源遭受了严重破坏,传统的海洋渔业生产方式、渔民以海为生的生活方式发生了巨大变化,海洋人文环境也发生了突变,诸多因海而生、别具一格的珍贵的传统海洋文化退化和衰亡,城镇海洋人文精神缺失,城镇规划建设缺乏海洋元素,海洋文化产业发展滞后等问题普遍存在,亟须加强。

本届论坛以"文化强国与海洋文化"为主题,从我国非遗保护实践出发,总结推广海洋文化建设典型经验,探索海洋文化保护和开发利用规律,研究如何发挥海洋文化资源优势,挖掘提升海洋文化内涵,保护海洋文化遗产,维护海洋文化生态,留住美丽海岛美丽乡愁,打造海洋特色文化品牌,发展海洋文化产业,大力推进文化强国建设。论坛内容丰富、立意高远、思辨清晰、对策务实。

热爱海洋，要从了解海洋开始。海洋、海岛、海风、海景、海产、海味……海洋在我心中！

讲好人与海的故事，讲述人类与大海的故事，讲好中国人的海洋故事，讲好中国老百姓跟海洋的故事。

开展美丽海疆文化保护行动。像保护人类自己一样保护海洋。使海洋文化保护行动成为新的社会风尚。

用科学的眼光、时代的理念，阐释海洋的主题，合理开发利用海洋文化资源。

带着感恩和虔诚，带着热情和理想，弘扬海洋文化，创造美好生活。

在美丽的海岛岱山，会议代表参观了非遗展馆、航标灯塔等 10 个海洋文化类展馆，参与了"夜东沙古渔镇非遗体验活动"、2014 中国海洋非遗产品网络交易会等活动。

舟山是"海上丝绸之路"的重要通道，是海洋文化交流的重要枢纽。鉴真东渡、遣唐使往来、郑和下西洋，还有徐福东渡的传说，都赋予了舟山神秘的色彩和韵味。舟山因其独特的区位条件、丰富的资源禀赋以及深厚的海洋历史积淀，被国务院命名为群岛新区。推动海洋文化与新型城镇化融合具有坚实的基础、正当其时。

浙江地处祖国东南沿海，海岸线总长 6400 余公里，居全国首位；有 3000 多个沿海岛屿，约占全国海岛总数的 2/3。浙江理所应当在海洋文化建设中率先实践做表率。

海洋是我们共同的蓝色家园，海洋文化是我们共同的精神财富。我们受惠于大海，更有义务担当起保护海洋的重任，成为大海的"保护者"。让大海更壮丽、让海疆更美丽、让生活更美好！

2014 年 9 月 19 日

# 讲述精彩的中国故事

东方情调对西方有独特的吸引力,中国的民族民间文化从古至今都散发着神秘气息。但凭心而论,由于地理与文化的隔膜,东西方的对话,从古到今一直显得相当艰难。自鸦片战争以来,在信息交流中,中国基本上处于弱势。今天,北京奥运近在眼前,中国的发展不再是封闭舞台上自我演绎的故事,全世界都渴望听到中国故事。在国际话语体系中,唱响了中国之声。

北京奥运,是全国人民的奥运。讲述精彩的奥运,浙江不缺席,浙江的故事很精彩。

2008年4月上旬,长兴百叶龙表演团应我驻法国大使馆邀请,赴法国巴黎参加配合奥运火炬境外传递活动,圆满完成了起点埃菲尔铁塔迎接火炬演出与终点夏洛蒂体育场庆典演出任务。我驻法使馆通过外交部向浙江省委、省政府发来专函,对长兴百叶龙表演团配合外交,以精妙的技艺、良好的精神风貌,展示了中华民族民间艺术的魅力,出色地完成演出任务,为我国境外奥运火炬传递活动做出的特殊贡献,专门致谢和表彰。省委书记赵洪祝专门作出批示,对长兴百叶龙表演团赴法演出给予表扬。

经省文化厅推荐、北京奥运会开幕式导演组评审,"余杭滚灯"入围北京奥运会开幕式前奏演出,将于8月8日晚在鸟巢献演3分钟。余杭滚灯是国家级非遗项目,集体育、舞蹈、杂技于一身,融合了技巧和力量,在表演中力求体现"大气磅礴、激情雄健"的要求,体现"滚滚向前、圆圆满满"的寓意。奥组委导演组对节目提出了"三分钟三次掌声"的高标准要求,余杭滚灯的80多位演出人员,以"流血流汗不流泪,掉皮掉肉不掉队"的精神,刻苦排练,精益求精,不断改进和提升表演艺术质量,以求开幕式现场精彩亮相。

在奥林匹克公园中心区,有一个名为"中国故事"的展览。在这个展览区域,每个省(直辖市、自治区)都将搭建一个"祥云小屋",集中展示各地色彩斑斓的非遗项目，展示中华优秀传统文化的精彩和魅力。浙江的这间小屋里，展示的将是"丝绸的故事"。丝绸文化是我国重大的原创性发明，浙江是我国蚕桑丝织的主产地之一，因此，丝绸文化也成了浙江的代表性文化。90平方米的祥云小屋里将展示蚕俗遗风、蚕丝记忆，将亮出织染技艺和绫罗绸缎，将通过图片、实物、多媒体视听和现场互动等形式，立体呈现蚕桑丝织文化。

北京奥运会策划开展2008北京奥运会城市广场文化活动，将在北京市区范围设立26个城市文化广场，其中选调我省一批传统表演艺术项目参加。我省统筹安排，分为水乡、山乡、海乡3台活动，按照区域特色选调项目，晋京展演展示。

奥运期间，浙江各地将组织一系列的主题文化活动，举办各具特色的演出和展示活动，阐释人文奥运的理念，营造欢乐、祥和的氛围。

奥运，是世界观察中国的一个窗口，奥运成为展现中国形象的一个契机，是中国与世界交流对话的平台。在万众瞩目的奥运，让我们把最美的国旗挥起来，把灿烂的笑容亮出来，把美丽的舞蹈跳起来，把真挚的情感喊出来，把欢乐用歌唱出来，把欢庆的锣鼓敲起来，把中国人民的自豪和团结奋进的姿态展现出来，留给奥运最美的记忆。

一幅奥运图，见证着中华民族百年强国梦。北京奥运，让中国与世界密不可分。我们应该更好地讲述中国故事，中国故事一定会更加精彩！

2008年8月20日

# 构建和谐社会的催化剂

2007"文化遗产日",以"保护文化遗产,构建和谐社会"为主题。为此,今年轮到我省承办的第四届长三角公共文化论坛,就以"非遗保护与构建和谐社会"为主题,进一步从实践与理论的结合上,研究两者的关系,研究科学认识非遗的作用,提高公众非遗保护意识,培育社会主义核心价值观,推进和谐社会建设。与会的领导、专家和实际工作者畅所欲言,各抒己见,深入探讨,互为补充,从不同层面、不同视角分析阐述。会议开得圆满成功,取得了丰硕成果。

在社会变迁和发展的过程中,总要有一定的文化来支撑和推动。"和",就是追求人际之间的协调和谐,这是中国传统文化努力追求的价值,体现了农耕社会中国的文化精神,也是国人共有的文化性格。如"天时不如地利,地利不如人和""以和为贵""家和万事兴"等,都是民间和民众对"和"的最直接、最深刻的理解和承认。当然,中国传统文化所讲的"和",不是同一的、一律的,是有差异的"和而不同",是百花齐放,是强调群体的协调和睦。

非遗,是农耕社会中人们一种物质和精神文化生活追求。这种追求积淀下来,形成了一种美好的"和"文化,潜移默化地陶冶着民众群体的情操,潜移默化地熏陶着一代又一代的普罗大众。

构建和谐社会,离不开对非遗中的和谐思想观念的继承和发扬。孔子曾说过"礼失求诸野",就是说在上层社会道德礼仪崩坏的时候,可以到民间乡野去寻求,说明基本道德礼仪蕴藏在广大的底层百姓中。

民族传统文化,在年复一年、周而复始的形式化的重复中,让群众从感性认识向形成理念、信仰、秩序、规则的转换。譬如,传统戏曲、曲艺的教化作用,传统节日凝聚着民族精神和情感的作用,灯会、游园会、庙会营造着欢乐祥和的气氛,传统美术所呈现的吉祥祈福,传统舞蹈所呈现的充沛的激情,民间文学塑造的感人的形象,传统音乐表达民众对美好生活美好情感的向往和心声,传统工艺表达的创造活力，生产商贸习俗形成一种符合传统美德的道德规范和行为规范。

非遗的丰富多彩，满足人民群众多层次、多样化、多方面的精神文化需求；非遗深厚的内涵，所体现的民族智慧、民族精神，在欢娱中鼓舞着民众群体的进取心，促进全社会形成积极向上的共同精神追求；非遗的鲜明特色，体现着民族传统文化的感召力和吸引力。

人类社会发展的规律告诉我们：物质生活容易满足，精神生活没有止境。海德格尔理想着"诗意的栖居"。所谓"诗意的栖居"，实质上即是和谐的栖居。和谐是人们梦寐以求的社会理想，向往和谐是千百年来人民大众的美好愿望和追求。非遗是有生命的、鲜活的、充满情感的。在非遗中，有着人类基本的精神文明价值，具有永恒的魅力。通过非遗的培育和滋养，发掘具有社会调控功能的民间传统文化，引导人们在处理各种利益各种关系的时候和谐相处，具有现实意义。

非遗，蕴含着既古老又现代的和谐思想，既古典又前卫。非遗是各族人民世世代代创造、辛辛苦苦传承下来的，我们一定要十分珍惜。各地文化行政部门要适应当今群众的审美情趣、接受能力和心理特点，立足于群众乐于参与和便于参与，将民族传统文化与现代生活方式相融合，与群众文化需求相吻合，与思想道德建设相结合，不断开拓民族传统文化活动载体和多种表现形式，增强民族传统文化活动的丰富性、群众性、广泛性，增强民族传统文化活动的感召力和吸引力。

和谐，作为治国安邦的基本理念和基本方略，已经成为当今社会响亮和深远的命题。非遗，理应是当代和谐文化的重要源泉；保护非遗，是建设和谐社会的一个重要任务。作为文化工作者，身上所肩负的责任十分重大。

2007 年 10 月 13 日

# 守望民族记忆的背影

2007 年,浙江夏季高考的一道关于文化遗产的作文题"行走在消逝中",立即引起广大考生、家长和全社会的高度关注和多方面的思考。这一高考命题,凝重深邃,语意深远,从中折射出教育对文化遗产保护的反应和积极的推动作用。

我们知道,文化遗产保护,最基本的就是保护意识的树立,不是某一部分人,而是全社会的保护意识都得到较大的提高之后,文化遗产的保护与利用工作才能顺利开展。而培养全民良好的保护意识和社会氛围,最好的办法就是加强教育。因为教育是以人的身心发展为直接目的的社会活动,教育是人类历史发展的重要文化方式,也是人类文化记忆传承的重要方式。

在中国几千年的文明发展中,往往只注重精英文化、官方文化以及现代的西方文化的传承,却很少真正关注本土文化、民族民间文化及其传承方式,其实,它们都应该作为中华民族优秀传统文化的精彩部分而受到应有的关注。我国当今的教育体制中,功利主义色彩很浓,为了升学、出国,为了获得更好的工作,学生实用主义至上、外语至上,接受传统文化的熏陶相对较少,功底渐差。但是,教育本应该是探索人类真理和信仰的桥梁,我们不仅要学习最好的科学技术,创建最理想的经济发展模式,而且要尊重人民的智慧和创造。教育不能抛开以人为本的思想,不能忽视美育、忽视我们民族的本源文化。非遗不仅是一个民族活态的文化基因库,是历史文化的活化石,更是中华民族的身份证。它代表着民族精华、民族智慧和民族精神。所以,每一个国民都应该对保护本土传统文化有一种使命感,有一种应尽的认知义务和教育传承义务。

今年的高考作文题具有很强的包容度与开放性,提供给考生的话题语料,令人深思:"苍茫的丛林间,玛雅文化湮没了;丝绸古道上,高昌古国消逝了。人类文明在一步步离我们远去。"要求考生抒发真情实感,阐明思想观点。考题将历史的厚重感和哲学的深邃性,独特的个体体验和普遍的共性观照等融为一体。学生据此既可以写情真意切的记叙文,也可以写富有哲理的议论文。当然,夹叙夹议,以反思视觉,与历史进行心灵的沟通和对话,应可取得兼收并蓄之效。

在文化遗产中,有我们祖先的沧桑背影,有中华民族生生不息的精神,有中华文明绵延千里的足迹。正因为在现代化的大潮中,我们"行走在消逝中",抢救、保护和传承文化遗产成为极端紧迫的文化课题,更是我们这一代人不可推卸的责任。

高考是指挥棒,体现了良好的导向,有助于在现行教育知识体系中改变学校和学生对文化遗产保护认识严重欠缺的现状。但这毕竟只是文化遗产保护话题进入教育体系的开端。我们所说的文化遗产教育保护,不是几次考题的临时行为,而应该是全方位的教育传承的战略实践。

《浙江省非物质文化遗产保护条例》第二十四条强调:"鼓励、支持教育机构将非物质文化遗产纳入教育内容,建立传承教学基地,培养非物质文化遗产传承人才。"文化遗产的保护与传承应当从教育上多下工夫,学校教育与社会教育同步抓起,最后实现全民化、可持续的保护格局。

2007 年 6 月 9 日

# 呼唤推出我们民族的"排舞"

浙江省排舞大赛2007年12月8日在宁波市镇海区招宝山街道举行。

镇海是一座英雄城,在历史上曾经历了抗倭、抗英、抗法、抗日四次闻名中外的反侵略战争,留下了大量的海防历史遗址。军事侵略,可以抗击,但是面临洋文化的"侵入",我们是否已做好准备?

排舞,是美国乡土舞蹈,是近几年来引进的群众性国际标准健身舞蹈,它简单易学,便于推广,可参与性强,融舞蹈和健身于一体,具有一定的审美价值和娱乐作用。

排舞进入浙江还不足一年,却已经像非遗运动风起云涌、如火如荼。省群艺馆、钱江晚报于今年8月8日迎奥运倒计时一周年之际,在杭州武林广场举行万人跳排舞活动,可见其声势之大。据称,全省已有5万多人参与此项活动,显示了排舞的独特魅力和影响力。

对此,作为文化工作者,我是既焦虑、又欣喜,喜忧参半。一方面,排舞体现集体性、娱乐性、欣赏性,不仅群众参与性强,而且活力四射,对于丰富群众文化生活,调节群众身心,有积极作用。讲心里话,我看了也受感染。中国人总体上个性内敛、含蓄,工作、学习、生活压力也重,参加文化活动的意愿不强,活动机会也不多。特别是中小学生课业负担沉重,书包比背包重,眼镜比玻璃厚,学学练练排舞,片刻放松放纵,张扬一下个性,对于解放身心健康很需要也很必要。跳排舞的时候,小孩子很活泼、开朗、快乐、昂扬向上;青年人热情似火,青春洋溢;老年人动感十足,活力四射。从强身健体的角度来看,排舞是个好东西!

另一方面,又不禁让我深为忧虑。参加排舞比赛的男男女女、老老少少大多都是洋味十足,头戴一顶美式草帽,脚穿一双西式高靴,整个一身牛仔打扮。跳舞的时候,要么双手叉腰,要么打着响指,要么就是有节奏地击掌,而且不时手扶帽沿,搔首弄姿亮个相。形体动作都洋化了,都是美式化了。背景音乐当然也是美国的、西班牙的。我们似乎是在异域他乡,看着西方人在表演。

我总觉得,排舞问题,好像不是个小问题,上纲上线讲,关系到意识形态。就好像有人说的,如果洋话(说外语)、洋餐、洋节、洋片泛滥,中华民族恐怕就"危险"了。领土的占领是不可怕的,就好像宁波镇海曾多次面临外敌侵犯,但侵略者总是以失败告终。而文化的渗透性,潜移默化,更具危险性,防范难度也许更大。如果文化沦丧了,将成为殖民地,真正的没有了自己。由此,激起我对传统文化的"捍卫"之心。

但是,转而一想,我似乎又释然了。在地球村时代,在这个渐次开放的时代,文化闭关而不主动融入是没有出路的,也是不会有大作为的,理性的态度应该是包容平等,自觉地学习,积极地借鉴,扬长避短,取长补短。我们可以以一种轻松而自信的态度来对待外来文化,应该有这个胸怀倡导文化多元并存,文明兼收并蓄。关键在于自主文化的强大,关键在于不要放弃心中的价值观,关键在于要种好自己的田,关键在于对待异域文化要更具智慧。

纵向靠传承,横向靠借鉴。"排舞"之类的外来文化,为我们沉重的传统文化注入轻灵的气息,面对多元的世界,我们要敢于融进去,还要善于主动融进去,才能有中华文化的更加强大。对于"排舞",我们要有自信,没必要对之排斥,因为中西文化并非对立到彼此不能相容。排舞并不可怕!

我们要重视发挥民族优秀传统文化的优势,继续发掘我们民族的具有群众性、普及性、健身性、娱乐性、观赏性的民间艺术项目,不断扶植和大力推出有群体推广价值的活动项目。承办这次省排舞大赛的镇海区招宝山街道有一支龙鼓队,闻名遐迩。据镇海区文化局长介绍,龙鼓队已发展到10余支队伍,该区还有麒麟舞队、板凳龙队、花轿队、滚灯舞队、旱船队、蝴蝶舞队、脸谱队等50多个业余骨干团队,不久前还举行了声势浩大的民间艺术大巡游活动。我为招宝山街道民族文化的传承发展叫好,为招宝山街道群众文艺的繁荣活跃叫好。

当务之急在于大力传承弘扬民族优秀文化,推出我们民族自己的"排舞"。这么多非物质文化遗产,难道就找不到简单易学,兼容观赏性、娱乐性、时尚性的,与现代人审美取向同步的健身舞蹈?但愿中华民族有自己的最炫民族风。

2007 年 12 月 9 日

# 只有民族的才是世界的

走进 2010 年上海世博园,震撼之处颇多。哪怕只是匆忙地走一遭,也能看到许多值得人反复品味的精彩。

世博会当然是一个巨大的平台,每一个国家、地区都竭尽所能地展示自身、表达愿景、寻求共鸣。世博会又是一个个"小世界",各国的展馆,穷尽心思,其独创性和艺术性,都有足够的能量让你产生一种新的心情。由于时间关系,我只看了 20 多个馆,却也真切地感受到这一个个"小世界"的多元文化和多彩展示。

除了各国的展示,作为东道国,中国各省区市设立了主题展馆,并依次开展了主题活动周。浙江省委、省政府高度重视世博会浙江主题馆和浙江活动周。浙江省文化厅等各相关单位,组织精干力量,认真策划布展,精心编排文艺节目,积极参与世博会的宣传推介。这次世博,浙江的组织工作做得非常好。

浙江馆的主体,最引人注目的就是一只巨型青瓷碗。水光中,观众通过青瓷碗不断看到浙江最具代表性的景色,"西湖揽胜"、"钱塘大潮"、"跨海天路"、"茶香悠远"等 10 幕景色,经由多媒体投射,在巨碗中央逐一轮替。借用在浙江已有 8000 年历史的陶瓷文化的温婉和清雅,浙江馆向观众展现了一个如诗如画、充满活力的江南,展现了让人心驰神往的"幸福城乡,美好家园"。

6 月 18 日至 22 日,在世博园宝钢大舞台,是世博会浙江活动周的时间。"春涌之江——浙江民间艺术广场表演",绚丽多姿;"蝶舞春秋——浙江民乐专场演出",绕梁三日;"物华天工——浙江传统手工艺展览",美轮美奂;"龙腾盛世——浙江民间艺术巡游表演",动人心魄;"越风瓷韵——越窑青瓷瓯乐专场演出",绵远悠长。这一幕幕精彩展演,在黄浦江畔刮起了一股"浙江风"。

通过浙江主题馆和浙江活动周,各方来宾和游客领略到一个文明悠久厚重的浙江,一个当代文化斑斓多姿的浙江,一个蓬勃向上、奋发进取的浙江,一个丰饶、自信、充满生机与活力的浙江。

世博会为非遗展示提供了平台，也为非遗的发展描绘了前景。非遗的本真性、民族性，非遗的多样性、丰富性，让非遗与世博会之间，与展示地方形象，找到了一个相得益彰的契合点。

只有民族的才是世界的，似已成为一种理论，被许多人接受并频繁引用。它能被许多人接受说明自有它的合理之处。这说明：立足自身，发展特色文化，发挥自己的优势，发展和张扬自己的个性，才能彰显民族文化的独特魅力。也只有这样，才能吸引世界的眼光，从而走向世界。

2010 年 6 月 22 日

# 从国际视野中寻找新理念

当前,我国非遗保护工作如火如荼。越是在轰轰烈烈之时,我们越要保持冷静和清醒的头脑,去理性地思考非遗保护的价值取向、工作路径等一系列问题,从经验型保护向科学保护进化和转变。世界上一批先进国家和国际组织在长期的非遗保护的实践中,积累了许多成功的经验,形成和制定了一些重要的原则、惯例和工作方法。因此,我们在处理非遗保护与开发利用关系时,应积极借鉴国际社会的成功经验、原则和方法,由此而获得更多的国际视野。

2008年,我省承办了一系列中外非遗保护学术交流活动。

4月中旬,"中法文化遗产保护论坛"在桐乡市乌镇举行。这次论坛围绕"经济社会发展中的文化遗产保护"的主题,就民族个性与全球化、现代化进程中的历史文化遗产保护问题进行了深入的讨论。法国前总统德斯坦、中国工程院院长徐匡迪等60多位中国与法国的专家、学者、艺术家、企业家代表参加了此次研讨会。论坛期间,与会来宾还考察了乌镇传统的民俗节庆活动"香市",有祭蚕娘、元帅会、踏白船等15个传统民间活动项目,让来宾们领略了中国江南非遗的丰富多彩。

9月上旬,在宁波市鄞州区举行了"中日非遗保护国际学术研讨会",来自中日两国的50多名非遗专家、学者和非遗代表性传承人,围绕"非遗保护和合理利用"的主题,对中日两国非遗整体性、原生性保护经验和有效利用方式进行学术探讨,论坛还特别召开了鄞州非遗个案传承发展对策座谈会。会议代表考察了宁波市非遗展示中心及5个非遗传承展示基地,零距离感受非遗魅力。

10月中旬,"中韩非遗保护论坛"在金华举行,中、韩两国非遗保护专家,就本国非遗申报制度、地方非遗保护、民族文化传统的维护与弘扬等议题进行了交流与探讨。两国专家还就非遗保护实践中的个案展开了经验交流和探讨。

11月上旬,在杭州举行"世界手工艺大会暨世界手工艺发展国际论坛",集36个国家、178名国际代表、450名国内代表的国内外业界高层专业人士,以"振兴世界工艺美术、传承人类手工技艺、发展文化创意产业、共创手工劳作辉煌"为题,对当前世界手工艺发展的若干重大问题进行了深入交流与探讨。与会代表考察了第九届中国工艺美术大师作品暨国际艺术精品博览会。这次大会,增进了各国工艺美术同仁的交流,增进了相互间的了解和合作,对于促进各国工艺美术事业更好更快发展有积极的意义和影响。

11月上旬,来华参加第三期东盟10＋3(中日韩)文化人力资源开发合作研讨班的各国文化官员一行20多人,专程来浙江进行非遗保护实地考察,对我省通过立法及政府补助等形式实施非遗保护表示赞赏。参加研讨班的官员还针对非遗保护中的一些问题进行了学理和实践上的探讨。

一系列中外论坛在我国举行,也验证了非遗保护在我国得到了良好的发展和传承。但毕竟非遗保护在我国起步不久,理论还跟不上实践,甚至可以说是远跟不上实践。譬如,在保护体制上,我国目前还处于探索阶段;在保护方法上,依然没有使用国际通用的保护模式,仍然在探索阶段;在法律制度建设上,国家还没有专门的非遗保护法律规范;在保护传承人上,先行国家很早就提出了"活的文化财"保护计划,我们目前刚开始传承人寻找和认定阶段,相关工作还待延续;在田野工作方法、工作机制、绩效评价、非遗的学科理论体系构建等方面,也都与先行国家存在差距,需要向先进国家学习,向先进国度寻求借鉴,需要不断探索,需要加大力度适应保护工作的形势。

我国非遗所面临的保护管理问题,与先进国家推行非遗保护管理体制改革前有诸多的相似之处,这为我国借鉴提供了较大的可行性。事实证明,2008年由我省承办的这一系列的学术交流,充分地交换意见、分享信息、相互学习、相互促进,有助于我们少走弯路,少交学费,少点决策失误,将大有益于我们不断获得非遗保护事业进步发展的动能。

理念往往是新思想、新观点和新方法的代名词。在先进国家,非遗保护已经不再是一种简单的政府行为,而近似一门独立的学问,以学术的眼光对待非遗保护、管理、研究、开发的各个环节。随着我国非遗保护在国际上的影响正在扩展、延伸,树立科学理念,拓展学术眼光,借鉴有效制度,是必不可少的途径,是我国非遗保护事业跨越式发展的关键。

世界非遗保护事业需要我们,我们也应该为世界非遗保护、为人类文化的多样化做出更大的贡献。

2008 年 11 月 16 日

# 从第四批人类非物质文化遗产名单看浙江

2009 年 9 月 30 日,第四批"人类非物质文化遗产代表作名录"和首批"急需保护的非物质文化遗产名录"公布了。这是自 2001 年联合国教科文组织首次公布人类非遗名录以来,批准公布名单最多的一次:其中人类非遗代表作 35 项,急需保护的非遗项目 5 项,远超于前三批数量的总和。其中中国入围 25 项,而浙江牵头或参与申报的有 5 项,名列全国前茅。这是值得我们欣喜和骄傲的。

人类非遗代表作原先的申报规则设定为:两年一个国家只能申报一个项目(跨国申报的项目不占名额)。前三批公布的名单中,中国有昆曲、古琴艺术、新疆木卡姆、蒙古长调四个项目上榜(蒙古长调系我国与蒙古国联合申报,不占名额)。

依照之前的申报规则,中国有 960 万平方公里的土地,56 个民族,13 亿人口,两年却只能申报一个项目;而像卢森堡这样地域只相当于我国一个县这么大的国家,像列支敦士登这样地域只相当于我国一个乡镇这么大的国家,也是同样两年报一个项目。这一申报制度不尽合理。大概与 2007 年教科文组织保护非遗政府间特别会议在中国成都召开有关,第四批的评选修改了规则,改为上报不限数额,中国正式上报了 22 项,全部上榜。

我们知道,人类非遗,特指被教科文组织确认的人类罕见的且目前无法替代的活的文化财产,具有真实性、代表性,且必须具有突出的普遍的价值,是人类公认的最优秀的非遗。中国历史悠久,幅员辽阔,地理风貌丰富,非遗斑斓多姿,上了这么多项目也属情理之中。

人类文明是由不同的民族,在不同的时代和不同的地域分别发展起来的,必然会表现出不同的特征、风格和样式。不言而喻,各国文化的个性,就表现在传统文化上。因此,保护传统文化,实际上是在保护文化的个性。对一个国家如此,对一个地区同样如此。浙江牵头或参与申报的中国蚕桑丝织技艺、中国篆刻技艺、中国剪纸、中国龙泉青瓷传统烧制技艺入选人类非遗代表作,中国木拱桥传统营造技艺

（泰顺、庆元）入围教科文组织急需保护的非遗。一次"五朵金花"上榜，这至少说明了浙江这些非遗项目具有重要价值，体现了中华民族天才的文化创造。

"五朵金花"榜上有名，是浙江多年来把文化遗产保护放到了更为突出位置这个大环境所决定。前几年，浙江提出建设文化大省，目前全国估计已有三分之二的省份都提出来建文化大省，还有些提出建文化强省。这意味着浙江的文化大省建设面临着兄弟省份的严峻挑战。何谓大省之"大"，将存在鲜明的横向比较。按我的未必正确的观点，浙江在文化大省的竞争中，未必有着天然的优势。从横向来比，无论地上地下的遗存，都不如河南、河北、山东、山西、陕西等省份；从民族文化多样性来看，更远不如云南、广西、贵州、四川、新疆、内蒙等省（市、区）。因此浙江如何在未来的文化竞争中取胜，恐怕更在于毫不放松做好历史文化资源的发掘保护和合理开发利用。

近年来，浙江对文化遗产保护的确花了大力，出台法规政策，制定规划计划，强化督促检查，落实保障措施。单从非遗工作来看，开展了声势浩大的非遗大普查，建立了完整的非遗名录体系，推出了一系列非遗保护的载体，搭建了多层次的非遗保护平台，形成了浓厚的社会氛围。在第一批、第二批国家级非遗名录项目中，浙江连续名列榜首；在这次入围人类非遗的项目中，又是名列前茅。在一定意义上讲，这取决于浙江创新思路和勤奋努力工作。

成为世界级非物质文化遗产的好处是不言而喻的，即便是申报行为本身，也能够使我们从世界人类文明传承的角度重新认识自己的文化，使文化遗产保护有一个生动而具体的标准和前所未有的激励。一个项目一旦成为人类非遗，其对于社会、经济、文化发展的实际促进作用更是有目共睹，特别是当文化遗产价值被充分认识，知名度提高后，相关事业和相关产业必然得到极大实惠。

正因为成为世遗的意义是"无限"的，许多国家和地区都对之极为重视。世界级文化遗产要求的不仅仅是少数决策者对文化遗产的重视，而且要求每一个和遗产发生关系的个人和单位都具有良好的环境观、审美观、大局观，具有历史文化和科学修养。因为，申报与成功申报，那不是我们工作的根本目的。

随着人类非遗代表作的公布，随之浙江召开了新闻发布会，召开了保护工作会议。在会上，浙江省文化厅杨建新厅长指出，这既是荣誉，更是责任，人类非遗数量的突破，等于保护的担子在加重。这一提醒值得重视，也是我们在欣喜之余所必须想到的。

2009 年 10 月 9 日

# 老树新花开锦绣

10 年前的 2003 年,非遗事业应运而生,扬帆起航。一定意义上说可谓"非遗元年"。

2003 年 8 月 26 日,浙江省民族民间艺术保护工程工作会议在诸暨召开,标志着我省这项工作的全面推开。

当年 10 月 24 日,文化部公布中国民族民间文化保护工程第一批试点,浙江、云南被列为综合试点省。中国非遗保护进入新的历史阶段。

当年 11 月 3 日,联合国教科文组织第 32 届大会召开并通过了《保护非物质文化遗产公约》,我国成为缔约国之一。

这一年,非遗保护全球关注、全国瞩目,浙江全省部署。这一年至今,非遗事业已然十年。中国有逢五逢十总结或庆祝的传统,为此对浙江非遗保护十年作一记录和述评。

让我们回溯这条不平凡的路——

十年,浙江非遗保护风雨兼程,激越前行,砥砺奋进,高歌猛进,开疆拓土,耕山播海,风生水起,风起云涌,波澜壮阔,声势浩大。

十年,浙江省入围国家级非物质文化遗产名录项目 187 项,连续三批居全国首位,蝉联三连冠。浙江省政府公布了四批省级非物质文化遗产名录,788 个项目上榜。我省构建了国家、省、市、县四级非物质文化遗产名录体系,非遗保护有了更笃实的根基。

十年,浙江省入选国家级非遗代表性传承人 122 人,列入省级非遗代表性传承人 935 人。非遗传承人的创业创新创富智慧和创造热情竞相迸发,与时代共同成长与进步,共同享有人生出彩的机会,共同享有梦想成真的机会。

十年,浙江先行先试,探索分类保护方式,多元拓展,34 个省级非遗传承基地,131 个省级非遗传承教学基地,46 个省级民族传统节日保护基地,55 个省非遗旅游景区景点,50个省级非遗宣传展示基地,55个省级非遗生产性保护基地,9个非遗生态保护实验区,8所高校省非遗研究基地。各类非遗保护传承基地星罗棋布,遍地开花。

十年,民俗传统节庆活动全面复苏,蓬勃开展;举办了八届浙江省非物质文化遗产节,三届中国(浙江)非遗博览会,各地非遗活动此起彼伏,有声有色,在阵阵喝彩声中热闹进行。积极推动对外文化交流,拓宽交流渠道,使浙江文化在海外成为一道亮丽的风景。

十年,全省11个设区的市、90个县(市、区)非遗保护中心实现全覆盖,满堂红。非遗保护管理机构的自身实力与能力不断提升,服务动力与活力不断增强;非遗工作者满腔热情,澎湃激情,铁肩担道义,倾心护家园,谁言寸草心,报得三春晖。

十年,3600多个日日夜夜,数百上千的非遗工作者、成千上万的非遗传承人,23万普查员和非遗保护的参与者、志愿者,老中青三代,以巨大的责任、热情和奉献精神,投身于这一宏伟的事业。涓涓细流汇流成河,汇聚成澎湃的力量,聚合升华为一种对民族传统的集体坚守,成为非遗保护的领军力量。这些非遗守护者的身影值得铭记。

十年,加强非遗保护事业,弘扬优秀传统文化,这一理念,体现在历届省委省政府的重大部署中,体现在各地主政者的思路和决策里,体现在各行各业的共建共享上。

十年,我们坚持以科学的理念谋划非遗事业发展,以创业的激情推动非遗事业发展,以惠民的业绩检验事业发展的成效。

十年,我们把昨天的历史寻找,把今天的文明延续。我们在发展中保护,在保护中发展,春华秋实,花果满枝头。

浙江非遗十年,可圈可点,可感可叹。我们收获的不仅仅是一连串光彩耀眼的数字,更有保护理念的更新,文化自觉的提升,文化自觉的增强。

浙江非遗十年,先行先试,绽放精彩。中央新闻媒体重彩浓墨、大张旗鼓宣传报道,新华社发表了以《浙江非遗保护领跑全国》为题的综合报道;中新社以《非遗保护看浙江》为题发了通稿;《中国文化报》先后在头版头条或重要版面,以《非遗保护,浙江领先一步》《浙江非遗普查全民动员》《非遗普查看浙江》《浙江缘何走在前列》《一个"非遗"保护示范省的秘密》《非遗保护的浙江行动》《非遗十年,浙江写下精彩》为题做系列报道;《浙江日报》、省委党刊《今日浙江》、浙江电视台等省级新闻媒体更是大力为非遗事业推波助澜,擂鼓助威。

党的十八大提出的"建设优秀传统文化传承体系",浙江对今后五年的非遗事业发展做出了进一步的规划部署。确定 2013 年为浙江省优秀传统文化传承体系建设推进年,2014 年为拓展年,2015 年为深化年,2016 年为提升年,2017 年为跨越年。逐年深入深化,逐步转型升级。

浙江省委发出了建设"物质富裕、精神富有"现代化浙江的号召。越是经济高速发展的时代,我们越应该把目光更多地投向中华传统文化,坚持"古为今用,去粗取精,去伪存真,因势利导,深化研究,传承弘扬"。今天,人们已经越来越深刻地认识到,给予这种悠久而博大的文化传统更多的关照是多么的必要。

非遗十年,我们含着时代的温度,和着前行的节拍,在浙江大地写下精彩的篇章。那些奋斗,那些情怀,那些光荣与梦想,标注为浙江文化发展史上的经典记忆,定格为中国非遗保护史上的时代坐标。

时间分明是有重量的。每个重大的时间节点,既连接过去,又指向未来。在党的十八届三中全会的指引下,在两富现代化浙江的道路上,我们底气更足,信心更足,而今迈步从头越。

让历史引领未来,让未来更加精彩。

2013 年 11 月 28 日

# 光荣与梦想

10年,在历史的长河弹指一挥间,但对浙江非遗人来说,却是似水的流年,如此值得追忆!

2003年,文化部公布我省为中国民族民间文化保护工程综合试点省。2003—2013,十年执着和奋斗,寄托着我们的理想和梦想,倾注着我们的智慧和汗水,承载着我们的热情和情怀,也给我们带来了诸多荣誉和荣光。

2013年10月23日,浙江省文化厅、中共浙江省委党校、浙江日报社联合举行"光荣与梦想"浙江非遗十年座谈会。参与和见证非遗十年历程的各方面代表,肩负光荣,放飞梦想,共话非遗十年。

十年来,浙江非遗保护干在实处、走在前列。非遗普查浙江模式,非遗名录浙江现象,非遗保护浙江经验,非遗利用浙江实践,美丽非遗浙江绽放,为全国瞩目和热切关注。

十年来,浙江非遗事业大踏步前进。我们加强顶层设计,颁发非遗保护地方法规,出台非遗事业发展规划,下达系列政策性、规范性、指导性文件,召开系列非遗保护工作会议,进行各个层面的非遗保护体制机制探索创新,实现市县非遗中心全覆盖,推进非遗队伍职业化建设,全省非遗场馆遍地开花,非遗基地星罗棋布,促进非遗事业蓬勃健康可持续发展。

十年来,浙江文化生态发生显著变化。非遗从社会新词到社会热词;从非遗项目"求生存"到非遗保护"求生态";从散落遗珠到串珠成链;从非遗是一种元素到非遗成为一种时尚;从美丽非遗概念的最先提出到开展得如火如荼、形式多样的美丽非遗系列活动系列行动;浙江从非遗资源小省变成资源大省。

十年来,浙江人民精神幸福指数不断提升。以非遗的大发展推动经济社会大发展。各地通过点上推动、线上拉动、面上联动,广泛整合社会公共资源,搭建社会保护传承平台,为非遗惠民提供越来越广阔的舞台。充足的文化供给、多样的文化表现、丰富的非遗活动如潮水涌现，提供着滋养人们心田的精神养分。非遗成为"两美"浙江的重要内涵和美丽表情。

非遗十年，非遗工作者胸怀理想、心怀使命，牢记职责、恪尽职守，敢于担当、积极作为，善于研究、敢于破题，艰苦创业、大胆创新，殚精竭虑、全力以赴，干在实处、走在前列，以饱满的政治热情和昂扬的精神状态投身于非遗保护事业，守护精神家园，成为全国非遗保护的排头兵、领头羊。

参会的非遗代表性传承人，虽然他们的身份不同，经历各异，但他们不畏艰辛执着前行的事迹都让人感动。从他们的身上，我们看到了一种理想，一种信念，一种精神，一种力量。他们坚定、坚守、坚韧的做人品格，专业、专心、专注的忘我境界，体现了将一件事情做到极致，追求完美、精益求精的精神，也体现了我们时代共同的美好的价值追求，代表着新时代的风骨气质。

非遗是古老的，但非遗保护事业是新生事物，呼唤着理论引领和理论创新。实践是生动的，生活是火热的，专家走出高校参与非遗保护实践，理论研究接了地气，也有了动力。非遗保护热潮，为专家学者搭建了施展才智的空间和平台。专家学者倾注情怀倾囊相授，用自己的专业专长，为推动非遗事业发展贡献智慧和力量。

浙江非遗有这么大的声势和影响，与新闻媒体重彩浓墨、大张旗鼓的宣传和推波助澜是分不开的。新闻记者的满腔热情，新闻媒体的热切宣传，让非遗形成了巨大的传播热潮。

本世纪初非遗保护的恢弘壮歌，涌现着许多感人的故事。非遗十年，春华秋实，有着沉甸甸的分量，记录了非遗保护的艰巨和艰辛，记录了非遗人一个个坚实脚印和奋进足迹。我们共同的努力，为美丽浙江和文化强省建设添上了重彩浓墨的一笔。

本世纪初的非遗十年，是光荣绽放的十年；下一个十年，我们同样充满着期待。会上，大家"集思广益绘蓝图，凝心聚力谋发展"；一起畅想非遗梦，共同憧憬未来。

全体与会者讨论通过了《"光荣与梦想"浙江非遗十年共识——非遗事业的浙江展望》。光荣与责任同在，梦想与奉献同行。为了光荣与梦想，赤子的心已经滚烫。

2013 年 10 月 23 日

# 我的"非遗"我的梦

五年相对于时空而言，是短暂的，所谓弹指一挥间。但"十二五"的这五年，相对于我的人生旅途而言，却是一个特殊的历程。

五年来，非遗工作逐步走上轨道，各种保护载体应运而生，各类活动此起彼伏，非遗已经从社会热词变成了社会热点。我有幸参与了浙江非遗事业蓬勃发展的历史过程。

我们抢抓机遇。党的十八大提出了建设"美丽中国"这一充满诗意的愿景，全国人民都很兴奋。半个月后，首届浙江省美丽乡村建设中非遗保护现场会在桐庐召开，会上，文化厅厅长金兴盛提出"美丽中国要从美丽乡村开始，美丽乡村要从美丽非遗开始"的重要理念。2013 年 6 月，浙江在余杭举行以"美丽中国与美丽非遗"为主题的第二届中国非遗保护余杭论坛，会议发出"非遗让美丽中国更加美丽"的倡议。2014 年浙江举办以"唱响美丽浙江，共享美好生活"为主题的第九届浙江省非遗节系列活动，美丽非遗唱响浙江大地。

我们力争上游。"十二五"，浙江有中国蚕桑丝织技艺、中国龙泉青瓷烧制技艺等 5 个项目入选人类非遗代表作名录；有中国木拱桥营造技艺、木活字印刷术 2 个项目入选联合国教科文组织急需保护的非遗名录。2011 年，浙江申报第三批国家级非遗代表作名录，上榜 58 项，实现三连冠；2014 年，浙江申报第四批国家级非遗代表作名录，上榜 30 项，蝉联四连冠。浙江现有"国遗"项目 217 项，总量遥居全国第一。

我们重在建设。我省率先步入文化"四馆"时代。以前我们讲抓好文化馆、图书馆、博物馆"三馆"建设，现在应当再加上非遗馆，从"三馆"变为"四馆"，成龙配套，形成体系。非物质也需要物质支撑，无形文化也应当有形化。目前市、县两级已经建成和正在规划建设的非遗馆有 443 座，已形成省域全覆盖。各地大踏步推动非遗馆建设，成为文化发展繁荣的重要标志。

我们拓展空间。非遗事业发展如同滚雪球一样，越滚越大。全省布局"八大"基地建设，包括省级非遗传承基地、非遗传承教学基地、非遗生产性保护基地、非遗宣传展示基地、传统节日保护基地、非遗旅游景点景区、非遗生态保护实验区、高校非遗研究基地建设。"八大"基地星罗棋布、千姿百态。通过这些基地的活态传承、活态展示，推动非遗融入社会、融入群众、融入生活。

我们不断创新。当前非遗保护面临的问题很多，要花心思研究。发展中的问题要在发展中解决，也只有发展才能解决。实施国家级、省级非遗项目"八个一"保护措施，实行非遗项目、传承人、非遗基地"三位一体"保护机制。多管齐下，多措并举，美丽非遗进文化礼堂、美丽非遗赶大集、美丽非遗乡村行动、美丽非遗志愿服务行动四大行动，深入挖掘和展现美丽非遗的内涵与魅力。通体构思，整体设计，推进全省非遗信息化六六工程建设，从数字非遗到智慧非遗水到渠成，呼之欲出。

"十二五"，非遗事业躬逢其盛，中央和省委、省政府高度重视优秀传统文化传承弘扬，全社会对"留住乡愁"真切拥护。省文化厅有着干事创业的好氛围，全省有一支充满激情、锲而不舍的非遗工作队伍，大家有着高度的使命感、责任感和危机感，自作多情、自加压力、自讨苦吃，每天都有新的想法，一有想法就想做，经常一条线牵牵牵出一头牛，聊着聊着一件事聊出了一堆事，没完没了。

我的"十二五"，最大的感受就是时间不够用。人家说起我们非遗处的工作状态，都用拼命、疯狂、工作狂来形容。的确我们是白加黑、五加二，星期六不休息，星期天不一定休息，甚至长假也是召之即来，进入状态、投入工作。全省非遗工作系统500多人，形成和培育了勇于担当、争创一流的浙江非遗精神。

2014年10月29日下午，由于长期超负荷工作，我倒在工作岗位上，发条太紧，崩断了！我觉得，自己好像一辆老爷车，一直在高速公路上奔驰，赢得了喝彩、赢得了掌声，但突然出现了故障。

我在浙医二院重症监护室住了半个月，后来辗转几家医院到北京博爱医院治疗。患病治疗和康复期间，组织上关心，领导关怀，同志们关切，媒体关注，家人关爱，给予我精神上坚实支撑。我住院近一年，厅长金兴盛九次来探望，今年春节期间，金厅长短信说："王淼，在春节期间，你一直是我的牵挂！你以你的精神创造了浙江非遗保护的奇迹，厅党组乃至全省人民都应当感谢你！"读着金厅长的短信，我热泪盈眶！

我这次倒下，虽然经过积极治疗，身体基本面貌大有改善，但还是留下了严重的后遗症。我肢体残了，但脑子依然清晰，为此，我重返工作岗位，回到省文化厅这个火热的集体，回归非遗保护这一火热的事业。

套用一句时兴的话：凡是过去皆是序章。我们要按照"干在实处永无止境，走在前列要谋新篇"的要求，保持先发优势，继续奋发有为。要想干好一份事业或者做好一项工作，除了热情和激情，还要有锲而不舍的精神。

我的非遗我的梦。为构建人民诗意栖息的精神家园，我还要继续爬坡。

2015 年 12 月 10 日

# 追梦在赶考路上

　　没有飞天的梦想,就不可能实现嫦娥奔月的神话;没有对生命的渴望,就没有破茧而出的彩蝶。只有怀着梦想的民族,才能经久不衰,越走越强。

　　党的十八大以来,习近平总书记提出并深刻阐述了实现中华民族伟大复兴的中国梦。中国梦,我的梦。大家都在谈论中国梦,都在思考中国梦与自己的关系、自己为实现中国梦应尽的责任。

　　我们的"中国梦"里包含着文化梦,那就是我们中华民族应该在继承优秀文化传统的基础上有更多更高更出彩的文化人才与文化成果。

　　习总书记关于继承弘扬优秀传统文化,发表了一系列重要讲话。其中,在考察北京历史文化街区时强调,"要像爱惜自己的生命一样保护好城市历史文化遗产";在中央城镇化工作会议上强调,要让居民"望得见山、看得见水、记得住乡愁";在中央政治局第十二次集体学习时强调,要"让收藏在故宫里的文物,陈列在广阔大地上的遗产,书写在古籍里的文字,都活起来"。

　　总书记将文化遗产保护提升到前所未有的高度加以强调。总书记的生动阐述,让我们的"非遗梦"从空泛变得实在,从概念变得具体。

　　总书记的讲话,对我们传承和弘扬中华文明提出了新的更高要求,赋予了非遗工作者新的历史使命和美丽愿景。

　　忆往昔,浙江非遗保护干在实处,走在前列。非遗普查浙江模式,非遗名录浙江现象,非遗保护浙江经验,美丽非遗浙江绽放,智慧非遗浙江先行。非遗十年,浙江写下精彩。

　　我们也清醒地认识到,这"只是万里长征走完了第一步","只是一出长剧的一个短小的序幕"。

　　在新的历史时期,我们要按照总书记的要求,以新的高度新的角度来认识传承弘扬优秀传统文化、加强非遗保护的重要性,思考和探索我们所面临的一系列新问题：

如何让像爱惜自己的生命一样保护好文化遗产，成为广大人民群众的共识；

如何加强城镇化进程中的古镇古村落保护，让遍布浙江大地的遗产鲜活起来；

如何让"非遗"抽象的概念变得生动具体，充满活力，让老百姓望得见，看得着，记得住；

如何充分挖掘和展现传统文化艺术表现形式，让其中蕴藏的精神能量激发出来；

如何让人民群众分享非遗保护成果，感受优秀传统文化经久不衰的魅力；

如何让城乡群众通过参与非遗活动，丰富精神文化生活，提升幸福指数……

回答好这些问题，在广袤的浙江大地谱写新篇章，那将是更为艰巨的奋斗过程，将是我们要经受更加严峻考验的未来行程。

我们已经做了大量工作，还有更多的工作等待着我们去做。我们知道，"赶考远未结束"，接下来的"赶考行"更不容易，要交出满意的答卷更加不容易。

"赶考行"三个字：一个是"赶"，就是要有强烈的紧迫感、责任感、使命感；一个是"考"，就是要以敬畏之心，回应历史和人民对中华民族文化复兴的强烈期待；一个是"行"，梦在心中，路在脚下，戮力同心，身体力行，以梦促行，以行筑梦。

"赶考行"重在坚持。要获得荣誉，要使荣誉得到长久保持，没有捷径可走，必须从具体事情做起，一步一个脚印，持之以恒。

"赶考行"任重道远。既往的成绩与成就，只是"赶考"过程中的一个个阶段性胜利，走在中华文化伟大复兴的新征程中，将迎来新一轮的"赶考"。

走在新的赶考路上，我们还有很多的"考题"要去面对。我们要像焦裕禄同志说的那样，"革命者要在困难面前逞英雄"！我们要坚持当初"赶考"的精神，不忘担当，不辱使命，共绘美丽非遗梦，共筑盛世中国梦！

2014 年 4 月 16 日

# 既是荣誉 更是责任

掌声为非遗保护工作者响起。

喜悦、荣耀、自豪……这一刻,光荣属于忠于职守、甘于付出、勇于担当的非遗保护工作者。

窗外寒意袭人,屋内暖意融融。2012 年 12 月 25 日上午,浙江省申报人类与国家级非物质文化遗产、杭州西湖文化景观申报世界文化遗产工作总结表彰大会在杭州隆重举行,会场内座无虚席。省委常委、副省长、宣传部长葛慧君出席会议,并作重要讲话。副省长郑继伟主持会议,并宣读有关表彰决定。与会领导对受表彰的先进单位颁发了奖牌,对记功人员和授予特别贡献奖的专家颁发了证书、奖章,会场响起阵阵热烈的掌声。

隆重的表彰,是组织的信任与肯定,也是鼓励与期待。荣誉的背后,是非遗人夜以继日、废寝忘食的努力,是心血、智慧与汗水的无私付出!荣誉的背后,是事业心和责任心的升华,是见红旗就扛,有第一就争的精神!荣誉的背后,是卓越的追求,是忘我的坚守!

记功,这是一种荣誉,是一种光荣称号,更是一种责任,意味着一份沉甸甸的责任。荣誉是奖励,更是动力。获奖者的心中,充溢着自豪,同样感受到荣誉背后是更大的责任和使命。

在获奖专家代表马来法老师身上,我们看到老一辈不改本色、不记名利的精神品格,矢志不渝、无私真挚的满腔情怀。工作岗位或领导职务是一时的,谁都有退休的时候,而为人民服务是永无止境的,精神家园守护者的身份是永不退休的。马来法老师退休不退责,奋斗不停步,在非遗保护事业中永葆激情,再放光彩。

在获奖先进个人代表吴健身上,我们看到非遗工作者爱岗敬业、守土有责、拼尽全力、勇担责任的整体形象。非遗工作面临诸多新领域,面对许多新挑战,吴健等非遗工作者坚定信念,立足本职,在平凡岗位上干出了骄人的业绩。

　　在获奖单位宁波市文广新局分管领导汪志铭的身上，我们看到文化部门领导强烈的责任意识和使命意识，面对机遇敢于拍板，研究工作敢于决断。面对问题不回避，遇到矛盾不上交，承担责任不推卸，推动发展不松劲。非遗事业重在建设，全面建设，全社会建设。

　　责任高于一切，成就源于付出。每一个获记功表彰人员的背后，都有一部努力拼搏、艰苦奋斗的工作史。也许有人只看到颁奖台上的荣耀，却不一定知晓这份荣光背后的那些艰辛。这个世界并不缺少有能力的人，缺少的是用责任心来承载能力的人。当我们以一种高度负责的精神去做事情时，才会赢得社会的尊重。

　　习近平总书记说，"我们已经取得举世瞩目的成就，我们完全有理由因此而自豪，但我们自豪而不自满，不会躺在过去的功劳簿上。"对于非遗工作亦然。表彰是鼓励，是推动，也是促进。面对省委、省政府领导的殷切希望，社会各界的极大信任，人民群众的热切期待，我们每一位非遗工作者都不能不度德量力，为此竭尽绵薄。

　　我们面临前所未有的发展机遇，也依然面临前所未有的挑战，面临难以预料的困难。我们深深感到自己境界有限，智慧有限，能力有限。我们愿意不断提高认识，增长才干，殚精竭虑，恪尽职守；我们愿意为实现中华民族伟大复兴的梦想而永远充满激情地勤奋工作，以期不辱使命，不负重托。

　　拼搏永不懈怠，奉献永无止境。荣誉属于过去，奋斗成就未来。事业壮阔，任重道远。我们将以崭新的姿态重新站在事业的零公里处，再一次踏上新的征程！

2012 年 12 月 25 日

# 获奖感言

在我国第二个"文化遗产日"到来之际,全国文化遗产保护工作表彰大会在北京人民大会堂隆重举行。表彰会不仅规格高,气氛热烈,而且充满着热情与真诚,给人以莫大的激励。我参加领奖,荣誉感与责任感交织,成就感与使命感共生。为此将心中的感慨、感受、感激、感动,付诸笔端。

会议期间,三件事"刻骨铭心"。

一件是戴上大红花。这次大会为受表彰的先进个人戴上了大红花。这样的大红花,这么大的红花,已多年没有看到过。这花,同荣誉紧密连在一起,胸前戴上这大红花,心中洋溢着一种光荣感。在这次受表彰的全国非物质文化遗产保护先进工作者名单中,有德高望重、学术精深的乌丙安、田青、宋兆麟等老专家学者,有长期扎根基层、做出不懈努力并取得突出成绩的基层工作者。自己有幸名列其中,享受这份崇高的荣誉,深感无尚荣光。

一件是新疆艺术研究所周吉研究员的发言。周吉老师代表获奖个人在大会上的一番畅言,感人至深。他深情地说:我们应感谢祖宗,留下了这么丰厚的遗产;应感谢这个伟大的时代,我们有幸生逢盛世,从事一项伟大光荣的事业;应感谢新疆各民族人民对非物质文化遗产的保护,传承着我们悠久灿烂的文明。这是周老师的肺腑之言,也表达了我们共同的心声。周老师的拳拳之心与爱国之情,深深打动了我:究竟是什么力量,让一位汉族知识分子,对维吾尔民族,对边疆地区如此深情,将毕生的情感和岁月交给大西北?!周老师的学识、认识、情感、情怀、奉献、贡献,令人敬佩,令我肃然起敬。

一件是孙家正部长的讲话。孙部长饱含深情地称呼大家:亲爱的同志们!并充满真情地说,你们甘守清贫、甘于寂寞,为传承各民族优秀的文化遗产呕心沥血、迎难而上、勇挑重担,为民族文化的传承和弘扬做出了不可磨灭的贡献!此刻,我眼眶湿润,心潮起伏,感慨万千,深深地意识到:这既是一种肯定,更是一种勉励;这既是一种荣誉，更是一种责任。聆听了部长的讲话，深受鼓舞，也深深自勉：要戒骄戒躁，戒骄，就是要看得见自己的不足；戒躁，就是要静下心来，心无旁骛地为党和人民工作。

功归祖先，功在时代，功归组织，功归大家；功在不舍，功到自然成。我们又站在一个新的起点，当倍加珍惜荣誉。在荣誉、鲜花面前，在面临的各种困难面前，要保持一种昂扬向上的精神，保持一种时不我待的紧迫感，保持一种勤奋工作的态度，保持一种火热奋进的工作热情，保持一种乐于奉献的勇气。因为我们面对的是历史，也是未来；是责任，也是规律；是鲜花，也是奋斗。我愿为神圣的非物质文化遗产保护事业毕生贡献自己的聪明才智与力量。

2007 年 6 月 8 日

# 后记

## 未来，我们谈谈理想

中国特色社会主义伟大道路不断深入，在这社会大变革时代，我国非物质文化遗产事业应运而生。我有幸在浙江省文化厅非遗处处长的位置上，在厅党组的高度重视和正确领导下，按照"干在实处，走在前列"的要求，秉承"用一分权干十分事"，"一个疯子带动一群疯子"，与许多志同道合并肩前行的战友，不辱使命、不负重托，时间倒排、任务倒逼，夜以继日地发奋工作，卯足劲这样干，干出了一番成绩，干出了一番事业。

2014年10月底，在高度紧张运转的状态下，我倒在工作岗位上，被送进重症监护室抢救。病来如山倒，病去如抽丝，治疗期间经历了太多的伤痛。经过差不多一年光景治疗，基本康复，但已伤痕累累，留下了严重的后遗症，坐在椅子上看看完全是一个好人，但肢体功能几近瘫痪。幸好脑子依旧可以继续运筹帷幄，可以出谋划策，释疑解惑，享受思维的乐趣，享受工作的乐趣。为此，我申请归队，重返岗位。

有好心的同事和朋友劝我不要上班，劝我身体要紧，劝我享福好了，但我觉得这样并不是福。我这个年纪，不能成为社会的累赘，一个人的价值只有融入集体、融入社会才能得到更好体现。我不能吃老本，要立新功。

这些年，非遗事业大踏步推进，一直前进开拓，没有时间打扫战场，许多事就像猴子掰苞米一样，一边掰一边扔。累积的事情太多了，只好先"于乱石间择其一二扣之"。

我将之前许多年为浙江非遗工作简报写的评话之类的文章作了整理。非遗保护工作简报与非遗保护工作相伴相生，从2003年开始，就基本固定为每月一期简报；到2007年，简报出刊的频率加大，固定为半月刊，每年24期。每期简报，总体上也有个主题，为加强工作方向引导，我会围绕这个主题或者本期简报主打推出的材料进行评说，表达所思、所想、所感，表达主导的观点。

这些评话，不仅是侧重评述热点话题的实质及意义，更是由表及里或者由内而外对某一事件或现象进行评述,尽可能从不同角度对这些话题作解读。这些评话,不求面面俱到,尽量从一个侧面切入,写深写透,尽量避免空话套话。对一个热点问题,大家的本能反应,一般考虑到一二,你能考虑三,有点新意;你还能考虑到四五,用独特的思维、另类的方式去思考去解读,那就有别开生面、画龙点睛的效果,让人家更有启发。在工作中,也要展开思想的翅膀,认真思想这件事情怎么样去做才能做得更好。

这些评话,九九归一,万变不离其宗,每一篇讲的都是浙江非遗。

我几乎无时无刻不在考虑工作。写评话有点瘾以后,议热点、说感受、话期盼、聚共识,成为我脑海中不断萦绕的问题。这些评话,也尽量回避行政性语言和工作语言,力求文字表达生动情趣。但由于我读书少,缺少历史文化积淀和素养,撰写的评话缺少点厚度;我缺少文学细胞和才情,写的评话缺少点灵气和才气。虽然水平有限,写得不怎么样,但对于像我这样经年累月成天以公文、会议、事务为业的人来说,已经是尽心尽力了。

一切的坚持,终将有所回报。分类整理好了,盘点收获,就像农人手捧着粮食,心里充满欣喜。

这本书的背后,凝聚着浙江非遗人和志愿者的执着与奉献。有浙江非遗保护的生动实践,有一方事业发展波澜壮阔的局面,才有层出不穷的热点,才有迸发激情的评点,才有这些欣喜的收获。这本书,不是为了整理而整理,而是为了把自己的思想智慧经验贡献出来,能够给人一点启迪和帮助。

继《把根留住》《风生水起》之后,出版《金声玉振》,形成浙江非遗保护工作三部曲。从浙江非遗保护的"前列思考",到"生动实践",到"热点评说",从多重视角反映了浙江非遗保护的不凡进程,也从多个层面体现了浙江非遗保护的兴旺景象。

又到了一年的6月份第二个星期六,到了我国第十一个"文化遗产日"。回首既往的岁月,感慨万端!

而今迈步从头越。根据自己的身体状况,也遵循事物发展的客观规律,我已提出辞职不再担任非遗处长职务了。"在其位谋其政",在其位不能谋其政,那就应该让位,毕竟占着茅坑不拉屎也不是我的性格。不直接管事了,这样就空出了许多时间,可以做以前想做而来不及做的事情。

做什么?仰望星空,多做形而上的事。调研员,顾名思义调查研究,相对务虚。理论指导实践,要用发展着的理论指导发展着的实践,要聚焦人民实践创造,要有针对性、实效性。要继续关注非遗热点,关注非遗事业发展。关注浙江,也关注全国。关注未来,关注趋势,关注重大命题。

继续写点文章。我一直认为,要做点有意义的事让后人去记录,写点有意思的文章让人家去读。非遗有意义又有意思,值得写。

要做几件实事,协同直接抓,或指导基层抓,搞点实验、试验性质的工作,积累经验,探索规律,指导实践,推动工作。我这个人喜欢做点有挑战性、创造性的工作,循规蹈矩的平铺直叙的没有新意的简单重复的事,我没兴趣做。"干在实处永无止境,走在前列要谋新篇",争上游、创一流,这是我们的指针,是我们的职责。

继续以往的资料材料整理。厅里办公室搬家,我的办公室原先整个一个"脏乱差",到处堆积着杂乱的资料材料和书。我开玩笑"三个通不过":卫生通不过、消防通不过、形象通不过。整理过以后,还有数十个甚至近百来个文件夹,都是之前会议或大会或小会的会议材料。之前开大会,有人开我玩笑,说王处长是买一送一、买一送二,每次都是大会还要套一两个小会。这些材料,有基层火热鲜活的事例的记录,有自己的灵感思考,有大家讨论的思想火花,我觉得都很珍贵,都是历史,或者是重大叙事或者是生动细节,既有意义又有意思,值得有人去整理。

文化部非遗司一位老领导说,当年浙江动员了 23 万人参与非遗普查和抢救保护等,这场宏大而独特的文化复兴运动,即使在世界非遗保护史上都值得记上一笔。我有幸亲历参与了这项事业的开拓,我有这份责任去记录整理。回望来路,不是想陶醉沉湎于昨天闪光的脚印,而是为了砥心砺志更好地前行。

每个人都有影响一生的选择,这种选择可能充满了许多艰辛。我的身体状况我的手脚功能障碍,给我今天今后的工作生活带来了诸多的艰辛,但只要精神不倒就没有什么能够难倒。"即使翅膀断了,心也要飞翔。"即使坐轮椅了,心里也要站起来。

难忘过往激情燃烧的岁月。有人说我很执着,执着是因为这是我的职责;有人说我付出太多,付出是因为爱,爱是不需要回报的,爱本身就是最大的回报;有人说我很辛苦,我是辛苦并快乐着。工作着是美丽的,有一份热爱的工作是幸福的。其他的种种,都是额外的回报。

难忘这两年跌宕起伏的经历。苦难是人生的老师,若不是与苦难相伴,就不会对人生看得这么透彻。有人问我,你累垮了把自己搞得坐轮椅了,后悔吗?为伊消得人憔悴,我无怨无悔。有人问我,你现在完全可以在家休养,干嘛还要正常上班?工作本身就是我康复最好的良药,工作是我人生价值的体现,离开工作我觉得我就没有活着的意义。

要感恩感谢感怀的人实在太多。患病治疗和康复期间，组织上关心，领导关怀，同事们关切，媒体关注，家人关爱，让我感受着至真挚情，给予我精神上坚实支撑。我住院近一年，金兴盛厅长9次来探望，随时关切我的身体健康，好似一缕缕阳光，在寒冷时给我热量力量。这一份份爱心是如此纯粹淳厚，不断地激励着我的思考和行动。

我的工作助手李虹的QQ签名"感恩，是幸福的源泉"。这句话也表达了我的心声。大家见到我今天的样子，都说我精神很好，有的还说比"以前"还要好。有爱才有奇迹，是因为大家的关爱让我精神焕发。患难与共见真情，风雨同舟真知己，大家这份温暖，我会永远记得；大家的恩德，我心中珍藏！

人生目标是分阶段的，不同阶段有不同的目标，在人生过程中要不断修正自己的坐标体系。但不管在哪个岗位，有一点是始终不变的，我想的是怎么干好这个工作，为文化昌盛建功立业。人生为一大事，人来到世上要建功立业。今天，作为一个重度残疾的公务员，我珍惜还活着的生命，珍惜让我继续工作的机会，珍惜组织上给我的关怀和荣誉，我的目标是把自己的智慧榨光，在有限的人生多做有价值的事，把自己有限的生命融入到无限的为人民服务中去。

我这一辈子一直在超越现状、超常发挥，在现在有限的生命中，在极限的身体条件下，我已经做不了大超了，但要做个小超，新创人生小小的新奇迹！

"人生天地之间，若白驹之过隙，忽然而已。"走过人生边缘，我体验到：我们必须抓紧时间工作与生活，因为即使是一个跟头或疾病都可能终止生命。以前的种种都已是定，纵然如何也是过去，盛年不重来，未来怎样才是关键。

未来，我们谈谈理想……

2016 年 6 月 15 日

**图书在版编目（CIP）数据**

金声玉振：浙江省非物质文化遗产保护的热点评说 /
王淼著. —杭州：浙江大学出版社，2016.10（2017.10 重印）
ISBN 978-7-308-16300-2

Ⅰ.①金… Ⅱ.①王… Ⅲ.①非物质文化遗产－保护
－研究－浙江 Ⅳ.①G127.55

中国版本图书馆 CIP 数据核字（2016）第 243551 号

**金声玉振：浙江省非物质文化遗产保护的热点评说**

**王　淼　著**

---

**责任编辑**　李海燕

**责任校对**　孙秀丽

**封面设计**　续设计

**出版发行**　浙江大学出版社

　　　　　　（杭州市天目山路 148 号　邮政编码 310007）

　　　　　　（网址：http://www.zjupress.com）

**排　　版**　杭州中大图文设计有限公司

**印　　刷**　浙江省邮电印刷股份有限公司

**开　　本**　710mm×1000mm　1/16

**印　　张**　21.75

**字　　数**　368 千

**版 印 次**　2016 年 10 月第 1 版　2017 年 10 月第 5 次印刷

**书　　号**　ISBN 978-7-308-16300-2

**定　　价**　40.00 元

---